朴真语文丛书

YUEDU CELUE WENBEN JIEDU
YU JIAOXUE SHEJI

阅读策略、文本解读与教学设计

陈沸溶　著

电子科技大学出版社
University of Electronic Science and Technology of China Press

·成都·

图书在版编目(CIP)数据

阅读策略、文本解读与教学设计 / 陈沸溶著. — 成都：
电子科技大学出版社，2021.11
ISBN 978-7-5647-0520-6

Ⅰ.①阅… Ⅱ.①陈… Ⅲ.①阅读课－教学研究－小
学 Ⅳ.①G623.232

中国版本图书馆 CIP 数据核字（2021）第 232953 号

阅读策略、文本解读与教学设计

陈沸溶　著

策划编辑　陈松明
责任编辑　罗国良

出版发行　电子科技大学出版社
　　　　　成都市一环路东一段159号电子信息产业大厦九楼　邮编 610051
主　　页　www.uestcp.com.cn
服务电话　028-83203399
邮购电话　028-83201495

印　　刷　成都市火炬印务有限公司
成品尺寸　185mm×260mm
印　　张　16.5
字　　数　352千字
版　　次　2021年11月第一版
印　　次　2021年11月第一次印刷
书　　号　ISBN 978-7-5647-0520-6
定　　价　48.00元

序

勤学必芬芳，燃梦定绽放

李冲锋

陈沸溶老师的著作《阅读策略、文本解读与教学设计》即将出版，我由衷地为她感到高兴。2019年，陈老师与我约定说："相信再等五年，会有自己的书，到时候请您作序。"现在仅仅过去了两年，她的书就要出版了，我也如约为她的著作写篇小序。我想谈一下，我所认识的陈老师，大家可以借助这篇小序，借助我的视角，了解这本书产生的背景与过程。

经过多年研究，我于2012年明确了教师专业发展的四轮驱动——"教学、科研、阅读、写作"，四位一体，整体发展。随即又发起了"燃梦行动"——点燃教师们"打造代表课的梦想""科研出成果的梦想""每三年阅读100本书的目标""写作出书的梦想"。后来逐渐明确了"燃梦行动"的口号："目标虽远，持行必至。养成习惯，持之以恒。持之以恒，必有奇效。持之以恒，久必芬芳。"

在"燃梦行动"的感召、影响下，全国无数的老师开启了自己的"燃梦—逐梦—圆梦"之旅。就实现写作出书的梦想而言，目前已有多位老师出版了自己的著作，如李冲圣著《班主任工作细节处理艺术》（福建教育出版社，2014），观澜著《学校中层修炼手册》（大易出版社，2019），崔瑞芬著《我在语文现场》（宁夏人民出版社，2020）等。陈沸溶老师是"燃梦行动"的最早参与者之一，现在，是时候"圆梦"了。

我与陈老师是在2014年5月认识的。一次讲座之后，陈老师主动写信与我联系，表达想学习、要进步的渴望。我很看重一个人的上进心，只要有上进心、方向正确，并付以持之以恒的努力，就一定能够成事。陈老师有上进的强烈愿望，我想她也一定可以有所成就，于是也很乐意力所能及地帮助她。

随即，陈老师开启了自己的"燃梦行动"之旅。在"立达书院"读书打卡群里，她坚持每天读书打卡。有一段时间，书友们共读并抄写经典。陈老师坚持同读同抄《论语》《道德经》两部经典："天天两书同读同抄，一个笔记本前面抄《论语》，后面抄《道德经》。每天晚上的固定节目必有读几则两书的内容，然后在卡片上一面抄《论语》，另一面抄《道德经》。早上跑步，开始了边跑边看卡片回顾的特别历程，晚上再将卡片上抄过的内容摘录到笔记本上，保证将《论语》《道德经》读个三遍。一百多天下来，完成了两书的抄读。"接着，她开始读《孟子》《庄子》《传习录》《史记》等书。通过读书，她获得了很大的改变——"抄读两书以及阅读后世的解读，让我对儒、道两家有了更深的认识，给思想理念带来大冲击。孔子、老子不是让人喜欢与否的，而是带来精神的丰富与成长，他们是早熟的文明智慧。人一出生是蒙昧的，有这么精深博大的文化遗产，不阅读吸取是人生的憾事。骨子里有点狂傲的我，抄读两书，真正地将自己变得很低很低，低到尘埃中。一向热情泛滥的我，终于变得理性沉静了。就在这样的抄读中对古文经典发生兴趣。"她还说："古典中有文学、有哲学、有艺术、有人生，让我念念不忘，每天都要读上几页才舒服。虽然很多读了就忘记，但会给心灵带来很多变化。读这些书对专业成长有用吗？我觉得古典书籍给人生打底子，决定精神追求的高度与广度。有丰厚的精神世界作后盾，专业成长才不功利化，才不逼狭，才真正融入生命之中。"是的，读书增加视野的宽度、精神的广度、生命的厚度、认识的深度与站位的高度，读书让我们的生命更加宽广深厚，让我们知人论世更加高屋建瓴，让我们不再功利化，不再逼仄狭隘。可以说，读书，为陈老师的人生和专业发展带来了重要影响。

她不仅读书，她也教学，也研究，也写作，写作教育随笔、写作教学论文，在教学、科研、写作上，她也不断自我磨炼、自我成长。

陈老师的成长过程其实也很不容易。当她开始发奋坚持读书、勤于写作和教学科研时，遭到一些人的不理解："不拿文凭、不涨工资、不能升职，这般努力为哪般？"还有人说："都这把年纪了，还能干成啥事来？"听到这样的声音，遇到这样的质疑，是不是很难受？会不会很受打击？这还只是外部的障碍，更大的障碍来自内部，来自自我的困顿与挣扎。她在随笔里写道："专业成长容不得半点虚假，为自己铺路，每前进一步、长高一点都可能历经锥心的阵痛。对于文字功底薄弱的我来说，坚持读写不亚于攀爬险峰巨岩，坚持还是放弃，我的心有过斗争，无数次在咬牙泪水中坚持下来。渐渐地，读写反思成为一种习惯，成为一种乐趣，生命质变与新生让我自信而从容。"可见，她是克服了内外重重的压力，不断自我突破，才实现自我成长的。世上没有一帆风顺的路，也不会有一马平川的大道，谁的发展又不是在困境中突围、在困难中突破的呢？穿越他人的质疑，穿越自我的困顿，才会进入新的天地。没有人能够随随便便成功。要想成功就得付出。又想成功，又不想付出，那么，只有三个字——想得美！做最好的自己，总是需要克服来自内心、习惯、单位、家庭等内外部的各种困难。历经困难，方能破茧而出，化蛹成蝶。

在坚持了一年多后，陈老师给我写信说："学与不学，思与不思，做与不做，完全不一样。一年多，我越来越喜欢自己，喜欢一路成长的人生。有时都想哭，确实哭过几次，曾经因为浅薄焦灼失眠，看书坐得腰痛，现在已走向平静从容，学会劳逸结合。想想居然能坚持写那些可能毫无价值的文字，但成长与收获都在看似无用之功中，坚持的力量，把以前的我与现在的我的内在俨然区分，悄悄地蜕变让内心充满喜悦，理想的自己始终在前方。您说的'持之以恒，必有奇效！持之以恒，久必芬芳！'这话长在我心中了。"

我回复道："看到您通过一年多的坚持发生了这么重大的变化，为您感到高兴。读书、写作，不是为了读而读，不是为了写而写，也不是仅仅为了工作而读写，更不是为了名利而读写，读书写作就是为了成为更好的自我，为了获得平静而充实的内心，获得安详而幸福的精神世界。在这个过程中，一开始可能是有些辛苦的，但当真正进入丰富的精神世界后就会有一种欢欣泪泪而出，这种精神的喜悦只有身处其中的人才能体会。祝愿您在这条道路上越走越开阔，越走越快乐。"

陈老师的路是越走越开阔，越走越快乐了。逐渐地，她的行为赢得了周围人的理解与支持，她的人生开始走上更高的境界，她的专业开始走向更高的层次，她开启了另一种人生与专业发展的模式。

坚持了一段时间之后，她的文章不断在《教师博览》《语文教学通讯》《小学语文》《中小学教师培训》等全国多家有影响的刊物上公开发表，还有作品被中国人民大学报刊复印资料全文转载、被专家学者在论文写作中引用。她的课题分别获得市、区一等奖，她逐渐成长为一名有影响力的名师，并成立了名师工作室，带领更多的教师一同进行专业发展，大家一起向着更加优秀、更加卓越的行列前进。

"天道酬勤"，功夫不负有心人。所有的付出都会有收获，所有的付出都会以不同的方式回馈我们。陈老师说："经历一些困难，然后现在就觉得啥事都不是困难了，也能够影响一些上进的朋友。我在成长过程当中，也影响了周围人的成长。成长给我生命美好的状态。现在感觉人生很美好，每天都很幸福。"

教师专业发展到一定阶段和程度，就需要通过做课题的方式进一步提升自己。陈沸溶老师也逐渐走上课题研究之路。2018年10月23日，陈老师就围绕"阅读策略与方法的课例研究"向我征询意见。部编版小学语文新教材增加了阅读策略单元，这是一大特色与创新。但对阅读策略单元如何教学，很多人是一头雾水，摸不清门道。对于阅读策略以及阅读策略教学的研究国内外都有一些，但都还不够成熟，其专业性也有待提升。陈老师选择做这个具有新意且颇有难度的课题，我是表示支持的。课题研究不是大学专家学者的专利，中小学教师同样是一支重要的教学科研力量。而且，很多大学里的专家学者搞不定的事情，在优秀中小学教师那里可以搞得定，甚至他们比大学里的专家学者做得更好。我寄希望于有志于真研究的中小学教师。"做难而有价值的事情"，也是"燃梦行动"的追求，也是激励教师们的一句话。陈老师选择迎难而上，勇气可嘉。

2019年3月22日，陈老师发微信说："我的培训工作实实在在的，在围绕统编教材新增的内容阅读策略进行实践研究。做课题想围绕阅读策略来做。小学语文三、四、五、六年级的上册都安排了一个单元的阅读策略，分别是预测策略、提问策略、阅读的目的、阅读的速度。阅读策略不止这些，这些在教材单元中独立编排出来，有其重要意义。有一些策略是渗透在阅读过程中的，没有单独提出来。课题研究也无法把所有的阅读策略都弄来研究，所以就想锁定在统编教材独立的阅读策略单元研究。这个课题的名称我定不下来。有人建议应该将语文核心素养与阅读策略连接起来，体现时代性。我又觉得这个阅读策略和核心素养不好连接啊。您怎么看？请求李老师提出宝贵的建议和指导。"

我回复说："阅读策略可以研究，目前也已经有一些研究，黄志军有一篇博士论文是研究阅读策略的，港台也有人研究阅读策略，国外也有些人研究阅读策略。你应该先查一下资料，看看目前关于阅读策略的研究有哪些，但是整体上我们国内的研究还是比较薄弱，落到教学上也不是很清晰，教材上提出来的也非常概括含糊，因此如何细化应该是一个方向。有一些外国的阅读教材里面也有阅读策略的训练。阅读策略这个方向，我认为还是值得研究的，但前提是最好能够把已有的研究成果进行梳理和吸纳，然后你再去考虑具体的研究阅读策略是什么。光靠脑袋想自己觉得重要，自己觉得有价值和有意义，有的时候反而是没有意义的。与核心素养联系起来体现时代性也是可以的，但是如何关联，怎么样巧妙地把两个关联起来确实是一个问题。您再思考一下，先去查阅查阅文献和资料，在大量占有资料的基础之上提出一个题目来我们再探讨。"后来，就阅读策略及其教学的研究，我们又在电话里和微信上讨论过几次。

2020年3月6日，陈老师发微信说："这个假期，天天码字，现在码了近十万字了，正在为出一本书努力，围绕阅读策略单元做。我都不敢相信，自己能码出这些文字，感谢引领启蒙，我把目录整理下，请您指导，看下这框架合理不？""一直在写，框架在心里，写了大部分了，有点小高兴。"我回复说："好的，陈老师，期待这本书的出版。"后来，她发过来目录，我提了些建议，她继续调整、写作。

2020年4月30日，陈老师发来书的初稿。看完之后，我回复："看了整个书稿，我感到很振奋，这几年你的成长非常迅速，整个的书稿写得很理性，学术性、专业性都很强，整理一下出版应该是可以的。"接下来，我提了几个基础性问题并谈了自己的理解。比如，关于阅读策略："我通俗地表达我自己对策略和方法的理解。我有三种方法可以教学生认识一个字。在第1个班，根据学情用a方法最好。在第2个班，根据学情用b方法最好。在第3个班，根据学情用b加c的方法最好。根据特定的情境，选择运用合适的方法，达到最好的目的、最优的效果，这就是策略。方法更多的是技术性的，某种意义上来说，没有好坏优劣之分，只有与对象的匹配度的问题。我再换一种形象的说法。我们要把一张纸均匀地分成两片，可以用什么方法？一，我们可以对折后用剪刀剪开。二，可以把纸对折之后用小刀割开。三，也可以对折之后用手撕开。哪一种方法更好呢？问题是现在没有剪刀，也没有小刀。在这样的情况之下，我说我没有工具，这个活我做不了，这是一种结果。我选择用手撕开，这也是一种结果。在这样的情境下，用手撕开就是最好的方法。而我的选择就是我的策略。我不知道举这样一个简单的例子，能不能把方法和策略说清楚。方法运用的关键是娴熟，策略运用的关键是智慧！某种意义上来说，方法针对的是内容的匹配，策略针对的是对象和情境的匹配！方法更多的是对事儿，策略更多的是在对事基础之上的对人和环境。"对阅读策略分类的理解："如果能按认知和元认知分类就容易理清。大的分类是认识策略和元认识策略，两大策略类型之下再有具体的、细化的策略。阅读元认知策略按读前、读中、读后，可以分为：阅读计划策略、阅读监控策略、阅读调整策略、阅读评价策略。阅读认知策略可以分为：预测、提问、联结、图像化、找重点内容、概括等。这样理解有问题吗？"我的这些想法，陈老师也不同程度地给予了吸纳。

2021年7月份，陈老师把修改后的书稿再次发给我。看后，我回复道："陈老师好。您的书稿我看完了，我觉得写得非常棒。这个书稿体现了您前边进行了大量扎实的工作以及很理性的一种思考风格，我认为是很高水平的一部著作。在进行学情分析和教学设计的时候，都能够紧扣每一种教学策略来进行，这一点特别的难得！"

陈老师具有很强的学术思维，理性思考使得这本书学术性、专业性都很强，同时，大量实践案例的呈现，又使得本书具有很强的现实指导性和操作性。这确是一部高水平、高质量的著作，相信会给语文教师带来思想上的启迪和教学上的帮助。

"燃梦行动"的口号是："目标虽远，持行必至。持之以恒，久必芬芳。"不论怎样，"燃梦行动"都是外因，教师的专业成长主要还是靠内因。自己不努力，任谁也无法帮到你。陈老师这本著作的出版，是她自己多年持续努力的结果。从2014年5

月，陈老师参加"燃梦行动"，8个年头过去了；从2018年10月，陈老师准备做阅读策略教学的研究算起，至今接近3年了，陈老师没有让时光白白流逝，她的刻苦与努力，凝结成她人生的第一本书。伴随着这本书的出版，陈老师也终于迎来人生中的一次"芬芳"。我想，这不仅对她自己的人生来说一件重要的事情，这本书的出版对语文教育研究、对语文教学推进，也是一件有意义的事情。希望更多的人，从陈老师的成长历程中，树立学习的榜样，看到成长的方向，寻得前行的力量，像陈老师那样静下心来，慢慢去做，终究一日也迎来自己的"芬芳"。

最后，引用陈沸溶老师《教育人生有芬芳》一文中的话来结束本文：

——相信"燃梦行动"的理念：目标虽远，持行必至！持之以恒，久必芬芳！

——愿每位老师的教育人生散发芬芳！

2021年9月23日
于卧书公室

目 录

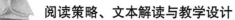

第一章　阅读策略的研究概述

阅读策略研究的理论依据主要是认知心理学的研究成果，主要包括认知策略理论、元认知理论等。当代认知心理学专家指出：没有任何教学目标比培养学生成为独立的、自主的、高效的学习者更重要。著名心理学家诺曼指出："我们期望学生学习，然而却很少交给他们解决问题的思维策略。"阅读策略教学的目的是培养学生成为有方法有策略的积极阅读者，重视学生阅读的思维过程，重视学生在阅读中获得带得走的能力，成为独立自主的阅读者。

第一节　阅读策略的内涵理解

一、阅读策略的概念界定

阅读策略是学习策略在语文阅读中的表现形式。研究专家基于不同的角度，有不同的理解：阅读策略就是读者根据阅读目标所选用的调控阅读行为的方式。[①]"'阅读策略'属于元认知知识，来源于心理学研究，包括'学习策略''阅读理解策略''自我监控和调节'三个方面。""阅读策略是指向阅读过程的心智程序，对于阅读理解起着非常重要的作用。"[②]"'阅读策略'是从学生阅读的角度出发的，是学习策略中的一种，是阅读中的计策、谋策。它是指阅读主体为保证阅读任务的完成、阅读效率的提高，对阅读活动进行调节和控制的一系列谋策。"[③]这些理解有其合理性，但笔者认为阐释不够全面，不够精准。

阅读策略是学习策略的下属研究内容，是其分支领域。要弄清楚阅读策略的概念，有必要先理清学习策略的概念。对于学习策略的定义，目前学术界有以下观点：一是把学习策略看作是具体的学习方法或技能；二是把学习策略看作是学习的调节和控制技能；三是把学习策略看作是内隐的学习规则系统；四是把学习策略看作是学习方法和学习调节与控制的有机统一体。综观以上观点，笔者认为学习策略

---

① 周龙兴. 小学生阅读策略发展及教学研究报告[J]. 教学理论与实践,1999(3):47.
② 黄志军,王晓诚. 国内外中小学阅读策略教学研究进展述评[J]. 上海教育科研,2020(6):76.
③ 曾祥芹. 阅读学新论[M]. 北京:语文出版社,1999.

不能等同于具体的学习方法，也不能看作单一的调节和控制，更不只是内隐的学习规则系统，更倾向于第五种认识。学习策略的研究者刘电芝教授这样界定其内涵：在学习活动中，为了达到有效的学习目的而采用的规则、方法、技巧及其调控方式的综合。①笔者以为这样的界定是比较全面清晰的。

据以上对学习策略的认知理解，笔者这样界定阅读策略：阅读主体在阅读过程中，根据阅读环境、阅读目的及阅读材料的特点等因素所选用的促进有效阅读的规则、方法和技巧及其调控方式的综合。如此界定与前面曾祥芹的阐释趋近。

二、阅读策略相关概念辨析

（一）阅读方法与阅读策略

阅读方法泛指阅读过程中用到的一切手段或者行为方法。②从逻辑关系层面分析，策略更具概括性，方法更有具体性，前者决定后者的运用。阅读策略与阅读方法的关系表现为：阅读策略建立在阅读方法之上，阅读策略指导决定阅读方法的运用，阅读策略往往表现为对阅读方法的操作。阅读策略比阅读方法更加具有整合性、条件性、灵活性。阅读方法是独立存在的，而阅读策略是一系列阅读方法及其调控方式的综合。

目前对于阅读方法与阅读策略的认识存在偏差，不少语文教育研究者将阅读方法与阅读策略混淆，甚至有研究者称阅读策略有一百多种。《语文教学通讯》小学刊2020年第3期刊载的文章《胸怀"训练谱系"，落实阅读教学》罗列了十八种阅读策略：预测、默读、想象、提问、批注、复述、速读、查找资料、梳理信息、评价、联想、带目的读、提取信息、可视化、朗读、背诵、以写促读、鉴赏。③这十八种策略包含了统编教材四个阅读策略单元的指向：预测、提问、提高阅读速度、有目的地阅读。作者将阅读策略单元的命名等同于阅读策略的类别。

经深入研读，笔者认为阅读策略单元的命名并不代表阅读策略的名称，其中预测策略单元、提问策略单元明确指向预测与提问两种阅读策略；而教科书和教师用书并没有明确指出提速单元和有目的地阅读策略单元用到的阅读策略类别就是速读策略和带目的读策略。笔者结合教学实践研读相关资料，认为并无速读策略和带目的读策略的类别名称。这两个策略单元要用到的阅读策略需要老师去提炼。比如提速单元《搭石》一课会用到的阅读策略有：阅读元认知策略（阅读计划策略、阅读

①刘电芝.学习策略的实质[J].宁波大学学报:教育科学版.2000,(1):18-20.
②黄志军,王晓诚.叩问"阅读策略":相关概念辨析[J].语文教学通讯,2020(8):12-16.
③熊生贵.胸怀"训练谱系",落实阅读教学[J].语文教学通讯,2020(3):14-18.

监控调整策略）、阅读认知策略（图像化策略、提取关键信息策略）。为什么会用到这些策略？因为提速的目的是为了更快更好地理解，因此单元课文学习一方面指向提速，一方面指向理解。如何提速？一是要有速度意识，二是要有监控调整速度的方法，这就需要用到阅读元认知策略。如何落实这些策略，当然有一系列的方法：比如集中注意力、不回读、扩展视域、笔尖辅助、监控速度、评价速度等。如何理解课文？理解课文的重要指标是阅读后能复述重点内容，如何复述？提取关键信息是其重要策略。如何提取关键信息？涉及一系列阅读方法：比如摘取关键词、勾画关键句、合并信息等。《搭石》是一篇充满画面感的散文，所以可以用上图像化策略进行阅读理解。如何落实图像化策略？边读边想象画面、思维导图等方法都可以。经过一番解读，提速单元（以《搭石》为例）用到的阅读策略不是"速读"，而是上述阅读策略。语通刊载的文章列举的十八种阅读策略大部分是具体的阅读方法和阅读方式，显然对阅读策略的内涵理解存在偏差，将阅读方法与阅读策略混为一谈。

为进一步区分阅读方法与阅读策略，笔者将阅读方法与阅读策略的主要差异概括如表1-1所示。

表1-1 "阅读方法"和"阅读策略"的主要差异

项目	阅读主体	情境要求	技术智慧	意识区别	运用连续性	复杂程度	好坏之分
阅读方法	普遍性	普适性	技术手段	有认知意识	呈现片段性	简单单一	无好坏之分
阅读策略	个体性	选择性	运用技术的智慧	认知与元认知的交融	有连续性	综合复杂	有好坏之分

什么是阅读策略，什么是阅读方法，需要引起广大语文教师的重视，明其内涵，才能正确运用，才能培养学生成为好的阅读策略运用者。为进一步区分其内涵，笔者举一个通俗的例子来说明方法与策略的关联与区别：我们可以用三种方法教一个字。在甲班，根据学情用a方法最好；在乙班，根据学情用b方法最好；在丙班，根据学情用b加c的方法最好。根据特定的情境，选择运用合适的方法，达到最好的目的，最优的效果，这就是策略。方法更多的是技术性的，没有好坏优劣之分，某种意义上来说，方法针对的是内容的匹配，策略针对的是对象和情境的匹配。方法运用的关键是娴熟，策略运用的关键是智慧。智慧体现在个体性、灵活性、元认知意识、复杂综合性等方面。

（二）阅读技能与阅读策略

技能的习得需经历一定的过程，反复训练熟能生巧是不二法门。德国的克里斯蒂安·格吕宁的研究表示技能的熟练掌握一般会经历四个阶段：不知己不能——知己不能之—知己已能之—不知己能之。①格吕宁以学开车为例解释了这四个阶段的练习，即：幼儿时，不具备开车的能力，也未萌生出需要开车的意识，此阶段为"不知己不能"；年龄渐长，他会思考为什么别人会开车而我不会呢？一旦思考这个问题，就进入第二个阶段"知己不能之"；由于意识到了不会开车的种种不便，才会主动采取措施，改变现状，就通过各种途径，开始学习这种新的技能，进入技能学习的第三阶段，练习所有的操作，背熟所有的交规，集中全部的精力和注意力，能够独立操作上路，达到技能的掌握阶段，即"知己已能之"；在此基础上，经过长期训练，忘记所有的技法，灵活自如地开车，身心放松，达到无意识却有能力开车的水平，即"不知己能之"，此阶段开车不会再去思考什么时候踩离合，如何换档等等要点，形成了自动化的反应机制。

格吕宁的观点可以用图1-1清晰地呈现出来。其观点形象地阐释了策略在技能形成过程中的重要作用和对内调控的心智程序。结合格吕宁对技能形成阶段的认识，笔者梳理技能养成背后的意识性，形成图1-2来阐述阅读策略与阅读技能之间的关系。

图1-1

好的阅读技能运用者，本身就是一位好的阅读策略运用者，他会有意识地训练调控自己的阅读过程，会根据阅读的目的、材料特点及已有阅读经验，选择与调控阅读方法和阅读步骤。阅读策略的熟练运用会经历图1-2的四个心理意识阶段，而阅读技能更多指向图1-2的第三、第四个阶段（虚线方框里的内容），与黄志军和王晓诚两位研究者的观点一致：当阅读策略在大量练习中被有意识使用时，就会逐步转化为阅读技能，阅读技能需要进一步得到充分练习，以便达到自动化水平。②

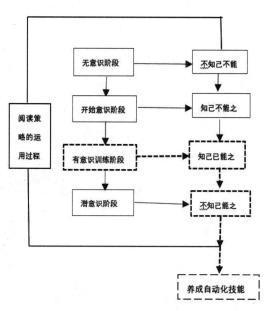

图1-2 阅读策略与阅读技能关系

---

① 【德】克里斯蒂安·格吕宁. 快速阅读[M]. 郝湉译. 北京：中信出版社，2015.
② 黄志军，王晓诚. 叩问"阅读策略"：相关概念辨析[J]. 语文教学通讯，2020(8)：12-16.

机械呆板的阅读技能运用者，常常呈现出被动刻板地重复训练，以形成自动化的阅读技能。遇到复杂的文本与深难的阅读目的，往往难以有效地完成阅读任务。而好的阅读技能运用者会运用阅读策略来应对复杂的阅读情境，有效完成阅读任务。越是好的策略运用者，越是拥有高层次高水平的阅读技能，在一定意义上说，阅读策略运用水平越高，阅读技能就越强，二者之间存在正相关。

因此学生的阅读需要运用阅读策略，需要有意识的心智调控程序，使自己成为积极建构阅读意义的读者，成为灵活的阅读技能运用者。而不是按老师的指令、按固定的程式被动地阅读。阅读教学的重要任务之一是培养学生成为好的阅读策略运用者。好的阅读策略运用者，涵盖了好的技能运用者。

（三）阅读方法、阅读策略、阅读技能的关联

黄志军与王晓诚两位研究者通过分析比较，认为阅读方法、阅读策略、阅读技能三者之间有包含关系，笔者持不同的认识。

阅读策略决定着阅读方法的选择与运用，在阅读中往往外显于阅读方法，长期自主性的阅读策略练习，生成积淀出熟练的阅读技能。阅读方法一般可以通过旁观者觉察出，可以通过外在的指令来执行，偏重外显性；阅读技能潜隐于阅读主体的综合素养中，是阅读策略熟练运用的自动化结果，不易被觉察，但可以通过检测来大致衡量，具有内隐性；阅读策略则是外显的阅读程序、方法、步骤与内隐的心智调控方式的综合，具有显隐结合性。阅读策略在积极的阅读活动中发挥着关键作用，是运用阅读方法获得阅读技能的关键枢纽，决定着阅读效率的高低。三者的关联如图1-3所示。

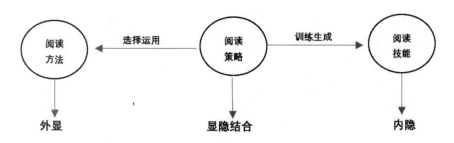

图1-3 阅读方法、阅读策略、阅读技能的关联

（四）阅读取向与阅读策略

黄志军与王晓诚两位研究者谈到了美国纽约州资深文学教师罗森布莱特女士（Louise M.Rosenblatt）提出的"阅读取向"的概念。阅读取向的内涵与我国学者王荣

生教授的阅读理论研究是一致的。王荣生教授在多部著作中谈到"常态阅读"与"变态阅读"、辨体而读等阅读常识①，需要我们高度重视。

罗森布莱特女士给出的阅读取向的"输出—审美"连续体图示与阅读策略存在紧密的关联，从阅读策略的定义可以清晰地明白，阅读取向与定义阅读策略的关键词："阅读目的、文本特点"的内涵一致。我们还可以在此基础上继续推进阅读取向与阅读策略的关系，如图1-4所示。

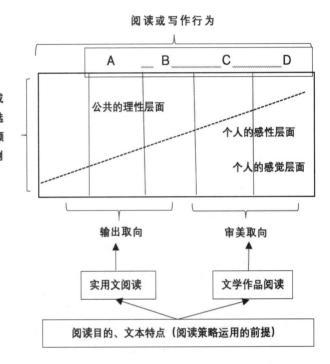

图1-4　阅读取向与阅读策略的关联

好的阅读策略运用者常常在阅读之初会根据不同阅读目的、不同文体，确定阅读的价值取向。一般来说，实用文阅读以"输出取向"占主导，弱化审美取向，比如阅读说明文、议论文通常会运用确定重点内容、提取关键信息、绘制思维导图等阅读策略；文学作品阅读以"审美取向"占主导，重视个人的感性体验，弱化"输出取向"，比如阅读小说、童话通常会运用联结、图像化、预测、分析综合等阅读策略。

清楚了阅读策略的概念，就明白了阅读取向的内涵，也便于教师在阅读教学中更好地教给学生阅读策略。

三、阅读策略的分类

（一）国外阅读策略分类

阅读策略研究是西方近些年一项重要的教育研究课题。从20世纪70年代至今，国外阅读策略的研究经历了理论形成阶段——实验研究阶段——推广运用阶段——进一步完善阶段。通过多年的研究，明确提出了一些阅读策略。

①王荣生.听王荣生教授评课[M].上海:华东师范大学出版社,2007.

美国国家阅读委员会在2000年发布了《教会孩子阅读：基于阅读科学研究的证据分析和对阅读教学的启示》的报告，该报告指出8种具有广泛证据支持的阅读策略：理解监控、策略的合作式学习、组织图、故事结构、答问、自我提问、总结、多策略教学，其中"多策略教学"被美国国家阅读委员会的专家认为是"最有前景使用在真实课堂教学中的工具"。①美国俄亥俄州州立大学心理学教授罗宾森（Francis P. Robinson）提出了可以用于所有新书的阅读的 SQ3R 策略。②美国常用的几种策略有：预测策略、有指导的阅读活动策略、K-W-L策略、提问策略、自我监控策略、故事结构策略。③

加拿大教师阿德丽安·吉尔从密歇根大学教授大卫·皮尔森关于"熟练阅读者"研究的成果中提炼出以下策略：联结、提问、图像化、确定重点、推测、分析和综合、监控理解。在她本人的教学实践中根据知识读物和文学作品的读物，确定了以下的阅读策略。知识读物的阅读策略有：推进、提问/推测、确定重点、联结、转化。文学作品的阅读策略有：联结、提问、图像化、推测、转化。④

英语课程大纲中每一个阶段都列出了学生应该掌握哪些阅读方法技巧，比如第二阶段应该传授给学生的阅读策略主要有：就自己阅读的内容提出相关问题；找到自己希望知道的准确的信息；区别事实和观点；用评论性的眼光对待一个论点；作一些简明的笔记；使用字典、词汇表和同义词词库解释不熟悉的单词；注意生词的含义和用法；通过其他形式重新表述所阅读的内容；应指导学生使用图书馆分类系统、目录和索引。⑤

（二）国内阅读策略分类概况

国内关于阅读策略的分类呈现多元不确定的现象，笔者以表1-2来呈现学者专家关于阅读策略的分类状况。

---

① 黄志军,王晓诚. 国内外中小学阅读策略教学研究进展述评[J]上海教育科研,2020(6):77.
② Robinson, Francis Pleasant. (1970年)Effective study (4th ed.). New York：Harper & Row.
③ 何光峰. 美国常用的阅读策略简介[J]语文教学通讯,2005(3):60-61.
④【加】阿德丽安·吉尔. 阅读力——文学作品的阅读策略[M]. 岳坤. 译. 南宁：接力出版社,2017.
⑤ 吴忠豪.外国小学语文教学研究[M]. 上海：上海教育出版社,2009.

表1-2　专家学者关于阅读策略的分类

阅读策略类别	研究者					
	倪文锦	曾祥芹	王增奎 张晓然	蔡正栋	赵镜中	周步新
不同的策略		金字塔策略 循序渐进 合理分配 学创相生 知行统一 终身阅读 快速高效	溯源法	对话阅读		批注
名称相似、内涵一致的策略	区分重要和非重要	定向选读策略 取精摄要		筛选信息	找重点	找重点
	概括信息			概括信息		概括
	推理信息		推测法		推论	推论
	质疑释疑	问题导向			提问	提问
	激活原有知识				联结	联系
				整体阅读	统整	
			比较法			比较
				猜测阅读	预测	预测
					图像化	图像化
			联想法			联想
	监控理解				理解监控	监控

　　进一步研究期刊有关阅读策略分类的文章，笔者列举有代表性的期刊论文分类如表3。

表1-3　期刊论文关于阅读策略的分类

作者	分类		期刊来源
杨春艳	筛选与整合策略、预测与联结策略、图像化策略、元认知策略		杨春艳.以阅读策略为导向的阅读教学研究[J].教育研究与评论,2018(5):5-11.
孙蔓娜 张和新	元认知策略	目标与计划策略、监控检查策略、调节策略、自我评价的策略	孙蔓娜,张和新.高中语文阅读策略研究[J].语文学刊,2007(9):43-45.
	认知策略	选择性阅读、获取主要信息、概括信息、推理信息、质疑释疑、激发原有知识和迁移的策略、积累的策略	
	阅读的社会——情感策略	社会策略、情感调控策略(自我激励策略、积极情绪策略、维持高效阅读的策略)	

作者	分类		期刊来源
邬建芳	激活原有知识、确定重要信息、提出问题和回答问题、概括信息、推理信息、监控理解		邬建芳. 高中语文教学中有效阅读策略的探索与实践[D]. 上海:华东师范大学,2003.
孙珊珊	阅读教学计划策略	设置阅读目标、预测策略、调动背景知识策略、自我提问策略	孙珊珊. 初中语文阅读教学的元认知策略研究[D]. 长春:吉林大学,2012.
	阅读教学监控策略	方向监控策略、领会监控策略、调节监控策略、记忆监控策略	
	阅读教学后的自我评价策略		
胡梦蕾	整合性阅读策略	预测、摘要、提问、推理信息	胡梦蕾. 初中语文阅读策略教学研究[D]重庆:西南大学,2016.
	阅读理解监控策略	SQ3R策略 K—W—L策略	
	不同文体的阅读策略	虚构类文本的阅读策略 实用类文本的阅读策略	

综合对比以上研究，学者专家的观点大多趋同，少数存异；期刊文章的分类呈现多样化。但两者存在共同的问题：无明确的标准与统一的名称。需要我们统一认识与名称，便于实践运用。

（三）分类依据

要对阅读策略进行合理的分类，需要明确的分类标准。探究阅读策略的分类，可以回溯到其上位概念——学习策略的分类。

不同国家和地区的研究者出于不同的出发点和视角，对学习策略的分类作出了不同的理解，综合国内外学者对学习策略的研究，主要有以下几种观点：第一，根据学习策略运用的范围进行分类。主要代表是丹塞洛，他将学习策略概括为基础策略，学习者用于提取信息的策略；辅助策略，用来保证基础策略的有效进行。第二，从信息加工角度进行分类。加涅将学习策略分为注意、编码和记忆三种策略；欧麦雷和查莫特认为学习策略有认知策略、元认知策略、社交和情感。[1]第三，根据学习策略的作用进行分类。奈斯比特将学习策略概括为预测、计划、监控、调节和评价。[2]麦克卡把学习策略分为认知策略，包括复述、精加工和组织；元认知策略，包括计划、监视和调节；资源管理策略，包括时间、环境、努力和求助。[3]

在借鉴信息加工理论的基础上，O'Malley and Chamot（1990）把策略归纳为三个范畴，即元认知策略、认知策略和社会/情感策略。[4]Oxford（1990）通过分析语言

---

[1] 姚雪. 学习策略、学习动机与学业成绩的关系[J]. 现代教育科学,2008(2):12.

[2] 熊川武. 学习策略论[M]. 南昌:江西教育版社,1997:66-70.

[3] 史耀芳. 二十一世纪国内外学习策略研究概述[J]. 心理科学,2001(5):87-91.

[4] O'Malley, J. M. & Chamot, A. U. Learning Strategies in Second LanguageAcquisition. [M]. Cambridge University Press. 1990:119-120.

材料与策略的相互关系，把策略划分为直接策略和间接策略。[①]而Cohen（1998）则通过策略运用的目的把学习策略划分为学习语言的策略和运用语言的策略。[②]在众多学习策略分类中，被普遍认同的是O'Malley和Chamot（1990）的分类。

综上关于学习策略的分类，占据主导观点的是认知策略和元认知策略。丹塞洛提出的用于提取信息的基础策略与认知策略呼应，其提出的用来保证基础策略的有效进行的辅助策略与元认知策略呼应；欧麦雷和查莫特提出的学习策略有认知策略、元认知策略、社交和情感与O'Malley和Chamot的观点一致；奈斯比特提出的预测属于认知策略，其提出的计划、监控、调节和评价属于元认知策略；麦克卡的分类观点与O'Malley和Chamot的观点一致。

在学习领域，认知策略和元认知策略最大的区别就在于是否直接作用到学习材料，认知策略是对学习材料的加工组织，是直接作用于材料的。而元认知策略是通过调控或计划我们的注意力、学习过程来帮助更高效的学习，因此不直接作用于学习材料。而Oxford（1990）提出的直接策略和间接策略也与认知策略和元认知策略之间内涵指向一致，即：直接策略——认知策略，间接策略——元认知策略。

（四）阅读策略的建设性分类

回溯到学习策略的分类，笔者认为占据主导观点的O'Malley和Chamot（1990）关于学习的分类可以作为阅读策略分类的依据。据O'Malley和Chamot关于学习的分类，笔者认为社会／情感策略在阅读中表现为合作交流、控制情绪、激发动机、保持兴趣等，这些内涵可以归结在元认知策略里，即可以通过元认知对认知活动进行调控。以此为据，阅读策略可分为两大类：阅读元认知策略和阅读认知策略。综合比较国际国内关于阅读策略的分类，其下又可以分为具体的类别，如表1-4所示。

表1-4　阅读策略的建设性分类

阅读策略的分类	
阅读认知策略	预测策略、确定重点策略、推理策略、提问策略、联结策略、图像化策略、作笔记策略、提取信息策略、概括策略、分析综合策略
阅读元认知策略	计划策略、监控调整策略、自我评价策略

① Oxford, R. Language Learning Strategies：What Every Teacher Should Know[M]. Heinle&. Heinle Publishers，1990：203-208.

② Cohen, A. D. Strategies in Learning and Using a Second Language[M]. London：Longman，1998：69-70.

（五）各类阅读策略在阅读中的联系

好的阅读策略运用者，会根据阅读的环境、阅读的目的和文本特点，灵活选择适宜的阅读策略。在成熟的读者那里，阅读策略会得到优化运用。阅读元认知策略伴随阅读的全程，指导并决定阅读认知策略的灵活运用：阅读前，阅读者用上计划策略，确定阅读的目标方向，调整阅读情绪，集中注意力；阅读中，监控阅读效果，调整阅读策略与方法；阅读后评价阅读效果、反思阅读策略与方法。一般读者，经过长期自主的训练，逐渐提高阅读能力。笔者以图1-5诠释元认知策略和认知策略在阅读中的运用情况（方框里的内容代表阅读元认知策略，椭圆里的内容代表阅读认知策略）。

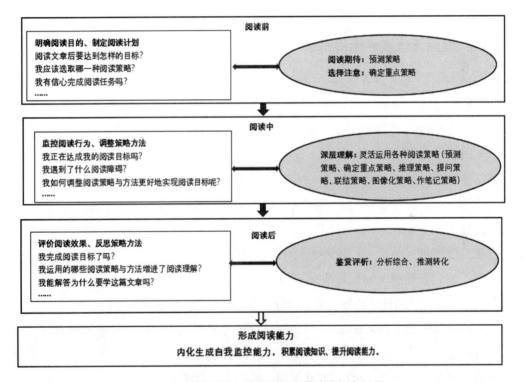

图1-5 阅读元认知与阅读认知策略的综合运用

美国的K-W-L（What-I-Know，How-I-Want-to-Know，What-I-Learned）策略（知道什么-想知道什么-学到了什么）和Robinson提出的SQ3R策略：浏览（Survey）、质疑（Question）、阅读（Read）、背诵（Recite）、复习（Review），其实质就是阅读元认知策略与阅读认知策略的综合运用。

在阅读领域，阅读策略绝非由整齐单一的个体策略构成，其运用复杂。阅读策略的操作主体是阅读者，在阅读教学中表现为学生而非教师。教师作为学生阅读的引导者、同行者，当然是阅读策略操作的主体，如果教师不懂得如何运用阅读策略，那将很难把自己不懂的知识能力传授给学生。相对于学生来说，教师是阅读策略的先行操作者，阅读策略教学特别强调教师的有声思维示范，要求教师是熟练的阅读策略运用者。在阅读策略的课堂教学中，学生是实在具体的操作主体。教师就如游泳教练、驾驶教练，引导学生在游泳与驾驶的过程中学会方法习得技能。在阅读策略的课堂教学中教师的作用是帮助学生学得阅读策略的知识，习得阅读策略的运用，获得阅读技能的发展，促进学生趋向积极的成熟的读者。

第二节　阅读策略运用概貌

一、国际阅读策略运用概貌

阅读策略研究是西方近年来一项重要的教育研究课题。第一个提出"策略教学"观点的是古德（Tom Good）。从20世纪70年代开始，国外阅读策略的研究渐趋成熟。20世纪80年代开始至今，阅读策略研究成为许多课程改革的又一突破口。

英国教师在阅读教学中，主要任务不在解读文本思想内容，而是侧重于阅读知识和阅读技巧的培养。英语的课程大纲中阅读部分的目标特别细化且有层次，不同阶段的学生该掌握什么样的阅读策略，有明确的要求。比如第二阶段应该传授给学生的阅读策略主要有：就自己阅读的内容提出相关问题；找到自己希望知道的准确的信息；区别事实和观点；用评论性的眼光对待一个论点；作一些简明的笔记；使用字典、词汇表和同义词词库解释不熟悉的单词；注意生词的含义和用法；通过其他形式重新表述所阅读的内容；应指导学生使用图书馆分类系统、目录和索引。

美国国家阅读委员会在2000年组织数百位专家团队发布的《教会孩子阅读：基于阅读科学研究的证据分析和对阅读教学的启示》对中小学阅读策略教学产生了重大影响。该报告综述了1979~2000年间发表的203项实证研究，并指出八种具有广泛证据支持的阅读策略（理解监控、策略的合作式学习、组织图、故事结构、答问、自我提问、总结、多策略教学）值得指导中小学生学习，其中"多策略教学"被美国国家阅读委员会的专家认为是"最有前景使用在真实课堂教学中的工具"[①]。

加拿大教师阿德丽安·吉尔从密歇根大学教授大卫·皮尔森关于"熟练阅读者"研究的成果中提炼出以下策略：联结、提问、图像化、确定重点、推测、分析

① National Reading Panel. Teaching Children to Read：AnEvidence-based Assessment of the Scientific Research Literature onReading and Its Implications for Reading Instruction[R]. Washington，DC：National Institute of Child Health and Human Development，National Institutes of Health，2000.

和综合、监控理解。在她本人的教学实践中根据知识读物和文学作品的读物，确定了以下的阅读策略。知识读物的阅读策略有：推进、提问/推测、确定重点、联结、转化。文学作品的阅读策略有：联结、提问、图像化、推测、转化。[①]而且每一种策略都提炼出了操作的范式。

经过 40 多年的发展，国外阅读策略教学逐步走出实验室环境，迈进阅读教学现场；从单一阅读策略教学，到多种阅读策略教学，再到在合作的环境中以更灵活的方式进行阅读策略教学。毋庸置疑，当阅读策略被很好地教给学生时，能较大幅度提升学生（尤其是后进生）的阅读理解表现。可以说，这是国外 40 多年来阅读策略教学研究形成的共识。时至今日，阅读策略教学已被写进多个国家的语言/艺术课程标准和语言/艺术教科书、教师用书之中。[②]

国外的阅读策略教学研究主要经历了单一阅读策略教学、组合阅读策略教学、交流式阅读策略教学三个阶段。Wilkinson & Son 两位学者回顾如下：[③]（1）单一阅读策略教学。盛行于 20 世纪七八十年代，以实施单一阅读策略教学为主，在实验室环境和教室内进行。这些研究发现了以下有效的阅读策略：激活背景知识、自我提问、建构文本的心智图、概括、分析故事结构等。从 1999 年起，研究者开始测查单一阅读策略（如把握文本主旨、理解监控、心智图、文本结构）的教学效果。研究的主要目的在于提升后进学生的学业成绩和第二语言的学习。（2）组合阅读策略教学。发端于 20 世纪 80 年代，以 Palincsar 和 Brown 两位学者开展的互惠式教学为代表，主要教给学生四类阅读策略：提问、澄清、总结和预测。[④]在这轮浪潮中，直接解释并实施阅读策略教学的方法脱颖而出。这种方法强调教师直接向学生解释阅读策略、给学生提供支架，引导学生逐步练习，学生最终独立使用阅读策略。研究发现，接受直接阅读策略教学的学生在标准化测试中取得了比对照组更优异的成绩。（3）交流式阅读策略教学。1992 年，Pressley 和同事在研究实施阅读策略教学的有效学校和教师的基础上，提出了"交流式阅读策略教学"模式。[⑤]该模式强调：读者和文本间的互动、学生和教师间的交流共同构建了整个理解过程。学生被提供内容更为丰富的阅读课程，教师指导学生学习多种阅读策略，在随后的课堂中以更灵活的方式实践这些阅读策略。Brown 等人的研究发现：接受了交流式阅读策略教学的小学

① 【加】阿德丽安·吉尔.阅读力——文学作品的阅读策略[M].岳坤译.南宁：接力出版社，2017.
② 黄志军 王晓诚.国内外中小学阅读策略教学研究进展述评[J].上海教育科研，2020(6)：76.
③ Wilkinson I & Son E H. A Dialogic Turn in Research on Learning and Teaching to Comprehend[A]. In Kamil M L., Pearson P D., Moje E B., & Afflerbach P P. (Eds.), Handbook of Reading Research (Vol. 4)[M]. New York：Routledge, 2011：359~387, 365, 359~387.
④ Palincsar A S, & Brown A L. Reciprocal Teaching of Comprehension -Fostering and Comprehension -Monitoring Activities [J]. Cognition and Instruction，1984, 1(2).
⑤ Pressley M, El-Dinary P B, Gaskins I, Schuder T, Bergman J L, Almasi J, Brown R. Beyond Direct Explanation：Transactional Instruction of Reading Comprehension Strategies [J]. The Elementary School Journal, 1992, 92(5).

二年级儿童无论是在策略意识、策略使用和阅读理解能力方面都有显著进步。①

近年来，一些国际性的大型测试十分注重对学生阅读能力的考察，PISA2009从阅读参与度和学习策略两方面来研究学生在多大程度上学会了阅读领域的学习。在阅读策略方面，PISA将学生的学习和阅读策略分为记忆策略、理解记忆策略、概括策略、精致策略和自我控制策略。上海PISA的研究结果表明：学生的阅读策略与其阅读精熟度之间存在极其显著的正相关。阅读面广且掌握了阅读策略，是成为高水平阅读者的基本条件。研究发现：那些掌握有效阅读策略的学生，比其他学生更有效地掌握了阅读内容；在学习中能借助恰当策略的学生，阅读素养显著高于没有掌握有效阅读策略的学生。

在PIRLS（国际阅读素养进展研究，PIRLS是由IEA主办的国际测验，主要目的在于研究世界各国及地区四年级儿童的阅读能力）测试中，把阅读理解细分为三个过程：关注并提取明确陈述的信息进行直接推论；解释并整合观点和信息；检视并评价内容、语言和文本成分。

在国外阅读研究文献、课程标准文件、教材编写和阅读课堂教学中，"阅读策略"占有重要的地位，是阅读教学的重要内容。

二、我国阅读策略运用概述

国外阅读策略是基于读者阅读认知心理开发的，其概念清晰、自成体系，成为阅读教学的重要课程内容。长期以来，我国汉语言文字特有的音形义融合呈现语意的情境性、多义性、深厚性等特点，特别是文学作品如《诗经》、唐诗宋词、现代诗，具有可意会不可言传的特点，故吟咏体味成为重要的阅读方法。初学语言，大量阅读，形成语感，也是重要的阅读方法。因此有学者倡导语感教学。语感教学重要，但仅为初学者入门的手段，深入语言的堂奥，尚需语识、语用等知能训练，即把学语言"可意会"的层次与"可言传""可运用"结合起来，既观语言的表象也察语言的内在肌理，如此才能达到立体地阅读感知汉语言文化。

（一）中国传统阅读理论的价值

我国传统阅读蕴含丰富的阅读经验，迄今依然有借鉴意义。

《礼记·中庸》将学习过程分解为五步——"博学之，审问之，慎思之，明辨之，笃行之"。其中"慎思""明辨"两个环节都是指深入的思考阶段。对此，王夫之在《读四书大全说》中有一段精辟的解释，他说"慎思、明辨属思。明辨者，思

---

① Brown R, Pressley M, Van Meter P & Schuder T. A Quasi- experimental Validation of Transactional Strategies Instruction with Low -achieving Second -grade Readers [J]. Journal of Educational Psychology, 1996, 88(1).

其当然；慎思者思其所以然。当然者，惟求其明；其非当然者，辨之即无不明也。所以然者，却无凭据，故加之以慎。不然，则至谓天地仁义，四大皆妄，亦不能证其是非，如黑白之列于前也。思中有二段工夫，缺一不可。"王夫之针对《中庸》的五步阅读法，特别强调阅读中思考的重要意义，阅读策略也特别重视阅读中"思维"的声音。"博学之，审问之，慎思之，明辨之，笃行之"强调读者应该在广泛阅读的基础上提出自己的疑问，并在头脑中仔细审查、思考，其中就已经包含了自我提问和理解监控等阅读策略。

古人特别强调在阅读中质疑。他们认为读书中的质疑有三个方面的价值。

价值之一：质疑是深思熟虑的结果

朱熹在《晦翁学案》中说："读书始读未知有疑，其次则渐渐有疑，中则节节是疑……"可见疑问不是凭空产生的，要在阅读过程中经过思考才会出现并逐步明晰，有思才有疑，能思才能疑。古人将疑分为"大疑"和"小疑"，可见疑问有层次之分，这和思的程度有关，和个人的阅读经验有关，思得深，想得远，疑问才能提得深刻而中肯。反之，不思则无疑可提；思得不深，疑问也不会提得深刻。这表明，有价值的疑问的产生是建立在深思、精思的基础之上的。

价值之二：质疑是学习推进的开端

王夫之在《诗广传》中说："由不疑至于疑，为学日长；由疑至于不疑，为道日固。"朱熹在《晦翁学案》中也说："读书始读未知有疑，其次则渐渐有疑，中则节节是疑，过了这番后，疑渐渐解，以致融会贯通，都无所疑，方始是学。"这些论述概括学习的过程实际上是由无疑而有疑，由有疑而质疑，由质疑而解疑，由解疑而不疑的过程。质疑不仅是深思熟虑的结果，也是学习推进的开始。

价值之三：质疑是产生认知成果的动力

明代教育家陈献章在《论学书》中指出："前辈谓学贵知疑。小疑则小进，大疑则大进。疑者觉悟之机也，一番觉悟，一番长进。章初学时，亦是如此，更无别法也。即此便是科级，学者须循次而进，渐到至处耳。"其论述强调在学习的过程中质疑的重要性，学习进步始于质疑，质疑催生学习成果。"真理诞生于一百个问号之后"即是对质疑产生认知成果的最好注释。

关于读书，古人总结了许多方法。耳熟能详的"朱子读书法"有："循序渐进""熟读精思""虚心涵泳""切己体察""着紧用力""居敬持志"。其中"熟读精思""虚心涵泳""切己体察"等阅读方法备受世人推崇。

前人苏轼对"熟读精思"有独到见解，在《送安陪秀才失解西归》中说"旧书不厌百回读，熟读深思子自知。"苏轼之见"熟读深思"与朱熹之云"熟读精思"是同一层意思。古人认为熟读才能通其意，所谓"读书百遍，其义自见"。"熟读"与

"精思"二者不可偏废，读思结合，乃有长进。由于古代科学发展速度较为缓慢，知识更新周期较长，加之信息交流方式单一，学科门类较少，书籍数量不多，"书读百遍"是常事。今天阅读环境发生了翻天覆地的变化，科技迅猛发展，信息暴增，交流方式快捷，"书读百遍"不具普遍性，对于经典之作仍然需要下"熟读精思"的功夫。今天我们更注重精读略读并举，注重快速阅读深层思考，注重阅读的速度与质量。

"虚心涵泳"是古代学者推崇的阅读方法，也是当前阅读研究实践的热点之一。曾国藩在《谕纪泽》中这样论述"涵泳"："涵泳二字，最不易识，余尝以意测之曰：涵者，如春雨之润花，如清渠之溉稻。雨之润花，过小则难透，过大则离披，适中则涵濡而滋液。……泳者，如鱼之游水，如人之濯足。……善读书者，须视书如水，而视此心如花、如稻、如鱼、如濯足，则涵泳二字。"古人看待读书，书如水（雨、渠），学习者如花、稻、鱼、足，阅读活动如春雨润花，如清渠溉稻，如鱼儿游水，如人之濯足。学习者沉浸其中，潜心静气，自由自在，用心体会，受到滋养，得到深切的认识。

"切己体察"是指读书要与自己在生活的真切体悟相联系，或者说要通过自己切身生活来体察悟解书中的内容。曾国藩以自己的体会举例子说："尔现读《离娄》，即如《离娄》首章'上无道揆，下无法守'。我往年读之，亦无甚警惕；近岁在外办事，乃知上之人必揆诸道，下之人必守乎法；若人人以道揆自许，从心而不从法，则下凌上矣。"曾国藩的这一番话，是对儿子曾纪泽说的，实则是与儿子交流"切己体察"的阅读方法。曾国藩对朱子"虚心涵泳，切己体察"有自己独到的见解。特别是对"涵泳"的解释，是对朱熹阅读方法的深化理解。朱熹所说的"涵泳"，也许只是说要沉浸书中，得其滋润。而曾国藩对此大加发挥：一是他强调读书必须讲求涵泳，但要有度，既不能不够，也不能过度。不够，会所得甚少，过度，则会失之，如花之"离披"，稻之受"涝"，淹没在书中出不来。二是他认为读书的涵泳，实际是一个快乐的过程，如果不能感受到读书的快乐，则不可能读书有得。"虚心涵泳"和"切己体察"强调读者用心揣摩，体会文本的意旨。在这个过程中，读者需要激活相关背景知识，将文本内容和自己的阅读经验、人生经历进行串联。

古人还提出"不求甚解"读书法，与"熟读精思"相对的阅读法。东晋大诗人陶渊明在《五柳先生传》中说："好读书，不求甚解，每有会意，便欣然忘食。"邓拓在《燕山夜话·不求甚解》中引王粲《英雄记钞》说，诸葛亮年少时与徐庶、石广元、孟公威三人一起读书，"三人务与精熟，而亮独观其大略"。《论文偶记》中说："凡行文多寡长短，一样高下，无一定之律，而有一定之录，可以意会，而不可以言传。"

从古人的论述可以看出，"不求甚解"法强调读书的目的在于"会意"，而不在于"甚解"，"甚解"会妨碍"会意"。这里的"甚解" 指的是那种死抠字句、章法，皓首穷经式的烦琐哲学，"会意"强调的是读者的真感受，强调读者与作者心灵打通时那种"不可言传"的读书境界。在古代，"不求甚解" 法是一种颇有争议的读书方法。至今，这种读书法亦不断引起人们的关注讨论。叶圣陶先生说："陶不求甚解，疏狂不可循。"[①]王富仁先生认为："书，是'读'过就'懂'的。'读'同'解'（理解）是同时完成的。在这个意义上，'读'就是'解'，'解'就是'读'。'解'是在读的过程或读后自然发生的现象。不存在一个'甚解'的问题。'好读书，不求甚解'才是一种正常的读书方式、接受方式"。[②]对于"不求甚解"阅读法存在认识的分歧，其实关涉阅读策略的运用，不同的读者面对不对的文本依据不同的阅读目的，可以选择不同的阅读方法。此时适宜"不求甚解"，彼时未必；此人适宜"不求甚解"，彼人未必；此书适宜"不求甚解"，彼书未必。

关于阅读方法，古人还提出抄录记忆法，即作笔记作摘抄，"好记性不如烂笔头"亦印证此说。

此外，"以意逆志""知人论世"等阅读方法都可以在现代心理学里找到它的阐释："以意逆志"是用自己的想法去揣摩文本的意思，是联结策略的应用；"知人论世"牵涉确定重点、联结等阅读策略的综合应用。

（二）我国现代阅读策略教学研究概貌

我国教育家叶圣陶先生认为："阅读程度不够的原因，阅读太少是一个，阅读不得其法尤其是重要的一个。对于似'体会''体悟''体谅''体验'的一组意义相近的词，字典翻过了，讲解听过了，若不能辨别每一个的确切意义并且熟悉它的用法，还算不得阅读得其法。""阅读方法又因阅读材料而不同。就分量说，单篇与整部的书应当有异，单篇宜作精细的剖析，整部的书却在得其大概。就文体说，记叙文与论说文也不一样，记叙文在看作者支配描绘的手段，论说文却在阐明作者推论的途径。"[③]叶老在多种场合多篇文章反复强调阅读方法的重要性，从阅读策略的层面来讲即通过阅读策略教学，教给阅读方法，获得自主阅读的能力，因此阅读策略教学尤为重要。

直接提出"阅读策略"的概念并结合认知心理学的有关理论在小学语文教育领域进行实验与实践的研究在国内不多。

① 任苏民.教育与人生——叶圣陶教育论著选读[M].上海:上海教育出版社,2004:325.
② 王富仁."好读书,不求甚解" [N].中国教育报,2001-04-05(3).
③ 叶圣陶.叶圣陶语文教育论集[M].北京:教育科学出版社,2015:43.

曾祥芹主编的《阅读学新论》，倪文锦、欧阳汝颖主编的《语文教育展望》等书中有零星的介绍，在第一节的分类中有具体的罗列。

我国台湾的赵镜中先生提倡："要通过教材让学生找到阅读策略，培养阅读能力，从重知识转向重策略，改变传统的课堂教学模式。"①阅读教学应该从精熟学习转向策略学习，以往占了课堂大部分时间的字词教学、篇章结构等这些重视知识获得的教学模式要向重视建构知识的策略性学习转变。

吴忠豪教授认为："小学语文课程内容指的是学生学习语文必须掌握的可以终身受用的语文知识、语文方法和语文技能。这些知识、方法和技能应该是相对稳定的、不可替代的。""简单地说，课程内容指'教什么'，教材内容指'用什么来教'。赵镜中先生是用《太阳》来教说明文的阅读方法、策略，很明显，这是语文课程内容；其他老师用《太阳》这篇课文来教太阳的特点、太阳和人类的关系，很明显，这是教教材内容，而非语文课程内容。"②吴忠豪教授点明语文课程教学内容要把阅读方法作为重要的内容，作为语文阅读教学的本体性内容，阅读策略教学的主体内容及最终的落点在阅读方法的运用。

李海林教授总结了语文学科需要的知识类型：陈述性知识、程序性知识、策略性知识。李海林教授指出：以前我们所理解的语言知识，大多是陈述性知识，而缺少的是策略性知识，也就是关于学习策略的知识。对于阅读教学来说，策略性知识是指导学生学习如何阅读的知识。它的特点是"反思性"的"元认知"。对策略性知识的掌握，其标志是：明确自己面临的学习任务；知道自己目前学习所达到的程度；能够用恰当的学习方法；对自己的学习过程能进行监控、反思和调节。③阅读策略教学其核心是策略性知识和程序性知识在阅读中的实践运用。

丁时辉老师撰文《在阅读教学中发展学生的元认知》谈到："语文课程的基础知识多为陈述性知识，而缺少能够实际操作的程序性和策略性知识。"④丁时辉老师倡导在阅读教学中发展学生的元认知，元认知是阅读策略知识的重要特性，当下的阅读教学缺乏元认知知识的理解运用。

西南大学魏小娜教授的研究指出：我国的阅读策略往往潜隐于教师的阅读教学设计中，需要提取和辨识。我国"字不离词、词不离句、句不离篇"的阅读教学经验，实际就是国外的"联结"阅读策略；我国阅读教学中"主问题"的设计艺术，本质也是国外的"提问"阅读策略；钱梦龙老师提出的"自读五格"阅读教学法与国外流行的 SQ3R（浏览、提问，阅读、陈述、复习）阅读策略高度吻合（表1-5呈现其关系）；我国阅读教学中的板书设计也是国外"可视化策略"。⑤

① 赵镜中. 提升阅读力的教与学——赵镜中先生语文教学论集[C]. 台北:万卷楼,2011(12):283.
② 吴忠豪. 期盼语文课的美丽转身——从"教课文"到"教语文"[J]. 小学语文教学通讯, 2011(6):9-11.
③ 李海林. "语文知识":不能再回避的理论问题——兼评《中学语文"无效教学"批判》[J]人民教育,2006(5):25.
④ 丁时辉. 在阅读教学中发展学生的元认知[J]. 云南教育, 2004(32):32-33.
⑤ 魏小娜. 中国式阅读策略:存在形式和产生路径[J]. 语文建设, 2018(34):21-22.

表1-5 各阅读策略关系

自读五格	认读感知	辨体析题	定向问答	深思质疑	复述整理
SQ3R	浏览		提问—阅读—陈述		复习

王荣生教授认为："提高学生的学习能力和阅读理解能力，阅读方法和阅读策略这两类过程技能都是必需的。"王荣生教授论述了阅读方法和阅读策略的内涵，[①]笔者不认同王荣生教授将阅读方法与阅读策略分割来看，但其对阅读策略与阅读方法的重视值得顺应。

课程标准提出不宜将语文知识系统化、完整化，充分考虑了我国语文学科的特殊性。一般教师把阅读策略作为隐性知识运用在教学中，不给学生讲解阅读策略的运用过程，只向学生呈现阅读理解的最终结果，很少给学生提供相应的阅读策略学习支架，教给学生灵活运用阅读策略。这样的阅读教学忽视了思考过程与操作方法的传授，不利于学生阅读素养的发展。

21世纪初期，我国的一些专家学者及一线教师开始重视阅读策略教学，发表相关的研究成果。研究大多属于理论建构方面的，运用于实际教学的研究较少，运用于小学语文阅读教学中的研究更少。周步新老师主编《小学适性阅读策略的学与教》一书，较系统地梳理了小学阶段适用的阅读策略，并结合了具体的课例阐释。[②]

一些硕士生、博士生毕业论文对中小学阅读策略教学作了研究，对阅读策略作了分类及教学实践研究，为后续研究提供经验借鉴。

调查表明，成熟教师较新任教师更会不自觉地运用一些阅读策略，且阅读策略运用恰当且频次多的课堂教学效果优于较少运用阅读策略的课堂。虽然一些教师自觉或不自觉地在运用阅读策略，但学生没有成为明明白白的阅读策略主体操控者，仅为教师引领下的阅读策略运用的不自觉不自主者，即阅读策略往往处于潜隐状态。阅读策略教学目的之一是要让学生成为明明白白的阅读策略操控者，即面对独特的文本，明白自己可以运用何种阅读策略，如何运用阅读策略，监控阅读策略运用的效果，调整阅读策略的实施方法，促成有质量的阅读，保障阅读的主动积极性。

第三节　我国小学语文阅读策略教学现状

一、教材的规定性与规范性

统编教材在小学阶段共安排了四个阅读策略单元，分别是：三年级上册预测策

---

① 王荣生. 阅读策略与阅读方法[J]. 中国教育学刊. 2020(7)：72.
② 周步新. 小学生适性阅读策略的学与教[M]. 宁波：宁波出版社，2016.

略单元，四年级上册提问策略单元，五年级上册提高阅读速度策略单元，六年级上册有目地阅读策略单元。如此设置编排教材内容在小学语文教材史上是首创。同为阅读教学，与一般的阅读教学有什么本质的区别呢，用北师大伍新春教授的话来阐释为："这四个单元是把阅读策略当作核心目标、外显的目标"。据此，策略单元阅读教学应该重点学习策略，应该在阅读的过程中学得阅读策略，通过阅读策略的运用深入理解文本。阅读理解与策略运用相辅相成，相互促进。

目前阅读策略教学一般存在两种价值指向。一是内隐性，即把策略作为手段理解文本内容。这是一般阅读单元的教学价值取向，而且此种教学价值取向决定了读者已经掌握了适宜的阅读策略。二是外显性，阅读策略的训练养成就是教学的核心目标，这是策略单元的编写意图。策略单元重外显目标达成，即把文本作为学得策略的例子，为提高阅读质量服务。叶老倡导的"教材无非是个例子"的理念表现在策略单元中"教材"就是用来学习策略运用的例子，而非仅仅理解教材。

语文统编教材总主编温儒敏先生多次强调："要教给学生读书的方法。除了精读，还有浏览、猜读、跳读、群读等等，都是有用的，也都需要给具体方法。但是现在的语文课对此很少关注，专家也很少研究。这是个大问题。我现在特别要提出，让中小学生'海量阅读'，学会'连滚带爬'地读。不要每一本书都那么抠字眼，不一定全都要精读，要容许有相当部分的书是'连滚带爬'地读，否则就很难有阅读面，也很难培养起阅读兴趣来。我说的'连滚带爬'地读，包括浏览、快读、猜读、跳读，学生可以无师自通，但有老师指导一下，甚至纳入教学，就事半功倍了。"[1]温儒敏教授强调要教给学生读书方法，教给了学生阅读策略，也就教会了学生在不同情景下灵活运用阅读方法。

阅读策略的掌握与运用需要多种阅读方法的熟练运用及综合调控，重视阅读策略教学，做好策略单元的教学，即是在落实温儒敏教授如上所谈。

二、教学的尴尬处境

（一）阅读力培养的缺失

传统教学一般指向内容理解，重语感轻语识，重语用轻思维，重感性轻理性；指向情感体验、人物品评等人文目标。阅读教学强调语感式教学，教师学生处于混沌状态，在"模模糊糊一大片"的暗胡同中摸索。汉语自身音形义的表意表象功能决定了语感学习必不可少，但长期处于语感状态，不利于学生成为思维清醒清晰、策略方法运用得当的读者。传统阅读教学重视"兴趣的培养""方法的指导""技巧

---

① 温儒敏. 让学生"连滚带爬"地读书 [J]. 教育科学论坛，2016（09）：29.

的训练"，这些都是阅读的浅层操作形式，学生获得零散的能力训练，不足以激活学生的高阶思维，不足以激发高层次认知活动。传统阅读教学较少注重"策略的习得"，而"策略性知识"的掌握运用才是让学生在学习过程中成为主动阅读者的重要能力。

统编教材将阅读策略作为独立的单元编排，体现出对阅读策略的高度重视。"事实上，语文教材的大部分单元都会渗透阅读策略的意识。"（伍新春《部编小学语文教材阅读策略的价值与实施径》）统编教材顺应吸收了国际阅读研究的成果，也针对我国传统教学的弊端，加强阅读策略教学。

（二）阅读策略教学的断层

北师大伍新春教授指出阅读策略的学得"首先要经过专家经验的外化，即掌握阅读策略的人（如教师）对阅读策略的概念、方法等进行讲解，再经过一定的学习训练，最后把这种外化的专家经验进一步内化成学生头脑中的阅读策略"。①阅读策略课堂教学中有经验的人指语文教师。语文教师是否能够科学熟练地进行阅读策略教学呢？

王荣生教授在《阅读策略与阅读方法》一文谈论到我国中小学生及许多成人较普遍地存在阅读策略的"产生式缺陷"，语文教师存在阅读策略的"产生式缺陷"，很难保障科学有效地进行阅读策略教学。

王荣生教授指出：在我国基础教育课程，尤其是以培养过程技能为重任的中小学语文课程，把包括学习策略、阅读理解策略、自我监控和调节的"阅读策略"纳入学习内容，具有十分重要的意义。研究和经验都表明，中小学生以及许多成人读者，较普遍地存在阅读策略的"产生式缺陷"，即虽然在以往的阅读中他们可能曾经验地"知道"有一些有效策略；但是，他们"不知道"在某个情境中应该运用哪个策略；"不知道"在这个特定情境中可以运用已掌握的某个或某些策略；"不明白"在这个特定情境中如何运用已掌握的策略；"不能"自主地运用策略或只是习惯性地运用自以为是的策略。②

笔者走访城区及农村学校调研阅读策略单元教学，发现阅读策略单元的编排理念不被重视，普遍存在"新瓶装旧酒""新鞋走老路"的状况，未把阅读策略作为显性的教学目标，未充分发挥教材价值。大部分教师对阅读策略教学有雾里看花之感。对阅读策略似乎并不陌生，但又将其与阅读教学策略混淆，不能说出常用的阅读策略种类，多数教师从未学习过关于阅读策略的知识，也不明白自己究竟会用何

① 伍新春. 部编小学语文教材阅读策略的价值与实施径[J]. 小学语文, 2018(9):6.
② 王荣生. 阅读策略与阅读方法[J]. 中国教育学刊. 2020(7):74.

种阅读策略阅读。教学时不知如何达成教学目标，浮光掠影式地带着学生将文本走马观花一晃而过。究其原因，一是没有深入领会教材编写理念，教材培训不到位；二是缺乏阅读策略的相应能力，即王荣生教授谈到的阅读策略的"产生式缺陷"。因而阅读策略教学存在断层现象，即广大语文教师缺乏阅读策略的知识与能力却要教授给学生相应的知识与能力。对语文教师而言，面临挑战。

在此背景下，终身学习、持续学习已经迫在眉睫，语文教师需要涉猎有关阅读策略的书籍，拥有一定的理论储备，站在更高处明朗地教学。需要阅读报刊杂志，了解同仁实施阅读策略的方略措施，批判性地借鉴创造，充实课堂教学，达成阅读策略教学的有效性。诚然，读书学习不是依瓢画葫芦或邯郸学步，奉行亦步亦趋的"拿来主义"，而是建立在对阅读策略运用的理论背景深入认识的基础上，拥有甄别的眼光与批判性思维，扬优弃劣、去伪存真，服务教学。

第二章　预测策略单元教学

预测在生活中随处可见：依据一定的指标预测天气；与人交流察言观色预测对方心情；依据骨骼发育情况及遗传特征预测宝宝身高；看时装发布会预测流行面料款式；综合国际经贸政治往来情况预测未来国家间经贸政治走向；根据新型冠状病毒疫情蔓延特点，医学专家预测疫情拐点及结束时间、外交政治家预测国家外交情势、经济学家预测疫情影响下经济发展趋势……预测惠及生活各层面。这一章重点探讨在阅读中如何运用预测，感受预测给阅读带来的不同体验。

第一节　预测策略单元内涵解读

一、"预测"内涵理解

预测策略单元导语是："猜测与推想，使我们的阅读之旅充满了乐趣。""一边读一边预测，顺着故事情节去猜想。学习预测的一些基本方法，尝试预测的一些基本方法。深度续编故事。"

单元导语中出现了四个意思相近的词：猜测、推想、预测、猜想。厘清这四个词语的内涵外延，有助于准确理解预测的内涵，有助于树立明确的教学方向感。

据《现代汉语词典》的解释：

猜测，推测，凭想象估计。

推想，即推测，根据已知的事情来想象不知道的事情。

猜想：猜测，猜度。

预测：预先推测或测定。

使用语境下主客观因素决定了这几个词语的外延。猜测与猜想意思最近。猜测要根据线索推断猜度，是主观直感与客观线索的和谐统一，既要自由的主观的"猜"还要有客观线索支持的"测"。猜想的自由空间大得多，可以全部是主观的想象猜测，而且不一定要合理的结果，猜想时思维可以无拘无束自由驰骋。因而猜想的外延大于猜测。

推想则是有理据地推测，即必须要有客观线索的支持。因而猜测的外延大于推想。

预测则是由已知推出未知，是对尚未发生或目前还不确定的事物进行预先的估计和推测。体现出思维的方向与精准度。

这四个词的内涵相近，但外延有别，存在外延的大小包含关系（图2-1）。厘清导语中这几个词语的内涵外延，能更好地为课堂学习服务。

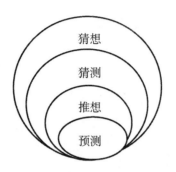

图2-1　四词的包含关系

单元导语关于人文主题的关键词"猜测"与"推想"，给了读者思维宽松自由灵活性的同时也对思维作了规范，要进行推测、推论、推导，在自由与规范中，身心放松，思维活跃，进行有目的导向地阅读，紧贴文本内容深度理解文本，感受阅读的乐趣。

二、"预测策略"内涵理解

预测策略指读者在阅读中根据文本线索、自身的背景知识及生活经验对文本的情节发展、人物命运、故事结局、作者观点等进行自主的假设，并在阅读过程中寻找文本信息来验证自己的假设，即"一边读一边预测"，在反复假设、验证中不断推进阅读。在后续的阅读中，验证自己的假设是否正确，如与文本一致则顺应，与文本不一致则适当修正假设。因此，预测的过程不仅是单一的假设，还要有不断的验证过程，在不断地预测、验证与修正过程中领会作者写作的秘密，深度理解文本内涵，整个阅读过程呈阶梯状上升。如图2-2所示。

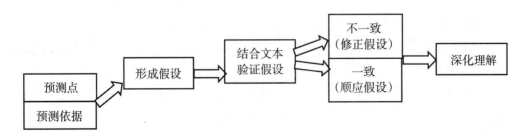

图2-2　阅读过程

运用预测策略阅读对学生来说并不陌生。幼儿时，听父母讲故事，看到图画会猜故事中的人物发生的事情；不识字的孩子读绘本，也是根据图画来猜想故事内容；幼稚园听老师讲绘本，在情节转折处、高潮处老师会停下来让小朋友猜猜"接下来会发生什么事？"为让学生保持对课文的阅读兴趣，老师往往出示课题时让学生猜一猜会写什么内容；读到特别吸引人的故事时不自主地设想故事情节会怎么发展，结局会是怎样的……这些情景都用上了预测策略，但对学生而言是无意识的运用。作为专设的预测策略阅读单元与之不同的是学生要明明白白地知道自己在运用预测策略，要发现预测的思维过程，要大胆预测还要小心求证，确保阅读的质量。

预测是阅读的思维体操，既可以激发阅读的兴趣，又能引发阅读思考。其目的不在于猜想结果的对错，而是引导读者依据文本、紧贴文本，激发读者想象，更快更专注地进入文本，投入自主阅读，检索文本信息，加工创造文本，高度参与高度体验文本，达成读者、文本、作者的深度对话交流。阅读策略的合理运用体现出新课程阅读教学理念的落实——阅读教学是学生、教师、文本之间对话的过程。

三、预测策略单元信息解码

（一）单元页解码

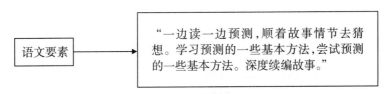

图2-3 语文要素

单元导语的语文要素（图2-3）包含三方面的内容。

一是直接点明"预测"这一学习主题，同时隐含预测的路径与方法——一边读一边预测，顺着故事情节去猜想，而不是读完后再预测，因为读完就意味着全面了解文本内容，真实的预测无从入手。因此，保持文本的陌生感是实现预测的先决条件。"顺着故事情节去猜想"也是在给预测指路，思维可以大胆灵活要去自由"猜想"，但不能脱离文本信息，预测要有依据，要和作者密切对话，要关注文本内容。此单元课文全部是童话故事，因而预测的重点内容是故事情节。预测这一阅读策略特别适宜故事类文本，如：小说、童话、寓言等。

二是学方法、练方法、用方法："学习预测的一些基本方法，尝试预测的一些基本方法。"这应该成为师生教与学的旨归，即通过单元课文的教与学，最终明白有哪些预测的方法，并且在阅读中用上这些方法来理解文本。

三是指向表达训练：深度续编故事。续编故事常常用到，在此加入"深度"二字，其意指向预测的实质，没有依据的续编是信马由缰胡编乱造，有依据的续编是基于文本超越文本的个性表达，是对文本创造性地深度理解。此目标重点指向单元的习作训练，同时各课的预测阅读也可以深度续编，既可以口头表达也可以书面写作。阅读与写作有机地衔接，多维度训练学生预测策略的运用能力。

（二）交流平台引路

本单元以小伙伴谈体会的形式出示了以下三条内容，如图2-4左列图示内容。

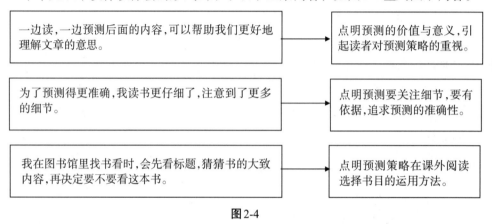

一边读，一边预测后面的内容，可以帮助我们更好地理解文章的意思。	→	点明预测的价值与意义，引起读者对预测策略的重视。
为了预测得更准确，我读书更仔细了，注意到了更多的细节。	→	点明预测要关注细节，要有依据，追求预测的准确性。
我在图书馆里找书看时，会先看标题，猜猜书的大致内容，再决定要不要看这本书。	→	点明预测策略在课外阅读选择书目的运用方法。

图2-4

从交流平台，我们可以提炼出关键要点，图2-4右列图示内容。

交流平台提供了一定的路径方法，但这还是极初步极粗略的，需要我们在教学实践中结合文本细化补充提炼总结。路径与方法不是强硬地塞给学生，而是在学习的过程中，边阅读边体验边总结，同时结合阅读体验交流、总结运用预测策略的好处，知道在课外阅读中要自觉运用预测策略。

四、预测策略单元的教学定位

预测策略单元以三篇童话的教学来达成对学生预测能力的培养。《总也倒不了的老屋》是精读课文，《胡萝卜先生的长胡子》《不会叫的狗》是略读课文。精读课文重在学方法，略读课文重在练方法和用方法。即通过《总也倒不了的老屋》的学习，掌握预测的基本路径与方法，这一课的学习老师在教学中主控学习的程序要重一些；《胡萝卜先生的长胡子》一课的教学则可以视学情适当放手，引导学生用上预测阅读的方法进行主动阅读，一边读一边结合自身经验或文本内容进行预测，不断地验证预测与修正预测；《不会叫的狗》一课的教学则可以视学情完全放手，让学生体会预测给阅读带来的深入理解与乐趣。

图2-5可以清晰地呈现单元课文内在的教学关联。

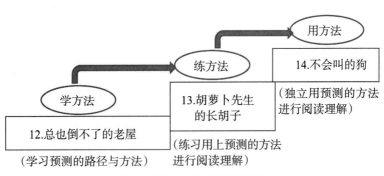

图 2-5 课文内在的教学关联

据笔者研究，阅读策略教学中，师生在课堂中的角色关系存在对应变化的状态。在预测策略单元教学中，不同课文师生的角色定位呈现不同的职责与使命，如图2-6所示。《总也倒不了的老屋》，承担的教学任务重，教师要教给学生预测的方法，学生要学习预测的方法，由不会到会，由会一点到会更多，由老师教到自主学。《胡萝卜先生的长胡子》《不会叫的狗》重在强化训练，交流预测的过程与方法，达到熟练运用。

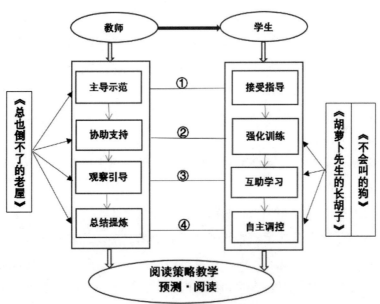

图 2-1 不同课文的不同职责与使命

第二节　文本解读及教学设计

1.1　生命的咏叹调
——《总也倒不了的老屋》文本解读

读《总也倒不了的老屋》后，你的脑海中留下的只有老屋与小猫、老母鸡、小蜘蛛的形象吗？一个有想象力有体验力的读者可以由文本散发开去，体味到形象的多层意蕴，童话的魅力就在于此。不同年龄不同经历不同生活积淀的人透过文本看到的世界各异。我从中体味到的是一曲生命的咏叹调。

生命的老态苍凉——自我离弃

读到文章题目"总也倒不了的老屋"时，我们的脑海会闪现一座摇摇欲坠的破旧老屋，"总也倒不了"暗示老屋似乎倒过无数次最终没倒下，在倒与不倒间摇摆，似乎经历了很多波折。这个故事是这样的吗？标题是文章的眼睛，透过文眼，这样的揣摩对吗？

接着往下读，老屋的确经历了这样的过程。看看，从标题我们就可以猜测出故事的大致走向。咱们还可以进一步猜测更多的信息：老屋的老态是怎样的？究竟发生了什么样的奇异故事呢？

作为读者的你心中的老屋会是什么样态？残壁断垣千疮百孔？挡不了风避不了雨？尘埃厚积死气沉沉？

老屋还可能有更多不同的样态供你描述。我们来看作者的讲述：

老屋已经活了一百多岁了。它的窗户变成了黑窟窿，门板也破了洞。它很久很久没人住了。

作者笔简言丰，从年岁、形貌和状态向我们推出了一个孤寂凄清的生命，而不仅仅是一座实实在在的物质状态的老屋。作者的写作好不好？比我们的描述多了什么意味，你品读出来了吗？

这实在不只是一座老屋，这就是一个苍老颓废的生命啊。

生命如此破败颓废，没有一个对话的声音，那就只有自言自语啰。生命如若百无聊赖不如了结。生命最大的悲哀是感受不到活着的意义而自己又无力赋予其意义。

因而老屋想到了自我离弃：

"好了，我到了倒下的时候了！"它自言自语着，准备往旁边倒去。

读标题时我们知道了老屋倒不了，发生了什么事情让它倒不了呢？喜欢挑战脑细胞的读者不妨大胆猜。

咱们不妨来看看这幅插图，能给你带来什么想象？

插图中多了一个小生命——小猫。它们之间肯定有故事了。小猫说话了：

"等等，老屋！"一个小小的声音在它门前响起，"再过一个晚上，行吗？今天晚上有暴风雨，我找不到一个安心睡觉的地方。"

老屋会答应小猫的请求吗？你是怎么推论出结果来的？

生命的延续残喘——被动需要

从图中老屋慈祥的样子可以看出老屋的心灵柔软善良，老屋虽然想倒下，但标题包含了"倒不了"的意思，应该会答应小猫的请求。小猫的出现推动着故事的发展。

老屋之"老"，老得"把老花的眼睛使劲往前凑"，答应了小猫的请求，庇护小猫平安度过暴风雨之夜，完成使命。老屋还会想倒下吗？推论的依据是什么？

小猫走了，老屋依然孤独，它无所牵念，还是会想倒下。可是它倒得了吗？为什么？如果你是作者，会将故事怎么讲下去？

小猫走后，正当老屋想倒时，老母鸡发出了请求：

"等等，老屋！"一个小小的声音在它门前响起，"再过二十一天，行吗？主人想拿走我的蛋，可是我想孵小鸡。我找不到一个安心孵蛋的地方。"

老屋会答应吗？会怎么回答？

小猫、老母鸡给了老屋生命存续的支柱，只为了满足它们的愿望。出于善良的本心出于他人的需要，老屋没有倒下，但它还是想倒，因而二十一天后，老母鸡走了，老屋还要想倒。你认同这样的看法吗？我们肯定它倒不了，因为前面推论的依据很充分了。接下来，会发生什么故事？老屋的生命状态会得到改变吗？

老母鸡离开道谢谢，老屋会怎么说？推论的依据是什么？

从前两次老屋想倒时的话，我们可以肯定老屋还会说相同的话："好了，我到了倒下的时候了。"为什么会说这样的话？

这就是童话写作的意蕴与秘密，情节反复出现，一些关键语句反复呈现，人物变中有不变，你体会到童话变与不变的趣味了吗？

下面，咱们进一步体会童话之变与不变的意趣。

生命的温暖美好——"很有意思"

老母鸡离开后，当老屋说要倒下时，你猜还会有小生命来请求老屋帮助吗？

故事讲述的需要，还有小动物来。这一次来了一个极小的声音：

"等等，老屋！"一个小极了的声音在它门前响起，不注意根本听不到。

是什么小生命呢？

看图，一只蜘蛛。

蜘蛛和老屋会有怎样的对话？为什么会这样的对话？依据是什么？

回顾前面的老屋跟小猫和老母鸡两个回合的对话，我们可以发现对话的规律。

发出请求者表达的语句形式（图2-7）是：

请求+称呼+请求的时间+请求的原因

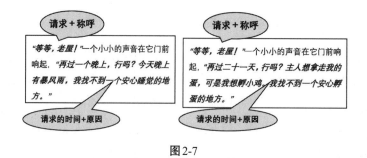

图2-7

老屋的语言模式（图2-8）是：

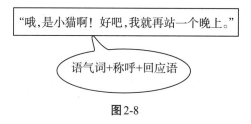

图2-8

老屋想倒下的话相同，三次出现： “好了,我到了倒下的时候了!”

小猫和老母鸡都离开了，小蜘蛛会离开吗？为什么？

两种推论，小蜘蛛离开和一直不离开。你是作者的话，会给老屋安排怎样的命运？小蜘蛛离开的话会有怎样的对话？不离开的话有什么样的对话？

如果推论小蜘蛛离开，肯定会继续写其他的生命来求助，因为这是老屋不倒的主要原因，这个故事就这么无限循环地写下去还会吸引人吗？

作者的高明在于，一次次反复的情节讲述中，要给故事来个反转，给人意料之外的惊喜：因为这是一只很会讲故事的蜘蛛，老屋觉得小蜘蛛讲故事"很有意思"。

一只借助老屋的庇护捕捉虫子生活生存的蜘蛛，因为给老屋讲故事赋予了生命彼此的美好交流，在老屋的潜意识里小蜘蛛又会离开，因而小心地问"小蜘蛛，你吃饱了吗?"

蜘蛛捕虫都是偶尔的运气，他吃不饱。

小蜘蛛的故事讲不完，老屋呢，一边听故事一边晒太阳，生活得舒服惬意极了。

至此，你认为故事可以结束了吗？怎么样，佩服作者的高超写法了吧！

老屋还会想倒吗？

"老屋想，这倒很有意思。"老屋是不想倒了。有意思的生命一万年也不长，无意思的生命活一百万次也无聊，因而那只"活了一百万次的猫"其实只活了一次。有爱的生命活一次就足够了。

童话的精彩与魅力在变与不变中渐次呈现。

童话的意趣之美——变与不变

故事的主角——老屋不变，故事发展中求助的对象在改变。这样就丰富了故事的内容，推动了故事的发展。

故事的情节模式不变，但在结局处巧妙地改变。故事情节在反复叙述中出人意料地戛然而止，构思出一波三折的情节引人入胜。

故事围绕主线"倒不了"展开，其内蕴却在悄悄变化，老屋经历了"想倒——不能倒——不想倒"的过程，他的生命状态在发生质的改变。经历了：孤寂落寞"想倒"——为他人需要而延续生命"不能倒"——相互依存体验生命的美好"不想倒"三种历程。

变与不变还体现在一系列语句中。细读文本，我们会有不一样的体验。即使一个标点的变化，一个动态的表达也有其不同的意蕴。咱们来看这三个语句的变与不变。

老屋低下头，把老花的眼睛使劲往前凑："哦，是小猫啊！"

老屋低下头看看，墙壁吱吱呀呀地响："哦，是老母鸡啊。"

老屋低下头看看，眼睛眯成一条缝："哦，是小蜘蛛啊。"

三个句子不变的内涵是：老屋回应求助者的苍老的情态和招呼求助者。

说话前都表达了"看"的意思，每次表达"看"为什么用不同的语言表达？称呼求助者时，都用了一个语气词"哦"，用上"哦"有什么意含？为什么招呼小猫时用"！"招呼其他求助者用"。"？

笔者就不一一阐释了，你会怎么理解呢？

细读文本，还会有很多惊喜的发现。比如，咱们来给课文挑刺：

小猫从门上的破洞跳了出来。

老母鸡从破窗户里走了出来。

小猫更适合从"门上的破洞"跳，有高度才叫跳。"破窗户"更符合老母鸡走的条件。

本文选作课文时有改动，慈琪在原文中写了四个求助者，老母鸡走后写了熊宝宝的光临,如下。

"等等,老屋!"小小的声音在它门前响起,"再过一个冬天,行吗?外面有凶恶的猎人,想拿我的皮围在他的脖子上,我找不到一个安心冬眠的地方。"

老屋低头看看,屋顶的灰哗啦啦往下掉:"哦,哦,是熊宝宝啊。好吧,我就再站一个冬天。"

墙角的小草发芽时,熊宝宝摇摇晃晃爬出来:"谢谢老屋!"

老屋说:"再见!好了,这下我到了倒下的时候了!"

你认为课文改成三次求助好,还是原文四次求助好?

文章的结尾已经让我们意外和温暖了,文章结束了,但故事没有完。你是作者,你会怎么延续故事?依据是什么?

有个老师特意请作家写了这个故事的结尾。我们来读读作家慈琪受邀续写的结局:

又过了许多年,老屋更破旧了,看起来像一堆破烂的木头,身上落满阳光和灰尘。房梁和窗框都静悄悄的,杂草已经长得很高了。

老屋说:"好了,我总算可以休息了。"

它停下来听了听。这次没有人请它再等一等,屋外一片安静。鸟儿和虫子仿佛都飞到很远的地方去了。它整整等了一天,下定决心,明早一定要倒下去。

朝阳落在房梁上,很暖和。老屋醒来,清清嗓子:

"好了,我到了倒下的时候了!"

说完,它认真地竖起了耳朵。

等等吧,再等等吧。

咱们来看看作家续写的想法:

同学们好!你们一定在想,我为什么这么续写呢?

我在写这个故事的时候,是有含义的,只是编入教材,可能并没有被教材编写者察觉。其实,老屋并非感到麻烦,而是期待着自己被需要,期待着有人不停上门请它帮忙。它不想孤独地倒下去,这才是它总也倒不了的原因。

这段续写我写得很直白,不知道你们是否预测出相似的结局?

你更喜欢自己的续写还是作家的续写?

1.2 《总也倒不了的老屋》学情及教学辅助系统解读

前文的解读是基于预测策略运用展开的,要通过本文实现预测策略的教学,我们还应该结合单元页及交流平台的信息密码(本书本章第一节已解读)、课文旁批、学情等来确定教学内容和目标,实现文本的教学解读。

【学情解析】

猜测对学生来说是有意思的活动，是不难的，但要预测却有一定的限制，保障了细致深入的阅读文本和积极思考、学会推断。预测只有在真实的预测过程中才更有效率，然而这是教材，教材早就发给学生了，而且这是第三单元的内容。有学校要求老师暂不发语文书，把这一个单元学习完了再发，对提高学习效果有积极的意义。如果教材已经发给学生了，这一个单元不作预习要求，但学生都有好奇心，捧着新书基本都会浏览一遍。一旦浏览过，再来预测，感觉就是在配合教材配合老师表演。人教社教材培训提到此种现象，如此建议：执教前了解哪些孩子已经读过，哪些孩子没有读过，没读过的孩子进行预测，读过的孩子来判断预测是否得当。笔者以为这个建议可取，但最好的办法还是先上课后发书，给学生提供真实的预测体验。

【旁批解读】

课文共七处旁批，旁批起到示范的作用：告诉读者哪个地方可以预测，可以怎样预测。旁批可以根据需要用在不同的教学环节。可以运用在真正预测前，作为学习的范例；可以用在预测中，边预测边和旁批对比，强化预测的途径方法；可以用在预测后，总结归纳。第一处旁批以标题为预测点，依据标题信息和已有经验预测：老屋总也倒不了，是被施了魔法吗？针对标题，我们还可以有多个预测点，在教学设计时体现。

第二处旁批：图中的老屋看上去那么慈祥，它应该会答应吧！告诉读者，可以从图片提供的信息进行预测。

第三处旁批：我想老屋可能会不耐烦了。结合个人的阅读经验预测。

第四处旁批：一读到这句话我就知道，一定又有谁来请老屋帮忙了。提示读者可以依据反复出现的句子、反复出现的情节以及情节的发展来预测。

第五处旁批：我猜到了老屋会怎么回答。提示读者依据前文反复出现的内容可以精准预测后文相应的内容。

第六处旁批：老屋可能还会遇到其他需要帮助的小动物。提示读者关注内容与情节的反复。然而课文并没有呈现第四次求助，编者删去了，可以让学生预测会不会遇到其他需要帮助的小动物，说明各自的依据。两种预测：一种是会遇到，情节发展的需要，可以这样写，这样老屋才不会倒；另一种是不会遇到，按原有情节那样写下去，就没有尽头，难道要呈现无穷次求助吗？故事情节反复三次也是一种创作手法，但不是固定的手法，情节反复是童话故事的重要特点。这个预测点，不仅仅只在关注故事内容，实则在关注童话的表达特点。

第七处预测：估计老屋不会倒了。提示读者，老屋"总也倒不了"，但需要读者思考为什么。这里把故事结局作为一个预测点让读者与作者对话。

1.3 《总也倒不了的老屋》教学设计

【教学目标】

1. 随文识字和集中识写相结合，积累本课生字。

2. 在真实的阅读语境中经历预测过程，理解什么是预测，从自己的预测经验和旁批及课后提示中感知预测的依据，学习有依据地预测。

3. 在预测的过程中和文本、老师、同学、作者对话，补充作者续写的结尾进行深度对话。在多次预测中体验预测的乐趣，理解文章内涵，发现写作的秘密。

一、聚焦课题，初感预测

1. 出示课题，猜测故事

孩子们，今天我们要经历一次奇妙的阅读历程，首先来对话课文题目，齐读课题，从课题《总也倒不了的老屋》你能获得哪些信息？

学生谈论获得的信息后，追问"你的依据是什么？"

预设：（1）如有学生谈到"老屋"，可让学生描绘自己心中老屋的形象。（从标题猜测角色形象）

（2）如学生谈到"总也倒不了"，引导学生深入思考其内涵：一定经历过多次要倒最终也没有倒的过程。（从标题猜测故事情节）

（3）联系整个标题谈，老屋一定会有别样的经历。（从标题猜测故事内容）

（4）老屋不会是现实生活中的老屋，作者会让老屋说话。（从标题猜测表达手法）

2. 揭示目标，点明预测

（1）短短的题目，我们就读出了如此丰富的信息，像刚才这样，我们依据文字信息或者联系自己的生活经验，对文章内容或写作手法作猜测与推想，这样的阅读策略就是预测。联系刚才的阅读标题的经历，你知道预测的关键点是什么吗？

引导学生交流后明确：有依据、大胆合理的猜测与推想。（板书：预测　依据）

（2）这节课我们就要用上预测策略阅读课文。大家的预测和作者的表达有多远呢？我们首先来读作者笔下老屋的形象。

（出示第一自然段，学生齐读）

（3）作者的表达和我们的表达有什么相同和不同？

明确相同点：都突出"老"；不同点：对"老"的描述侧重点不同。作者从年岁老，构件老，被弃已久来突出老屋之"老"。作者的表达妙不妙？我们的表达也很好，我们是即兴表达，作者的书面表达可以酝酿很久，不过我们可以向作者学习，从不同层面突出事物的特点。

【设计意图：以标题入手，以体验式引导学生经历预测的过程，明白预测的关键点是要有依据，要大胆合理地猜想与推测。打开学生想象与表达的闸门，开启有意趣的预测阅读。在同与不同的比较中，理解文字内涵与作者表达的秘密，实现预测与文本理解同步发展**】**

二、对话文本，充分预测

1. 读活老屋，一次预测

（1）（出示老屋图片）我们来看看关于老屋的插图，你看到了一个怎样的老屋？正如孩子们预测的那样，老屋开口说话了，谁来读老屋的话，老师读叙述语。其他孩子认真听，他是否读出了老屋的老态。

（针对学情点拨指导，请不同的学生读，师生合作表演读）

老屋会倒吗？为什么？

引导学生交流后明确：从标题推测不会倒，从故事发展的需要推测不会倒，预测要有依据。

（2）你们真懂得老屋与作者，咱们接着读故事。（出示小猫请求的段落）

你是老屋你会答应吗？依据是什么？

引导学生交流后明确：依据标题的内涵可以判断老屋会答应，或者依据插图看到一个慈爱的老屋，老屋会答应。（在依据后板书：标题　插图）

学生交流后出示原文。引导学生读好小猫与老屋的对话。

（3）一个晚上后，小猫离开，请孩子们自由读小猫与老屋的话别。（大屏出示语段）

（4）同桌一起合作演读小猫与老屋的对话。

2. 关注情节发展，再次预测

（1）从刚才读到的故事来看，老屋几次表达"好了，我到了倒下的时候了"？

老屋会倒吗？为什么？

如果你是作者，你会怎样安排故事的发展？

（从学生的交流提取信息，肯定与作者不同的思路，顺应与作者相同的思路，引入下文的学习）

（2）正如部分孩子所预测的那样，的确又有生命来求助了。（大屏出示第 7～10 自然段）请孩子们快速浏览，有哪些孩子的预测与作者的表达差不多？

（老师相机点评引导，激发预测的积极性与成就感）

（3）咱们来对比阅读第 2～6 自然段，从两次小生命的求助交流，你发现两次交流，有什么相同点与不同点？

明确相同点：表达的结构模式相同，请求者的语言模式是如图2-9所示：

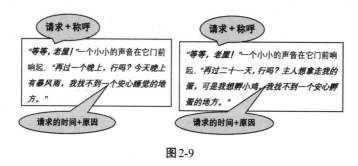

图2-9

老屋的语言模式（图2-10）是：

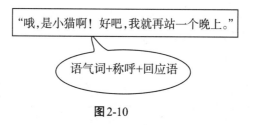

图2-10

老屋想倒下的话相同，三次出现：　"好了,我到了倒下的时候了!"

明确不同点：根据人物特点表达的细节内容不同。

3. 关注情节推进，重点预测

（1）老母鸡离开了，老屋又说要倒下了，接下来，老屋会倒吗？

（根据前面的阅读经验，学生一般都会判断不会倒）

不会倒的话，请你代替作者来讲述故事的发展。

（学生交流时，引导认真倾听，或对同学的预测合理性进行点评，或在同学讲述的基础上补充，或讲述自己的构思）

（2）（大屏出示原文）请孩子们默读第11～16自然段。小蜘蛛与老屋的交流，谈一谈你的预测和作者有哪些一样哪些不一样。

老师相机点评与点拨：预测跟作者思路一致，说明我们已经领会了作者的表达特点，已经很接近作者的表达了，是很棒的预测过程与结果。预测内容不同是正常的，每个人的生活经验与思想不同，表达的内容不同。明白预测可能跟作者一样，也可能不一样，只要有其合理性，都是好的预测。

（3）咱们来看这段文字，和我们刚才的预测对比，你有什么感受？（大屏出示省略掉的部分：作者原作中熊与老屋的交流语段）

"等等，老屋!"小小的声音在它门前响起，"再过一个冬天，行吗?外面有凶恶的猎人，想拿我的皮围在他的脖子上，我找不到一个安心冬眠的地方。"

老屋低头看看，屋顶的灰哗啦啦往下掉:"哦，哦，是熊宝宝啊。好吧，我就再站一个冬天。"

墙角的小草发芽时，熊宝宝摇摇晃晃爬出来:"谢谢老屋!"

老屋说:"再见!好了，我到了该倒下的时候了!"

(学生如果领会了作者的表达特点，很多孩子的预测与省去的内容一致，肯定并鼓励学生的预测。点明抓住童话故事反复的情节，就可以很好地预测)

(4)你认为课文改成三次求助好，还是原文四次求助好?

(学生自由探讨，发现写作形式的秘密，言之有理皆可)

4.预测结局，发现结尾的秘密

(1)小猫、老母鸡和熊都离开了，小蜘蛛会离开吗?为什么?

两种推论，小蜘蛛离开和一直不离开。你是作者的话，会给老屋安排怎样的命运?小蜘蛛离开的话故事会怎样发展?不离开的话又会怎样发展?

引导学生思考:如果小蜘蛛离开，肯定会继续写其他的生命来求助，因为这是老屋不倒的主要原因，这个故事就这么无限循环地写下去，这样的故事不会吸引人。

(2)作者给故事安排了怎样的结局呢?我们来齐读。

(3)这样的结尾给你什么样的认识?

学生交流后明确:故事情节有反复，结尾出人意料。回归标题，照应"总也倒不了的老屋"。

【设计意图:在真实的阅读体验中初次预测，引导学生有依据地预测。对老屋与小猫交流的语段，运用边预测边演读的方法，实现文本内容理解与预测的同步发展。老屋与老母鸡交流的语段预测，轻轻一笔带过，出示语段，对比前一个阶段的情节，发现作者言语表达的秘密，从言语内容的理解引向言语形式的理解，为下次展开充分的预测和实现有依据的预测作铺垫。在前面体验预测以及对预测依据有充分了解的基础上，重点进行第三次预测，预测全部对话过程。将学生的预测与课文进行对比，发现异同，引导学生明白预测可能与原作一致也可能不一致。补充课文省去的原作部分，学生的预测大致是沿着这样的方向发展的，让学生体验预测的成就感。将修改后的课文与原文作比较，引导学生探讨优劣，打开思路，发现写作的形式。最后引导学生预测结局，对比原作，发现反复之中的出人意料的构思，深入领会作者表达的奥妙。全文的阅读采用了边阅读边预测的方式，既理解文章的内容，又发现文章的表达形式，实现有质量的预测引导】

三、续写结尾，体验乐趣

文章的结尾已经让我们意外温暖了，文章结束了，但故事没有完。如果你是作者，你会怎么延续故事？依据是什么？下去后写下你的预测。

一、对话作者，对比续写

1. 分组合作，交流结局

（1）请孩子们拿出续写的结尾，小组内相互传看。边看边想，同学的续写好在哪？

（2）请小组推荐喜欢的续写全班交流，其他孩子认真倾听并点评。

2. 出示原创，对比结局

（1）有个老师特意请作家写了这个故事的结尾。我们来读读作家慈琪受邀续写的结局：

又过了许多年，老屋更破旧了，看起来像一堆破烂的木头，身上落满阳光和灰尘。房梁和窗框都静悄悄的，杂草已经长得很高了。

老屋说："好了，我总算可以休息了。"

它停下来听了听。这次没有人请它再等一等，屋外一片安静。鸟儿和虫子仿佛都飞到很远的地方去了。它整整等了一天，下定决心，明早一定要倒下去。

朝阳落在房梁上，很暖和。老屋醒来，清清嗓子：

"好了，我到了倒下的时候了！"

说完，它认真地竖起了耳朵。

等等吧，再等等吧。

（2）你更喜欢自己的续写还是作家的续写？为什么？

（开放性话题，言之成理皆可）

【设计意图：学生互相交流续写的语段，其目的一是反馈写作情况，二是在交流中发现他人创作的优点。出示原创进行对比，其目的之一是感受作家创作的独特之处，二是发现并欣赏自己创作的价值，激发读写的积极性】

二、回归文本，理解内涵

1. 小组合作，欣赏语段

下面我们继续欣赏慈琪的作品，挑选自己喜欢的部分语段，小组商量用哪种形式欣赏，老师建议：可以分角色美读，可以按照课本剧表演的方式演读，也可以个人诵读，还可以创意表演，当然还可以有自己小组的独创方式。人人都要参与其中，没有直接参与结果呈现的同学，一起出谋划策点评指导。

2. **全班交流，欣赏点评**

请小组呈现你们的作品，其他孩子都要认真倾听观看，欣赏优点并提出建议。

3. **感悟文本，理解内涵**

（1）读者的理解

咱们在朗读表演中感受了故事人物形象与童话的魅力，这则童话带给你什么样的感悟？

（针对学生的认识相机引导，指导学生立足文本表达自己的观点，对不同认知持包容态度，鼓励多元认知，从文本出发言之有理皆可。对脱离文本歪曲文本的认知，也要有针对性地引导学生进一步思考并纠偏）

（2）作者的意图

谈了我们对故事的理解，作家在谈续写想法的时候，谈了他的创作意图，咱们来看看：

同学们好！你们一定在想，我为什么这么续写呢？

我在写这个故事的时候，是有含义的，只是编入教材，可能并没有被教材编写者察觉。其实，老屋并非感到麻烦，而是期待着自己被需要，期待着有人不停上门请它帮忙。它不想孤独地倒下去，这才是它总也倒不了的原因。

（了解作者的意图后，结合学生的理解，引导学生认识到读者与作者有不同的理解是值得肯定的，但要有充分的文本依据）

【设计意图】：读童话故事需要身临其境讲出来，上节课的预测带有理性色彩，此环节还原童话的感性色彩，以另一种方式理解文本内容。在欣赏文本的基础上，进一步凝练文本谈感悟，允许并鼓励多元认知的同时纠偏，达成文学作品欣赏的导向："一千个读者就有一千个哈姆莱特，但哈姆莱特不是少年维特。"赋予文学作品旺盛的生命力，激发学生学习的乐趣，将作品的教学价值最大化】

三、对比旁批，总结方法

1. **借助课后练习，强化预测要有依据。**

（1）我们边阅读边预测，明白了预测要有一定的依据，你认为预测的依据有哪些？

（2）请孩子们看课后练习二，你又获得了什么新的认识？

（3）咱们一起读泡泡语，你还获得了什么认识？

学生交流后老师以框架图梳理预测依据和路径方法，如图2-11所示。

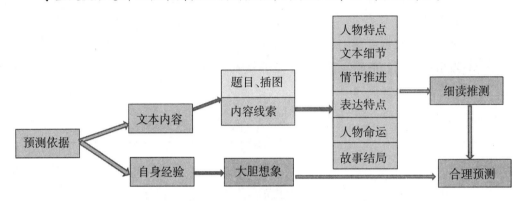

图2-11　预测依据和路径方法

2. 出示旁批，巩固预测思路

（1）这篇课文设计了旁批，请孩子们对照书上的旁批，想一想说一说每一处旁批的预测依据。

（2）请孩子们回忆我们在阅读时的预测和旁批有不一样的吗？谁的预测更好？

交流后明确：我们的预测比旁批多，我们预测的成果丰富，我们的预测更具体。

（3）通过本课的学习，我们初步学会了预测。以后读书想不想用预测的方式阅读？

但预测阅读面临一个问题：总想一口气读完，预测则需要在可能预测的点作小停顿小思考，课堂上我们边预测边呈现文字，老师在控制阅读与思考的节奏，你们自己读书时如何将预测落实呢？

学生交流后明确：可以像旁批这样，边读边思，在引发我们预测的地方做个记号，比如"△"，或者把推测记在脑中，边阅读边印证，你会发现这样的阅读过程很有乐趣。

【设计意图：通过课后练习与旁批的指引，跳出课文理解的层面，理性梳理总结方法，让学生对预测的依据以及预测的路径与方法有明确的认识，指导后续阅读**】**

四、分类观察，识写生字

1. 观察结构，突显重点

本课8个要求认识的字，13个要求会写的生字，都在预测阅读时随文认读过，有必要集中强化认读。学习重点放在书写练习上。"洞、准、墙、饿、蜘、蛛、漂、撞、饱、晒"可以归为一组，"准、蜘"是左中右结构的生字，其余8个是左右结构的生字。"备、暴、壁"是上下结构的字，可归为一类。学生分部件观察，老师点拨部件的宽窄占位及其穿插联系，重点指导较难写的、易错的字。

2. 练写生字，交流提升

可让学生先重点练习较难书写的或易错的字，保证这两类字写好、写对的基础上，再让他们自由练习其他生字。练写完成，互相交流，借鉴提高。

【设计意图：读准字音，书写正确，追求美观，是语文学习的保底工程。特殊的策略单元学习，在阅读时已经随文识字，阅读后集中认读，起到强化巩固的作用。书写指导集中安排在阅读之后，以学生自主发现为主，老师指导为辅，培养学习的自主能动性】

2.1 一曲轻盈有趣的童年欢歌
——《胡萝卜先生的长胡子》文本解读

童话是儿童文学的一种，采用想象、幻想、象征、夸张、拟人的手法塑造形象。人物形象构成了童话世界的主体，通过主人公奇异的经历来表达人类共通的情感，其中心始终是人。根据表现形态的不同，童话形象可分为超人体、拟人体和常人体。

《胡萝卜先生的长胡子》就是一篇拟人体童话。你看胡萝卜在作者的笔下成了一位爱收拾的忙碌的先生，再看课文插图，他戴着眼镜，看起来好特别。图中还有一只鸟，穿着粉红的衣服系着围裙，好可爱。他们之间一定也会发生好玩的故事。再看整个画面的色彩，清新明朗，呈现出暖色调，猜一猜这个故事应该是温馨有趣的。与前一课《总也倒不了的老屋》画面呈现的冷色调有异，一座破破败败的老屋内心是孤寂凄冷的，人物形象、故事内涵与画面色调一致。画面温暖俏皮的《胡萝卜先生的长胡子》会给我们带来一个怎样的故事呢？笔者将其定义为一曲轻盈有趣的童年欢歌。

欢歌画面一：胡萝卜先生的生活有意思

胡萝卜先生和普通人一样有自己的忧愁，有浓密的胡子，必须每天刮。看来他是一个讲究的人，天天刮胡子，爱整洁。不仅如此，他还会吃着果酱面包上街。有意思的是因为近视，一根胡子成了"漏网之鱼"。那根胡子沾到了果酱，有了丰富的营养。

欢歌画面二：胡萝卜先生的胡子有魔力

这根蘸了果酱的胡子有魔力，长得超常快，是不是超越真实的生活现象了？这就是童话的特点，夸张的手法描绘事物，推动情节的发展。胡子会怎样快速地长呢？去读原文吧：看看胡萝卜先生走了多长的路，就可以知道他的这根胡子已经长了多长了。

因为"长胡子被风吹到了身体后面，他完全不知道"，所以他的胡子为别人提供了用途，他却不知道，这是多么有趣的事！

欢歌画面三：胡萝卜先生的胡子很有用

有些什么用处呢？

一个小男孩的风筝线太短，只能飞过屋顶。风筝线既要长又要结实，这个小男孩很聪明的，他"扯了扯"感受胡子的韧性牢固，就剪来做风筝线了。

胡萝卜先生不知道呢，他继续走，走过鸟太太的树底下，鸟太太正在找绳子晾小鸟的尿布，胡萝卜先生的胡子刚好在风里飘动着。

接下来故事结束了吗？课文只留下了"……"。

这个省略号不是作者留下的，是编者特别的设计。

你怎么解读这个省略号呢？

丰富的画面：读者的构思别出心裁

我们可以肯定鸟太太会剪长胡子做晾衣绳。做了晾衣绳后故事又会怎样继续下去呢？

这个单元的学习目的是学习运用预测的方法阅读。前一课学习了预测的基本路径方法，这一课编者有意省略了故事后面的内容，给我们留下了想象的空间和独立预测的机会，给了读者与作者、读者与文本、读者与读者深度对话的练习机会。

前一课我们谈到过童话反复叙事的特点，写鸟太太找晾衣绳是长胡子的第二次经历，作者还会以反复的手法写长胡子的第三次奇妙经历吗？

根据童话的特点，可以有第三次甚至第四次奇妙的历程。如果仅讲述两次经历，似乎不过瘾，如果次数讲得太多，又太冗长。想继续讲多少次经历，读者可以自己决定。

接下来，你可以任想象驰骋这温暖有趣的环境，为故事的发展创造有趣的情节，但一定要有依据。

依据作者写作的模式特点，叙述长胡子的用处：（　　）的（　　）。如文中小男孩的风筝线，鸟太太的晾衣绳。在什么样的情景下，谁需要的东西正好是长胡子能帮忙。

你的预测结果怎么样？

试着和同伴交流对话，咱们再来与作者对话。

省去的作者的原作如下：

于是，鸟太太剪了长长的一段胡子，系在两根树枝的中间，"这下好了，我总算找到一根够长的绳子了。"

胡萝卜先生就这样一直走，他的胡子一直长，当胡萝卜先生走进一家眼镜店的时候，他的胡子也就不再发疯一样长了。由于一路上胡子派了许多用处，已经不是那么长了，就挂在他的肩膀上。胡萝卜先生开始掏钱为他的近视眼买眼镜。

眼镜店的白菜小姐是个非常机灵的女孩，她一边给胡萝卜先生戴上眼镜，一边说："如果你怕不小心把眼镜摔了，那么就在眼镜框上系一根绳子，然后挂在脖子上。"白菜小姐说这些话的时候，用那根胡子系住了眼镜。

当胡萝卜先生的眼镜不小心从鼻子上滑落下来的时候，他的胡子拉住了眼镜。胡萝卜先生说："我的胡子真是太棒了。"

是的，胡萝卜先生的胡子确实是太棒了，大家都这么说。

判定我们是否与作者达成了深度对话的标志有：

一、能以（　　　）的（　　　）的线索讲述完整故事。

二、讲述的故事与原作的风格谐调：文中写作呈现的线索主要写胡萝卜先生长胡子的有趣经历，加之画面的明朗暖色，可以说奠定了温暖的故事基调。如果我们讲的故事是长胡子的糟糕经历，虽然和原作风格不一，但基于我们的阅读感受和生活经验，也是可以的，因为预测内容可以和原文一致，也可以不一致。如一致，我们是阅读的高手，如不一致，我们可以是创作的能手。一般说来，我们追求与作者思路的一致，这样就能更好地理解作品。

三、对比自己的叙述发现创作的秘密。前面我们讲了童话的变与不变。主角胡萝卜不变，随着故事情节发展出现的人物在变化；故事情节在一次次变化，但情节的核心内容"长胡子有用"的主题不变。胡萝卜先生的长胡子给人提供用途不变，结局其用途发生在胡萝卜先生自己身上，长胡子服务的对象变化了，是不是来了大反转，出人意料吧，在这样巧妙的构思中结束故事，故事兴味绵长。

作家创作就是如此高明，试一试，你也可以这样来讲故事的。

2.2　《胡萝卜先生的长胡子》教学辅助系统解读

这是一篇略读课文。略读课文的定位是运用方法自主学习。前一课是精读课文，学生基本掌握根据标题、插图、反复的故事讲述手法、文章细节、上文内容、生活经验等方面进行预测，对比原文顺应或修正预测。

【课文学习提示】

读下面的故事，一边读一边想：接下来可能会发生什么事情？

课文学习提示对于教学的指导显得十分宽泛，只是一个指向，提醒我们要充分发挥学生的自主性，边读边猜想，可能会发生什么事情？课文呈现出来的故事内容不长，阅读这个有意思的童话本来就很吸引人，加之仅通过前一课的学习，自主预测的习惯与能力是难以形成的。需要反复训练，课文就是再练习的载体。虽然是自主阅读，老师的调控还是不可少。文本的呈现可由老师以PPT部分逐渐呈现，也可让学生试着用硬纸卡蒙住文本边读边呈现，这样才可以更好地控制阅读与猜想的过程。

【课后练习】

练习一：故事还没有结束，你认为后来可能会发生什么事情？你为什么这样想？听老师把故事读完，看看自己的预测和故事有哪些相同和不同。

练习一后出示了四个小伙的阅读经验，概括起来表达了这些内容：

一是文中有很多地方可以预测，试着多多预测；二是预测可以有多种方法，尽量用上多种方法途径预测，预测的内容就很丰富；三是预测内容即使没原文丰富，有的还不一致，但有依据，值得肯定；四是如有预测与故事实际内容不一致，要及时修正想法，接着预测后面发生什么，即预测最好不要离作品原文越来越远甚至背道而驰。

四个小伙伴的交流内容是对前一课学习内容的巩固和深化，也是对本课学习路径方法的引领，在阅读的过程中要运用起来。

总之，练习把预测结局作为预测的重要内容，同时边读课文边预测也是重要的学习内容，学生需要通过多次练习，才能很好地运用预测策略。

练习二：读读正面这些文章或书的题目，猜猜里面可能写了些什么？

此练习的目的还是提供渠道给学生练习的机会，实现课内阅读向课外阅读拓展，鼓励将预测策略迁移到课外阅读。同时鼓励学生多读书，读好书，会读书。提醒我们，方法技能的习得需要反复的长期的训练。

2.3　《胡萝卜先生的长胡子》教学设计

【教学目标】

1.在语境中随文认读"萝、卜、愁、沾、晾"5个生字，理解积累词语。

2.能一边读一边预测故事的内容，感受边读边预测的好处和乐趣；预测能有一定的依据，并能够根据故事的实际内容及时修正自己的想法。

3.能尝试根据文章或书的题目预测故事的内容，对预测的故事产生继续阅读的兴趣。

一、导入题目，预测内容

1. 依据插图，预测想象

（1）（简笔画线）孩子们看黑板上老师画的又细又长弯弯曲曲的线条，你能猜想这是什么？同时请说出你猜想的依据。

（2）这又细又长的线条在不同的情景下有不同的意义，作家王一梅赋予了它特别的意义，它成了作者笔下胡萝卜先生的长胡子。（板贴事先准备好的胡萝卜图片，同时板书课题，和老师一起读课题）

（注意课题中有三个词是轻声，视学情指导读好轻声，随文识字："萝""卜"。引导学生品味题目和观察插图，发现作者将胡萝卜拟人化的表达手法）

2. 依据课题，预测想象

这样的插图，这样的题目，如果你是作者，会构思一个怎样的故事？

（胡萝卜先生拟人化，观看插图细节：胡萝卜先生戴着眼镜，看起来好特别。故事应该围绕"长胡子"展开，鼓励并引导学生的猜想推测。学生对故事的预测走向一般有两种：一是长胡子有利，二是长胡子有弊）

【设计意图】：出示部分插图，让学生自由想象并表达，打开活跃的思维，开启和文本的初步对话。实现思维发展与语言建构的同步发展，落实语文核心素养。随文识字，做好阅读的基础工程】

二、阅读故事，多次预测

1. 阅读故事开端，预测故事起因

（1）大家很好奇胡萝卜先生为什么会有这么一根长胡子，咱们自由地读一读课文第1~2自然段。

（2）读了故事的开端，你能预测故事会怎样发展？你的依据是什么？

（引导学生随文识字"愁""沾"。学生根据课文题目和文本细节内容，能预测胡子要长长）

（3）你会怎么写胡萝卜先生胡子的生长？

（针对学情，点拨引导。学生可能很会想象描述胡子的生长，呈现与作者不一样的表达）

（4）咱们来读读作者的表达，你喜欢谁的表达？

（尊重学生的表达，鼓励学生表达，建构文本意义，实现与文本的深度对话）

【设计意图】：在预测中揭秘"胡萝卜先生的长胡子"，不仅预测故事的走向，还

给学生自由想象表达的机会，在相互交流中丰富认识，体验预测阅读的乐趣】

2. 结合插图，预测故事发展

（1）阅读课文题目时，我们以胡萝卜先生的长胡子经历基本形成了两种看法：一种是长胡子带来有益的经历，另一种是长胡子会带来糟糕的经历。你的预测对了吗？咱们来读一读。（大屏出示第4~6自然段）

（2）（学生交流后出示全部插图）你能根据插图，和同桌相互说一说长胡子的经历吗？

（3）阅读第7~8自然段，跟自己想的有什么不一样？

（学生对鸟的称呼一般都会与作者不同，引导学生发现拟人化的手法，"鸟太太"和"胡萝卜先生"这样的称呼在故事中才协调）

【设计意图：至此文中的插图全部呈现，在预测中发现关注插图的色调以及抓住童话的写作手法：反复和拟人能够很好地预测，相互交流预测的内容，与课文对比，实现与文本的深层对话】

3. 发挥想象，预测故事结局

（1）这个故事挺与众不同的，结尾是一个大大的省略号，省略号后面会有怎样的故事呢，咱们一起来创编故事。创编故事一定要有合理的依据。创编前有以下思考提示：

①首先来构想情节的走向，长胡子有两次用途的经历了，做了小男孩的风筝线，做了鸟太太的晾衣绳，你的创作还会不会沿用这样的讲述模式？为什么？

（引导学生关注童话反复的结构）

②你还想安排"长胡子"的几次经历？为什么？

③创编故事可以先勾画轮廓，这个故事的轮廓如图2-12所示，你可以先构思轮廓，再细化讲述故事。

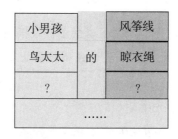

图2-12　故事的轮廓

（2）个人思考创作：老师准备了卡纸，请大家构思，在卡纸上写下创编的故事轮廓。

（3）小组交流：根据你的构思，把你创编的故事讲给小组伙伴听。

（4）全班交流：请每个小组至少推荐一个续写讲给大家听，其他同学认真听，你觉得他的续写是否合理，有什么优点值得学习。

（5）对比原作：（大屏出示原作的结局）请孩子们默读王一梅阿姨的原创，想一想自己的创编与原作有什么不同，你们喜欢原作还是自己的或者同学的创作？

（引导学生发现原作在反复讲述中安排了出人意料的结局："长胡子"前面的经历是帮助了别人，而结局是帮助了自己）

【设计意图：有依据地创编故事续写结局，既引导学生深入理解故事内容，又引导学生深入探究表达手法的特点。没有固定的答案却打开了学生探究的思路，学生可以给"长胡子"再安排一次经历，也可以给"长胡子"安排两次经历，遵从童话反复讲述的结构特点，而给"长胡子"安排了出人意料的结局的孩子无疑已经领会了创作的秘密】

三、总结方法，延伸拓展

1. **总结方法**：我们一起预测阅读了《胡萝卜先生的长胡子》，回顾一下在哪些地方作了预测？预测的依据有哪些？

联系上节课提炼的预测依据框架图复习巩固，如图2-13所示。

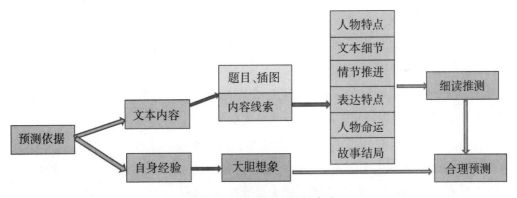

图2-13　预测依据和路径方法

2. **拓展阅读**：（大屏出示课后练习二的文章和书的题目）请孩子们读读这些文章或书的题目，猜猜里面可能写了些什么。可以根据题目和故事创作的表达特点，对故事进行初步构思，也可以用笔记下你创作的故事，然后选择自己感兴趣的文章或书籍进行阅读，一边阅读一边预测同时验证预测，和同学交流预测阅读的乐趣。

【设计意图：预测策略最终要作用在学生的日常阅读生活中。通过这个环节引起学生对整本书预测的兴趣，并引导学生把课内所学的预测方法，迁移到课外阅读中】

3.1 《小狗学叫》文本解读
——一曲人性的交响乐

实在喜欢意大利的罗大里的童话，《不会叫的狗》文句处处有狗性、物性，也有人性。2020年秋季使用的教材将篇名《不会叫的狗》改为《小狗学叫》。笔者实在是喜欢原来的篇名。因为原来的篇名很独特，在读者眼前呈现出了很奇怪不同寻常的小狗，禁不住发问：小狗为什么不会叫呢？小狗不会叫会发生什么事情呢？而且文章开篇就直接这样写："从前，有一条不会叫的狗。"这样的篇名给读者留下无穷的想象空间与乐趣。而《小狗学叫》的确一下就把整篇文章的事件概括出来了，可失去了文学的韵味，童话又是文学性极强的文体。《小狗学叫》的篇名极像一篇普通的记叙文。因此笔者的文本解读还是选择"不会叫的狗"。如果我来执教，首先我会让学生来选择更喜欢哪个篇名。对于教材的修订应该是越改越好，可这一课的修订改动实在不敢苟同。

这篇童话可往深里读，可往浅处读，适合儿童读，也适合老人读。总之，既有意思，也有意味。"一千个读者就有一千个哈姆莱特"用在该文再适合不过了，你眼中有条怎样的狗狗呢？编者很会设计呢，把作者原作的三种结局省略了，你来构思吧！此外，你还可以创作第四种结局哦。这个童话的结尾多元，也意味着这个童话的内涵也是多元丰富的。

怎样解读这篇童话呢？还是大处着手吧，细到标点，细到字词就留待作者细品慢嚼吧。笔者认为童话给我们奏出了气势恢宏的交响乐。

标题是文章的眼睛。《总也倒不了的老屋》讲述老屋的故事，故事的核心是"总也倒不了"；《胡萝卜先生的长胡子》核心是讲述"长胡子"的遭遇；《不会叫的狗》肯定就是在"不会叫"上做文章了。罗大里真是让人脑洞大开，写了一条反常的狗。

从前，有一条不会叫的狗。它不会像狗一样叫，不会像猫一样叫，也不会像牛那样哞哞叫，更不会像马那样嘶鸣。它是一只孤零零的小狗，不知道怎么到了一个没有狗的国家。它并没有发现自己有什么毛病，是别人让它知道不会叫其实是一种很大缺陷。

首段首句直接点题，读书时要关注段首句在段落中占有的重要位置，往往能统领全段的意思。正如该句在段中的位置。罗大里的厉害在于他会变换不同的角度写狗的"不会叫"。

将狗与同类比较写其"不会叫"，接着写它为什么"不会叫"，再写"不会叫"成为公认的缺陷。简洁的叙述后，以对话推动情节的发展。首段末就开启了对话。

对话是故事生动的秘密哦。文中的对话基本没有提示语，给读者来了一场酣畅淋漓的场景表演。

"我是我……" —— "你不是你!"

文本言语的简练丰富令人拍手称奇。笔者把解读的信息呈现在小括号里，来看看可以读出什么内涵吧。

它们对它说："你怎么不叫?"（众家观点，责问）

"我不会我……我是从外来的……"（弱小，孤单，似乎找不到回答的理由）

"你这算什么回答啊。你难道不知道狗是会叫的?"（反驳，咄咄逼人）

"干吗要叫?"（不明就里，一头雾水）

"狗会叫，因为它们是狗。它们对过路的陌生人叫，对令人讨厌的猫叫，对着满月叫。它们高兴的时候叫，紧张的时候叫，发怒的时候也叫。白天叫得多，但晚上也叫。"（好多的理由：狗叫的对象多，几乎涵盖万物，如人、动物、景象；无论心情好坏都叫；不分时段地叫。你不能不信：作为狗，就必须叫）

"也许是这样，可我……"（无言以答，开始怀疑自己）

"可你是怎么啦? 你这只狗可真特别，去，去! 总有一天你会上新闻的。"（"狗论战"真好玩，跟"人"没差别）

小狗不知道该怎么回答这些批评。它不会叫，也不知道怎么才能学会。（"不知怎样学会"引起下文的叙述，推动故事发展）

"狗" or "公鸡"奇遇记

"你跟我学。"有一次，一只同情它的小公鸡对它说。那只小公鸡喔喔喔地叫了几声。（真是一只善良友爱的小公鸡!）

"我觉得很难。"小狗对小公鸡说道。（改变自己的本性的确很难!）

"不难，容易极了。你好好听着，看我的嘴，注意观察，学我的样子。""总之，你注意观察我，学我的样子。"（小公鸡是一位会教的老师!）

小公鸡又喔喔喔地叫起来。

小狗试着照小公鸡的样子做，但嘴里只发出一种滑稽的"咯咯"声，吓得旁边的小母鸡都逃走了。（让人好捧腹的故事，画面感十足，你的眼前呈现出这一幕幕场景了吗? 作者真会描述）

"不要紧"，小公鸡说道，"第一次能这样做就很不错了。你再试试，来。"小狗又试了一次，两次，三次，都没能成功。（很有耐心的老师，很会鼓励学生）

从此，它天天都练习，从早到晚偷偷地练。有时候，为了更自由，它索性到树林里去练。（这个学生好勤奋！）

一天早晨，当它正在树林里练习，发出的喔喔喔的叫声是那么逼真，那么好听，那么洪亮。一只狐狸听到了，心里寻思着：公鸡终于来找我了。我得去感谢它的来访。狐狸真的去了，还没忘记带上刀叉和餐巾，因为对狐狸来说，没有比小公鸡更美味可口的午餐了。可以想见，当它看见啼叫的是一只狗而不是小公鸡时，该是多么失望啊。那狗蹲坐着，一声又一声地喔喔叫着。（新的角色出现了，故事又会添波澜了）

故事又会掀起什么波澜呢？

你能想一想接下来会发生怎么的故事吗？

读了下文，佩服罗大里吧！这个故事太有趣！

在这次的奇遇中出现了两个角色：小公鸡和狐狸。

小公鸡同情小狗的遭遇，决定以公鸡的叫声来训导狗。小狗勤学苦练得真正像公鸡叫时，狐狸因为喜欢吃鸡的本性发现了"小狗"。看插图中狐狸捧着肚皮的憨笑，读者也会忍俊不禁。

千辛万苦学会了鸡叫，还是得不到认同，反而遭到嘲笑。小狗感到委屈，低着头，含着泪水默默走开了。

接下来故事又会怎么发展呢？

童话反复叙述的手法又要开始了。

"狗"——"杜鹃"历险记

根据童话反复叙述的手法，我们可以推论小狗肯定又会遇到一个小动物，而且也是心地善良充满同情心的。它还会教小狗学它的叫声，当小狗学会它的叫声时，又会遇到新的角色。

你也会这么猜测吗？

罗大里的叙述太精彩了，我们都无法停下来多思考，只想知道：接下来又会发生了什么事呀？

读了故事，为我们预测的方向的正确感而自豪吧。作家的特别之处在于他有巧妙的构思，还有充满画面感的讲述。

小狗遇到杜鹃，跟杜鹃学叫声。学会了，果然新的角色出现了。只是这次出现了误把小狗当杜鹃的猎人，再也不是害怕小狗的狐狸。这次的遭遇简直让狗胆战心惊，险象环生。

情节较前面的情节多了起伏，将故事讲述推向新的高潮。

童话还会以反复的手法这样讲述下去吗？读者可以认同这种思路，也可以不认同这种思路，只要有自己的依据，但结局一般都会出人意料。

匠心独运的N种故事结局

罗大里的这篇作品让人耳目一新之处还在于特别的结尾：创设了三种结尾，写了小狗的三种结局。

编者出示了三种结局的少部分内容，让读者接着预测，选择感兴趣的一种结局预测吧。

第一种结局：狗遇到母牛，又是一种动物，怕不会跟着母牛学叫吧？既然小公鸡、杜鹃的叫声都学会了，母牛的叫声也能学会，小狗还做起了美梦，学会所有动物的叫法，到马戏团去谋求成功，娶狗中之王的女儿。

第二种结局：遇到农民，成为农民的看家狗。这是现实版的狗的生活。

第三种结局：遇到猎人的狗，找到应找的老师，学会了狗叫。

你喜欢哪种结局呢？说说为什么。你还可以创编第四种结局，挑战罗大里。

读完了一只狗的奇遇记，你有什么感想呢？阅读是这么有意思的事，因为这些有意思的作品。读者可以从小狗的角度看到一只勤学苦练的小狗、一只迷茫的小狗、一只寻找人生目标的小狗、一只活在他人目光中的小狗；从其他角色的角度，可以看到以自己的标准衡量并要求别人是多么滑稽可笑的事，自以为是的东西未必正确……

《不会叫的狗》像不像一曲跌宕起伏动人心弦的交响乐？喜欢罗大里的讲述，就再去读读这篇童话，不仅感受有趣的故事情节，还可以想想他是怎么写的呢，还可以把这个故事讲给家人听，还可以多读读他的作品。

3.2　《小狗学叫》学情及教学辅助系统解读

【学情分析】

通过前两课的学习，学生已经初步把握预测的路径方法，体验到运用预测策略给阅读带来的乐趣，特别是与作者的深度对话，在预测中深入理解作者的创作思路，积极思考，对文本进行再加工与创造。成为一个自觉的熟练的策略运用者，离不开反复的有意识的训练。单元教学仅提供三篇课文，这样的训练是远远不够的，因此，课文的学习是预测的起点，是交给学生打开阅读大门的一把钥匙，用这把钥匙，去打开更多的文章与书籍。

这是一篇略读课文，和前一篇略读文一样，要运用方法。不同的是更强调运用方法的独立性。因此，本课的阅读可以放手，让学生大胆预测，相互交流。

【阅读提示与课后练习】

读故事，一边读一边预测后面的内容。想一想：故事的结局可能是什么？

如此吸引人的童话要让学生边读边预测还是很难的，但通过前两课的学习，学生明白了预测就是需要边读边想，可以在关键点作大略的预测即可，哪些是关键点？即可预测点。比如文章的标题、故事的悬念处、故事的转折处、故事的前一片段结束时、故事的某个细节或者就是自己想猜测的地方。本课有个重要的目标是预测故事的结局。

课后练习的重点也在故事的结局上。共三道课后练习，练习一、二均指向故事结局的理解。

练习一：故事的几种结局可能是怎样的？说说你的理由。听老师读故事的结局，看看和自己的预测有哪些相同和不同。

这道练习有两个任务。任务一指向开放的问题，同时又有一定的聚焦，"说说你的理由"作了限定，强调预测要有依据，可以依据原文的内容构思，可以依据自己的生活经验，但不能天马行空毫无章法。任务二对比原作的结局，可以发现作者创作的秘密。经过老师直接讲授灌输的效果不可与其等量齐观。这样的阅读是真正的体验式阅读，尊重了学生的主体地位，保护了学习的积极性，教给了学习的方法。

练习二：你喜欢故事的哪些内容？和同学交流。

此题目的在于通过预测阅读，进一步理解文章内容，实现预测策略单元的双标：学习策略方法与理解文章内容。

练习三：选一本同学不熟悉的故事书，读给他们听。读的时候，在某些地方停下来，让他们猜猜后面可能会发生什么。

此题提醒我们：预测需要多运用多练习。可以运用在平时的课外阅读中，和伙伴一起阅读交流，也可以由老师引导学生猜读更多的书籍。

3.3 《小狗学叫》教学设计

【教学目标】

（1）认识"讨、厌"等11个生字，读准"吗、担"等5个多音字。

（2）能一边读一边预测后面的内容，做到预测有一定的依据。

（3）能预测故事的结局，并将自己的预测与原文进行比较，体会预测的多样性，感受边阅读边预测的乐趣。

（4）尝试运用预测策略阅读课外书。

一、阅读课题，预测故事

1.（板书"不会叫的狗"和"小狗学叫"）这是同一个故事的两个篇名，你们喜欢哪个篇名？

针对学生的交流，进行引导：言之成理都对。如喜欢"不会叫的狗"，则大加肯定不唯书的批判精神。

看到这个课题，你是作者的话，会创作怎样的故事？想用上什么样的创作手法来写这个故事？

2.这个题目引发了我们这么多猜想，我们赶快去读读故事，了解作者写了一只怎样的小狗?这只小狗会有什么样的奇遇呢？想一想和我们的猜想有多大差距。

（引导学生交流大致内容，重点关注童话创作手法：比如拟人与反复）

【设计意图】：这是一篇略读课文，在前两篇预测阅读经验的基础上，要放手让学生用上预测策略自主阅读。依据作品题目预测已经固化成为预测的一种途径，学生几乎都能运用。从题目推展预测故事内容并且谈出创作手法的运用，学生就不会泛泛空谈，而且巩固了前面学习的成果，迁移运用到此文的阅读中，决定着预测的质量，也让学生的预测有向有法，增强预测的信心】

二、边读边想，自主预测

1.明确阅读要求

请大家阅读故事，一边读一边想：接下来可能会发生什么事情？在引发你做出预测的地方做个小记号，比如"△"（板书：△预测）。

2.同桌相互交流

和同桌以这样的句式说一说：我读到（　　　　），预测的内容是（　　　），我的依据是（　　　　　　）。

3.前后预测对比

我们在读到课文题目时就有了对整个故事的预测，读完了故事，请你们来谈一谈先前自己的预测哪些和故事内容一致，哪些不一致。

（学生如果通过前面的学习领会了童话创作的手法：拟人和反复，会发现预测的写作手法是一致的，预测的具体内容不一致，这才是真实而有效的预测。引导学生认识到：每个人的经验不同，创作的故事内容是不同的。这是正常现象，不仅作家

能创作故事，每个人都可以成为创作者）

4. 梳理故事内容

请孩子们快速地浏览故事，用自己的话简要地说一说《不会叫的狗》讲了一个什么故事？

学生交流后明确：故事里的小狗不会叫，受到别人的嫌弃和奚落。于是，它向小公鸡学习喔喔叫，却引来了狐狸的嘲笑；它又向杜鹃学习咕咕叫，却差点儿被猎人击中。

【设计意图】：这是一篇略读文，篇幅较长，对三年级学生来说，在短时间内快速阅读，并了解大意，正确理解文章内容是有相当大难度的。边读边预测能提高学生阅读的专注力，通过预测也能够使学生对已读内容进行梳理，增强阅读效果】

三、放飞想象，预测结尾

1. 预测结局，续写故事

（1）这个故事的结局有些特别，课文没有直接呈现小狗的最终命运，而是为它设计了三种结局，分别是什么？（大屏出示三种结局，学生阅读）每种结局具体是怎样的，没有展现，请你选择至少一个结局来预测（可以是作者设计的结局也可以是自己设计的结局），给故事安排有意思的结尾。

（2）请谈一谈你的续写会用上怎样的表现手法？

学生交流后明确：拟人和对话以及符合角色特点的描述是原作的鲜明特色，也是其吸引人的关键所在，续写可以继续原作的写作手法。

2. 小组交流，合作创造

小组内交流各自的预测内容，选出特别有意思的创作，小组合作加工再次创作修改，作品完成，然后以朗读或表演读或表演呈现作品。

【设计意图】：故事设计了三种不同的结局是其特别之处，编者呈现了三种结局的开端，不完全呈现原作，契合了预测的需要，给学生创造自主独立预测的机会。学生可以任选其一或者别出心裁自主设计不同于原作的结局，给予学生最灵活的空间自由创作，尊重并激发了学生想象与创作的兴趣。同时引导学生发现原作写作手法的独特与高超，学习借鉴原作的写作手法，作品会更吸引人。续写不是放任自流，该放则放，该导则导。学生的创作完成后，小组阅读交流，集众人智慧再创作修改，给学生提供了深度创作的机会，作品完成合作表演，完成再度创作。一次续写，三度创作，建构与丰富语言的同时提升发展学生的思维】

一、全班交流，欣赏品评

针对作者设计的三种结局和自己独立设计的结局，分别展示根据自己的创作排练的作品，其他组员认真倾听观看，每个作品呈现完毕，向演出者质疑并评价。质疑：某个情节为什么要这样设计？评价角度：他们的创作合理有依据吗？创作有意思吗？作品演练到位吗？怎样做更好？

【设计意图】：此环节顺承上节课的学习任务，给学生的创作提供展示的机会。此故事以对话展开，角色形象鲜明，情景色彩浓厚，适于表演。避免一部分人表演另一部分人看热闹的弊端，设计欣赏品评，欣赏者与表演者互动，相互答疑与点评。表演者与欣赏者投身活动中，进行张弛有度的思维与言语表达活动】

二、对比原作，理解故事

1.对比原作，交流探讨

故事的结局到底怎么样呢？请拿出抽屉里准备好的阅读资料读一读。看看和你的预测有哪些相同和不同。

2.阅读全文，理解内涵

（1）合作演读，理解形象

前面我们展示了自己的创作，我们再回到原文，小组合作，选取喜欢的完整的片段，进行演读。

为实现演读的有序高效，按照以下程序操作：

（2）全班交流，品评欣赏

认真倾听思考，请欣赏者谈表演者是否形象地展现了故事中角色的形象：表演好在什么地方，不足在什么地方。

（3）独立阅读，思考内涵

请大家再次阅读全文，想一想：《不会叫的狗》带给你什么思考？

（允许并鼓励学生的多元认知与个性化的理解）

【设计意图】：前面的预测阅读已经对故事的情节内容及表达手法有一定的理解，但还不够深入。优秀的作品不厌百回读，此环节放手让学生创意演读，在活动中生趣盎然地理解品读作品中的角色形象，在相互交流中深化认识，多元理解作品内涵，实现童话阅读的最大价值化】

四、课外阅读，预测延伸

1.总结交流，巩固方法

通过这个单元的学习，你有哪些收获?

学生交流后总结：一边阅读一边预测充满了乐趣，预测推动我们更有趣地走进故事，理解故事，还能够有更多的发现和创造。我们可以在阅读中有意识地使用预测策略，成为优秀的阅读者。

2.课外阅读，拓展学习

这篇文章的作者是谁?大家知道罗大里吗?（出示作者及作品简介）看到这些作品，你对哪本书产生兴趣?选一本同学不熟悉的故事书（可以是罗大里的，也可以是其他作者的），读给他们听。读的时候，在某些地方停下来，让他们猜，猜后面可能会发生什么。做了预测阅读的同学，完成简单的预测阅读记录表，一周后交流预测阅读的收获。

【设计意图】：任何一种阅读方法策略的熟练掌握都需要反复练习，课内学会了基本的方法，还需要反复练习才能形成无意识的能力。因而需要延伸拓展到课外阅读，课外阅读有了方法策略的介入，阅读的质量也会提高。学方法的最终目的是要自动化地运用方法，此环节的设计基于此目的】

第三节　预测策略实践拓展

预测策略的运用吸引着读者对文本充满好奇、想象与猜测，指引着读者深入文本与作者共鸣，发现文本内容与形式的秘密，实现深层阅读理解。其熟练运用需要在日常的课本阅读中反复训练，也需要在课外阅读中有意识地训练。本节呈现笔者引导小学三年级的学生运用预测策略阅读绘本《手套》的实录和《不会叫的狗》课例评析，以期给读者启发与思考，实现预测策略的有效学习。

1.1　绘本《手套》教学实录

一、读读看看，猜猜说说

师：孩子们，老师把纸条要传到每个孩子手中，大家不要出声，快速地看完，试着在心里记一记纸条的信息，现在让每列的第一个孩子看完后依次往后传。

生：（安静快速地看纸条，传递纸条）

师：（每列孩子都看完）你记住了哪些信息？可以直接按照纸条的内容说，也可以转述内容。

生1：我看到的内容是：老师热爱每一个孩子！

师：（微笑询问）你热爱老师吗？（生点点头）

生2：我看到了"老师喜欢读书和思考"。

师：你爱读书思考吗？（学生点头，跟学生握手）你真是老师的知音。

有没有和我一样爱好的孩子？（大部分孩子点头并小声回应）

师：老师热爱每一个孩子，特别喜爱读书思考的孩子。

……

师：下面请孩子们看大屏上老师工作与生活的照片，边看边结合刚才的文字和现场版的真人（学生跟着会心微笑）思考，你认为老师是一个怎样的人。

师：（生专注地看完）老师先请目光与我交流的孩子来谈：你认为老师是一个怎样的人？

生1：老师是热爱生活的人。

师：从哪里看出来的？

生1：你喜欢在大自然中游玩。

师：哈哈，是的，你真会识人，生活的每一天都值得热爱。（走近另一学生）你的认识呢？

生2：老师是一个热爱学习的人。

师：从哪里看出来的？

生2：你参加学习，认真的样子被摄影师照了下来。

……

孩子们通过文字与图片信息，有理据地推测老师的性格特点是有意思的事，这节课，咱们继续用这样的经验，来阅读绘本《手套》，属于你们脑洞大开的时刻到了，放飞思绪，跟着作者跟着文字与图画来一趟阅读的旅行。

二、结合文本，阅读预测

师：请孩子们看封面插图和书名，用简洁的语言概括性地预测故事的主要内容。注意插图中有什么人，在什么环境下，会发生和手套有关的什么故事。

生1：（生观察思考近一分钟后）在寒冷的下雪天，有个孩子戴着手套出去滑雪，遇到了一群动物。

生2：有个小男孩去滑雪，手套丢了。小动物们和手套和小男孩发生了奇妙的故事。

......

师：你们观察得很仔细，既观察到了天气，也观察到了图中的主要人物，这些人物之间究竟会发生什么故事呢？老师特别喜欢你（目光示意生2）谈到的"奇妙"一词。这本书会讲一个怎样奇妙的故事呢？刚刚咱们从题目和插图入手对故事作了初步的预测，对阅读充满了期待同时也体会到了用预测阅读的乐趣。下面请孩子们听老师讲故事开始部分，认真听积极思考，故事究竟会怎样发展呢？（大屏同步投影显示绘本内容，老师讲到"给他煮了一大杯热气腾腾的热巧克力"时停下）从大屏呈现的内容和老师的讲述，你觉得作者会讲一个怎样的故事？比如：欢乐、忧伤等等？

生：我觉得作者讲的是一个温暖的故事。

师：为什么？

生：就是一种感觉。

师：（笑了笑）哦，你的这种感觉真好，如果要找理据的话还是有的。谁还有和他一样的认识？说说理由。

生1：我也认为这是一个温暖有爱的故事。因为外婆就是一个有爱心的人，非常疼爱关心小男孩。

生2：我也这么认为，而且还认为这是一个欢乐的故事，因为小男孩的生活很快乐。

师：你们从文字的讲述中感受到了故事的基调，谁能从画面给你的感觉来谈谈故事的基调？

生：这些画面是暖色的，给人温暖的感觉，和文字一起表达出了温暖的感觉。

师：你们真会读绘本，将文字与图画结合起来，就能读出丰富的内蕴。故事到此究竟会怎样发展呢？

生：我觉得会写小动物出场。

师：（很惊讶）为什么会有这样的预测？

生：因为封面画了小动物，而且外婆说明天去找，如果接下来写明天，故事就不精彩。

师：你真是一个会讲故事的人。咱们接着读下去，故事果真这样发展的吗？请孩子们看大屏来讲故事，谁来？（大屏出示绘本分页的内容，一生讲到"咔嗒咔嗒咔嗒咔嗒咔嗒咔嗒呀嗒"时不流畅）故事真按你（目光朝向预测小动物出现的小男孩）的设想来写的。这个孩子在讲述中遇到了一点麻烦，松鼠说的"咔嗒"不好讲？大家看看有几个咔嗒？

生：六个。

师：最后一个是"咔嗒呀嗒"，为了说得流畅顺利，（老师示范）咱们伸开手掌每说一个就屈回一个手指，最后的"咔嗒呀嗒"伸出大拇指，这样就不怕讲错，加上手势也很有意思。来，咱们配上手势一起来讲一讲这句话。（生饶有兴趣地配合手势讲述）

师：如果你是语言学家，你会怎么翻译松鼠的这句话？

生：（耸肩做出寒冷状）好冷好冷好冷好冷好冷好冷啊。（全班哈哈大笑）

师：你真是一个优秀的翻译学家。咱们再来当一个高超的表演家，配合上动作来演示松鼠的语言。

生：（孩子们举高手要来演读，一生演读）"咔嗒咔嗒咔嗒咔嗒咔嗒咔嗒呀嗒！"松鼠说，"我的脚趾和冰一样冷！这个手套看起来好暖和，暖暖脚趾应该很不错！"

师：你真是一个高妙的演读家。（其他孩子：我来，我来）留到后面有时间，咱们再来演读吧。咱们继续讲故事：松鼠发现手套里温暖又舒适，不一会儿，他就舒舒服服地睡着了。可就在这时，（出示图片）发生了什么？

生全体：来了一只兔子。

师：接下来会发生怎样的故事呢？

生1：兔子要求在手套里暖和暖和。

生2：兔子要来抢手套。

师：你的兔子太霸道。还有不同的预测吗？

生：兔子和松鼠商量，也住进手套去，松鼠可能会答应。

师：为什么会这样预测？

生：前面我们已经感受到了这是一个温暖有爱的故事，我想接下来应该这样讲下去吧。

师：你真会预测，联系前文联系整个故事的基调预测内容。故事怎样发展的呢？（大屏出示兔子与松鼠的对话页）请孩子们同桌间进行角色扮演朗读。（同桌演读）下面请一组同桌到讲台前来演读，一人扮松鼠，一人扮兔子，老师读陈述语，其他孩子当导演评价他们的演读动作、神情、语调好在哪不好在哪。（同桌演读后）哪位导演来评价？

生：我觉得王珊没有把兔子的动作表演好，可以边说边蹦蹦跳跳的样子，还有像图中的兔子那样把脚趾举起来。

师：（目光向王珊）你觉得他的建议好吗？

生：（点点头）谢谢！

生：我觉得演读松鼠的同学可以更温柔些，做成在手套里很温暖舒适的样子。

师：那请你们两人直接来演读好吗？（生绘声绘色地演读，全班同学鼓掌）继续欣赏故事，（出示狐狸出场的情节内容）边读图文，边思考，每次出场的动物之间的对话有什么规律？（生交流后出示对话规律文本框）童话故事就是这样反复的情节（图2-14）充满了无数的可爱与趣味。

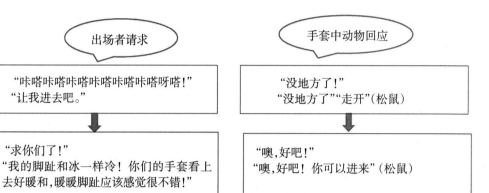

图2-14 语言模式

师：（出示熊出现的图片）睁大眼睛，谁出场了？

生：（惊讶整齐地说）熊！

师：想一想，接下来，故事会怎样发展呢？（停顿四十秒后，手势指向学生）请你来说！

生：我觉得熊首先会请求说让他也进去吧。然后遭到拒绝，然后再次请求，得到同意。

师：你为什么会这样预测？

生：从故事情节的反复性来看，又会重复原来的情景。

师：你从童话故事反复的情节来预测故事的发展，有理据。还有不同的认识吗？

生：我也觉得可能会这样写下去，但是熊太庞大了，手套怎么容得下呢？

师：嗯，这的确是个问题。你们还有什么想法？

生：我认为按照故事反复的特点，还会这么写下去，要不手套会被撑破，要不这就是一只神奇的手套。

师：你真会思考，如果还原现场的情景，想一想小动物们会有什么样的对话？同桌交流一下。

哪些孩子愿意来表演他们的对话？谁当熊？谁当狐狸？谁当兔子？谁当松鼠？（排好位，参照大屏对话规律演读，全班鼓掌）

师：你们的预测演读活灵活现地展现了故事现场，和作者的讲述一样吗？咱们继续读下去（大屏出示熊出现的内容）。（生得意地笑了）咱们的预测与原作相似率近100%，老师看出了你们预测的成就感。这只手套没有被撑破，这真是一只神奇的手套，因为有了爱与温暖，小小的手套竟然容纳下了这么多的小动物，这也是童话的神奇之处，充满了夸张与想象。故事讲到这，咱们回到封面插图，小动物们还有哪些没有出场？

生：小老鼠。

师：你观察得真仔细，绘本的每一幅图中的每个细节都有其存在的价值。封面插图常常将故事的主要人物包含其中。咱们来看小老鼠出场的全部插图，你能根据前面的讲述，预测这些小动物们的对话吗？小组内部交流，还会按照前面的讲述重复吗？（交流两分钟）请一个小组代表来谈，（走近一个小组）你们组谁来谈。

生：我们认为还会像先前一样讲述。

师：有不同的认识吗？

生：我们认为小老鼠应该要请求，但从前面熊进去后手套已经不堪拥挤了，小动物们都出场了，故事可能会有出人意料的变化。

师：你们真会思考与阅读，预测作者构思的独创性，预测文学表达的秘密，故事讲述在多次反复中出人意料的情节。按照故事讲述的规律预测的同学是保守派，在规律中寻求出人意料的情节的同学是创新派，保守派走得稳，创新派走得奇。作者究竟是怎样讲述的呢，咱们来看（大屏出示小老鼠出现的图文内容）。请一个爱讲故事的孩子来讲述。

（学生讲述后，老师接着讲述，以强调的语气重复讲）"有片刻的时间，一切都很好……""有片刻的时间，一切都很好……"（特别强调"片刻""一切"，在省略号处拖长声音强调）"……直到熊、狐狸、兔子和松鼠忍不住同时深吸了一口气。"（老师做出深吸气、手比划、胀圆肚子的样子停顿）生：（笑了，小声说）爆裂了。

师：是这样吗？（大屏出示图文）果真猜对了。为什么会这样预测？

生：根据观察的经验。

师：手套爆裂了，小动物们都跑了。故事到此结束了吗？

生：没有，还有小男孩和外婆找手套的事没讲完。

师：你们真会阅读与思考。关注到了故事的前后衔接。咱们一起来看故事的结局（老师边在大屏出示原作，边动情地讲述）。故事结束了，经历了这样的阅读之旅，你喜欢这个故事吗？

生：喜欢，故事写得很有趣。

生：故事讲得很巧妙。

……

师：咱们用预测的方式来阅读，你有什么收获？

生：预测需要我们关注细节。

生：预测有技巧，要关注故事的前后联系。

生：预测可以根据我们的生活经验。

生：发现作者创作的手法可以很好地预测。

……

师：预测就像做文字游戏，与作家展开智力与对话的游戏，有时离作家的表达很近，有时可能跟作家的表达相去甚远，只要我们在细心品读图文，积极思考，都是高明的预测家。

三、总结拓展，预测新作

这个温暖的故事最早源自乌克兰，后来演绎出了多个版本，今天读的是美国作家芭芭拉·麦克林托克（绘）吉姆·艾尔斯活斯（文）创作的《手套》。老师手里这本是俄罗斯作家叶夫格尼·M·拉乔夫的绘本《手套》的封面，请孩子们根据封面思考：这本书会讲一个怎样的故事？写下对整个故事的预测后，再看原作。体会两本原作和自己的创作，相互交流，谈一谈更喜欢谁的创作。

1.2 论预测阅读策略教学设计的抓手
——兼与林志明老师商榷

摘要：预测策略是统编教材的新内容，也是阅读教学的新挑战，教学设计目标定位要紧紧指向预测策略的运用，要引导学生经历真实的预测阅读过程。按照传统的定势思维进行教学设计，无法实现选文的教学价值。好的预测策略的设计可以把握住三个抓手：用心深研备"两本"，匠心精耕重实练，活用资源强拓展。

关键词：预测策略 统编教材 教学设计 《不会叫的狗》

近日，拜读了《小学语文教学》会刊版（2018年第9期）"特别策划"栏目刊发的文章《〈不会叫的狗〉（统编三上）教学设计》，该文笔者的教学设计由文本解读和教学设计两大版块组成。文本解读简要概述了文本特点、编者意图、师生活动及教学指向，可谓有理有据的教学设计。不过仔细推敲深入思考，我以为该教学设计还不够理性，不能体现统编教材预测阅读策略这种特殊单元的教学功能，难以达成教材选文的学习目标，难以提高学生预测阅读策略的能力。以下从其教学目标陈述及教学过程细加辨析之。

该文笔者的教学设计有四个目标：一是读懂故事大意，理清文章脉络，理解"索性、竭力、孤零零"等词的意思；二是分角色朗读课文，从人物的对话中揣摩人物的心理，品析人物的形象；三是根据作者提供的线索，预测故事的结局，感受作品多元的意义；四是了解作者生平，感受其独特的写作风格。

该文笔者为达成这四个目标，设计了如下四个教学过程：初读课文，认识一只特别的小狗；再读课文，感受一群鲜活的角色；三读课文，体会一种独特的结尾；四是延伸拓展，走近一位伟大的作家。

教学过程紧扣教学目标，可谓行云流水，匠心独运。

但教学目标是教学设计的"魂"，是教学设计的纲领指向，目标定位不准，纵使教学过程多么的灵巧完美，犹如沙地建高楼、要瓜种豆，结果难免事倍功半劳而少功。

目标一、目标二对于一般文章的学习来说不必厚非，是驾轻就熟的捷径，但用在培养学生预测策略文章的学习，难免空泛浮泛，落入窠臼，与教材需要实现的教学价值不匹配。目标三指向了预测能力的训练，却仅仅限于预测结局，实现教学价值远远不够。目标四看似抓住文本的独特性，却没有进一步围绕预测策略延伸拓展。

况且预测策略的阅读运用最佳时机是在与文本的初始化见面时，教学的前两个流程已经让学生对文本失去新鲜感，预测的兴致衰减，预测的效果相应减弱。运用预测策略要不要理解文章内容，答案是肯定的，但一定是在预测的过程中强化文章内容的理解，而不是理解透彻文本再作预测，因为有依据的预测就要细读文本思考探索。将文本理解与预测割裂开来，实现预测策略的训练，难免浮光掠影。

综观全文，教学设计拘囿于传统定势思维，不利于培养与提升学生的预测能力。如何跳出一般文章教学设计的定势，删繁就简进行合理有效的教学设计，可以把握住以下几个抓手。

一、用心深研备"两本"

备课备两头，吃透教材，研透学生，即研读文本，备准"生本"，这是教学的"祖训"，不能丢。

前面所述的教学设计版块一是文本解读，从其表述及设计的内容来看，研读文本不透，研究"生本"不到位。

《不会叫的狗》编排在预测单元。预测单元是统编教材出现的全新内容，教材培训会称之为特殊单元，特殊单元就要实现其特殊功能。单元导语是：

> 猜测与推测，使我们的阅读之旅充满了乐趣。
> 一边读一边预测，顺着故事情节去猜想。
> 学习预测的一些基本方法。
> 尝试续编故事。

单元导语揭示了其教学目标定位。可见本单元教学不能像普通单元一样教。不拘于语文要素和人文主题进行教学设计是单元的教学价值取向，通过单元文章的学习，培养学生乐于预测的兴趣，学会预测的基本方法，学会有依据地预测，在预测中丰富对故事的认知，乐于创编故事，是单元的教学价值取向。

单元课文的编排体现出"学习预测——练习预测——独立预测"的能力渐进发展过程，表2-1一目了然地呈现出其体例特点与教学要点。

表2-1 预测策略

示范学习	《总也倒不了的老屋》	◎提示学生可以根据题目、插图、文章内容里的一些线索进行预测，知道预测的内容可能跟故事的实际内容一样，也可能不一样。 ◎预测的重点不在对错。 ◎建立起主动预测的意识，培养学生预测的能力，初步感受预测的好处和乐趣。
练习指导	《胡萝卜先生的长胡子》	尝试边阅读边预测故事的发展，明白预测对错不重要，对预测的故事产生继续阅读的愿望，进一步提高学生的预测能力。
独立运用	《不会叫的狗》	边阅读边预测故事发展与结局，体会预测的多样性，感受预测的乐趣，运用预测策略阅读课外书。
小结梳理	交流平台	帮助我们更好地理解文章的意思，读书更仔细，让我们注意到更多细节；在图书馆找书时，先看书的标题，猜测大致内容，再决定要不要看。

《不会叫的狗》与《胡萝卜先生的长胡子》都是略读课文。本册教材略读课文共7篇，这一个单元就占了两篇，编者的意图是什么？略读课文的教学指向是迁移运用精读课文学习的方法。换言之《总也倒不了的老屋》是初步学习预测阅读策略的运用，后面两篇略读文需要放手让学生独立运用，教师适时点拨即可。此单元占大比重的略读文，需要把学习的自主权交给学生，不能再像精读文一样教，正好符合预测阅读策略运用的特点。

这两篇略读课文，与其他略读文不同的是不仅有课前提示，还有课后练习。两文的课后练习，不仅指向本课的内容，还拓展迁移到课外书籍。体现出预测策略需要在反复的阅读实践中训练，才能得到提升，才能培养积极的阅读者的教材编排理念。

以上从这一篇在单元的教学价值来谈如何研读文本，再来简单谈谈如何研究"生本"。

三年级的孩子想象力丰富，好奇心强烈。一二年级有了字词的积累，拥有认读的能力，后面学段的阅读需要进一步培养阅读能力。阅读策略单元的出现，对阅读品质、阅读能力的提升有至关重要的作用。研究阅读力的加拿大教师阿德丽安·吉尔认为阅读力包含：教给学生，阅读就是思考；教学生形成元认知，即意识到自己的思考；在课堂中创造一种"思考的语言"；鼓励学生在阅读时让大脑保持"忙碌"；尊重孩子们的思考，并且鼓励他们超越字面意义去思考……预测阅读策略的教学价值取向与阿德丽安·吉尔的认识不谋而合。预测策略的合理运用，可以激活学生原有认知，产生阅读期待，激发阅读兴趣，提高分析判断等思考能力，促进阅读理解，提高阅读理解水平和速度，从而引导学生成为积极主动的阅读者。三年级的孩子有了文字认读解码的能力，需要运用策略阅读、思考与文本互动，理解文本的丰富内涵。三年级学生的身心特征决定了可以接受形象思维向抽象思维的训练，预测策略不仅要培养学生猜测推测的思维能力，还要培养其关注自己的思维过程的能力，有一定难度，但预测文本往往都是想象丰富情节夸张曲折的童话或奇幻小说，对孩子很有吸引力，孩子往往乐于尝试这种新奇的阅读策略。

深研透了"文本"与"生本"，教学设计的定睛之笔就正确了。

二、匠心精耕重实练

培养并提升学生熟练运用预测策略的能力，需要通过课文这个"例子"的实践训练，因此教学设计的目标要锁定在预测阅读的兴趣激发、预测阅读策略的运用方面，而不是按照传统篇目的阅读理解设计教学。

前面所述的教学设计留给学生独立运用预测策略的机会只有预测故事结局这一次，更多时间用在课文的朗读品味方面，有买椟还珠之憾。

且此文文字多，放声朗读、有感情地朗读会削弱思考的力量与效果，此处更需要默读。默读更符合预测策略的特质，默读可以有更充分的思考，速度可以更快。在前面所述的教学设计中预测策略的运用与课文的理解切割开来。好的预测是一边读一边预测，在预测中深化理解文本内涵，因而预测策略可以在阅读中一以贯之。

从前面两篇文章的学习中，孩子们基本把握住了预测的方向：文章的标题可以预测，插图可以预测，故事情节的演化可以预测，人物的命运可以预测，故事结局可以预测……

这篇略读文章，教学设计的核心应指向如何放手让学生在前面习得预测策略的基础上，迁移运用，大胆自由地预测，并交流自己预测的思路，对比同伴、作者的思路，关注自己的思考过程，进一步强化预测策略的运用能力，获得预测策略应用的成就感。

游泳技能的习得一定是在不断地游泳的过程中获得。预测策略也是一项重要的技能，同样需要不断地预测练习，才能获得与提升。

此外，这篇略读文承载着认读16个生字（其中有6个多音字）的目标，前面所述的教学设计没有落实认读的目标。只列出了"理解索性、竭力、孤零零等词的意思"这样的字词学习目标。

识字写字永远是一项重要的目标，需要落实。但预测类文章的阅读，要将预测策略的运用放在第一位，放在与文本初始接触时，因此，识字可以在预测阅读后，回归文章整体集中识字，既不破坏预测的兴致与效果，又能落实课程教学任务。

三、活用资源强拓展

本单元两篇略读文最后一题的练习均指向课外书籍的预测训练。这样编排的目的何在？因为最好的预测是学生不知文本内容的前提下进行的，教材的文章用于预测会有一定的局限。利用教材可以教会学生如何去预测，预测的莫大乐趣在于全然陌生的文本，另外预测能力的养成也不只是这三篇文章能建立形成固化下来的，需要反复尝试，课外书籍无疑是强效营养补充剂。

单元的口语交际、交流平台以及习作都与预测有关联，需要建立课程的整体意识，用好用活预测策略。

另外，同伴的作品无疑是最具冲击力的预测对象。本册教材前一单元阅读童话文章，单元习作"我来写童话"，把同伴的优秀童话作品张贴出来，开展预测策略的阅读活动，在合理预测同伴作品的基础上，创生自己的童话，是孩子们乐此不疲的好途径。运用此途径预测创编，孩子的作品可能发生一创二创三创等反复创编催生的过程，其乐无穷。既建立了前后单元学习的联系，又从内在激发与唤醒孩子预测的兴趣，值得尝试。

此外，还可以开展"我是小小预测家"的实践活动，设计"我是小小预测家"的预测单，让孩子读陌生的课外书时，用上预测单，一周一小结一交流，一月一评比。活动有指导有交流，有展示有激励，经过一两个月的阅读练习，预测策略的使用就可以成为孩子自己"看得见"的行为。

第三章　提问策略单元教学

每个人在孩提时都有"十万个为什么"在脑中盘旋，都有好奇的心灵。孩子的"为什么"一次次被忽视被冷漠后，渐渐地失去了天生的提问思考力。无论是社会的进步、文明的进化，还是个人的成长、团队的发展都离不开发问。大至察观宇宙万象，小至阅读学习，提问思考都是不可或缺的习惯与能力。这一章我们重新审视提问，重视并学习如何在阅读中用提问的策略更好地学习，乐于提问、善于提问、爱上提问，不断提问，不断解问，做智慧的师生。

第一节　提问策略单元内涵解读

一、"提问"内涵理解

（一）提问的魅力

罗素和维特根斯坦都是剑桥大学著名哲学家穆尔的学生。有一天，罗素问穆尔："你最好的学生是谁？"穆尔毫不犹豫地说："维特根斯坦。""为什么？""因为在所有学生中，只有他听课时总露出一副茫然的神色，而且总有问不完的问题。"后来，维特根斯坦的名气超过了罗素。有人问："罗素为什么会落伍？"维特根斯坦说："他没有问题了。"几位著名哲学家的对话与人生折射出提问在人的成长发展中至关重要的价值与意义。

问题是思考的起点，问题比答案更重要。

泰勒斯被誉为"西方哲学之父"，有人说因为他提出了世界的本源是水，后来泰勒斯的观点被推翻后，人们还是认为他是西方哲学之父。泰勒斯的伟大不在于他提出了"世界的本源是水"的观点，而在于他提出了一个有质量的问题"世界的本源是什么"。

作为世界四大圣哲之列的孔子和苏格拉底给予人的教育始于问题。孔子主张"不愤不启，不悱不发"，即是先让学生积极思考再适时启发。一部《论语》即是孔子及其弟子的交流对话史，多数论断篇章采用问答式教学。子游问孝，子张问仁，林放问礼，等等，让后世之人感受到思考提问的秘妙，孔子无愧光耀万古的教育家。

苏格拉底把自己看作神赐给雅典人的一个礼物、一个使者，任务就是整天到处找人谈话讨论问题，以提问的方式抽丝剥茧地揭露对方的各种观点、认识的矛盾，使对方逐渐了解自己的无知，从而发现自己的错误，探求对人最有用的真理和智慧。自己却不给予正面的回答，因为他认为"我只知道自己一无所知。"苏格拉底认为一切知识，均从疑难中产生，愈求进步，疑难愈多，疑难愈多进步愈大。其母亲是助产婆，他则成为雅典人精神的助产士，帮助别人产生他们自己的思想。

以上伟人的伟大之处在于智慧，其智慧的重要特质是质疑。在一定程度上我们可以说培养质疑精神与质疑能力是教育取得成功的秘诀。提问是质疑精神与能力的外显。

（二）提问的主体

在不同的场景中提问的主体是不同的。大至国际交流谈判，小至个人聊天交谈，提问覆盖各领域。关于提问的艺术、提问的技巧、提问的方法的书籍论述则不计其数。本章重点探讨语文阅读教学中的提问，比如为了推进教学，教师往往成为提问的主体，而在教学过程中，充分发挥学生的主体地位，激发学生的思维，让学生主动提问，用提问来学习，在此场景中学生就成了提问的主体。因此课堂教学中，不仅教师是提问的主体，学生也是提问的主体。无论是教师提问还是学生提问，其目的均指向教学效率的提高，促进学生更好地学。师生均是阅读教学中的提问主体，本章重点探讨阅读教学中学生如何成为提问的主体，如何提问以促进阅读理解。

（三）提问的目的

在课堂教学中提问的主体无论是教师还是学生，其终极目的是促进学生的成长与发展。就阅读教学来说，笔者认为提问有以下几方面的目的：一是了解信息和理解内容，二是发展思维达成深层理解，三是实现联结培养价值观念。图3-1呈现了其具体内容。

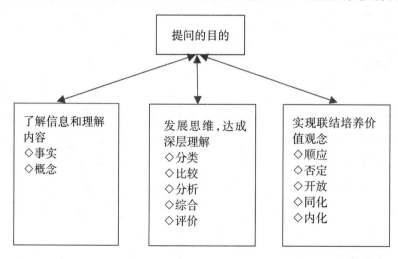

图3-1

（四）提问的种类

布鲁姆将教育目标分为三大领域：认知领域、情感领域、动作技能领域。提问通常运用于认知领域。认知领域包含六层次目标：知识、理解、应用、分析、综合、评价。按照问题的难易程度，布鲁姆的六种问题可以分成基础问题、中阶问题、高阶问题三大类（表3-1）。

表3-1 提顺的种类

问题种类	问题层级	行为反应	问题样例（以《一个豆荚里的五粒豆》为例）
基础问题	知识	回忆事实与概念观察	《一个豆荚里的五粒豆》中豆荚里的五粒豆有什么经历？ 《一个豆荚里的五粒豆》用了反复的写作手法吗？ ……
	理解	做出描述	小姑娘的病为什么慢慢好了？ 《一个豆荚里的五粒豆》反复写作手法是怎样体现的？ ……
中阶问题	应用	对所学习的概念、法则、原理的运用	你能用反复的手法创作故事吗？ ……
	分析	透彻地分析和理解，找出支撑推论的依据	你创作的故事是怎样体现创作手法的？ ……
高阶问题	综合	系统地分析和解决某些有联系的知识点集合	童话有哪些创作手法？以《一个豆荚里的五粒豆》为例如何阐释这些创作手法？ ……
	评价	对问题给出观点评判观点和想法	掉到水沟里的那粒豆是最了不起的吗？为什么？ ……

阅读学习中，每一种问题都有其价值，基础不同的学生、年段不同的学生面对不同的学习内容，适切其学习目标的提问种类也有所不同。

二、"提问策略"内涵理解

"提问策略"是阅读与思维的策略，"提问策略"用于阅读教学的目的是用来促进学生建构文本意义，学生根据语篇提出自己的问题，并通过阅读解答问题。其实质是培养学生成为积极主动的阅读者，主动思考，主动与文本联结，达成对文本的深度理解。

提问策略的核心指向是问题的提出，前面有关"提问"内涵的理解启示我们：提问策略的运用要有宽松的环境，要有开放放松的心灵，要有思考好奇的心灵，在阅读教学中提问的主体是学生。提问不是漫无目的的，一定是指向某个领域，达到某种目的而提问。

本书第一章阐释了阅读策略的概念，由其概念出发，笔者认为"提问策略"的运用最终表现为系列的操作规则、方式方法以及调控方式的综合。提问策略的运用也不仅仅是一种策略的运用，还会调用到其他策略。比如提问策略与预测策略同步运用：阅读标题进行发问预测，阅读前文对后文内容进行发问预测，都与预测策略结伴而行。比如提问策略与元认知策略同步运用：阅读前，用提问策略引导思考——阅读这篇文章，我要达到什么目标？阅读中，用提问策略引导反思——我的理解对吗？我还可以运用什么方法阅读效果更好？阅读后，用提问策略引导反思——我达到阅读目标了吗？我的收获是什么？比如提问策略与联结策略综合运用：联系上下文内容提问，联结文本内容与自己的生活经验提问。

提问策略的合理运用涉及提问的目的、提问的规则与环境、提问的过程、提问的角度以及问题的价值等等。表3-2呈现了其要素的关联。

表3-2　提问策略的运用

提问策略在阅读中的运用	运用目的：理解内容，发展思维，培育情感态度价值观。	规则	由怕问到敢问，由敢问到乐问，由不会问到会问善问，由问得浅到问得深，由问得碎到问得精……实现提问质量的提升，助力阅读及思维的发展。		教科书编写意图之外需要教师重视并开发的内容
		环境	身心放松、鼓励欣赏提问		
		过程	阅读前	针对标题问、联系已知、预测内容问、预期目标问……	
			阅读中	联系词语问、联系标点问、联系句子问、联系段落问、联结生活经验问、针对留白问、针对矛盾问、针对修辞问、针对细节问、针对详略问、对比不同问、针对他人的问题问、针对目标达成问……	
			阅读后	联系整体问、针对文体问、针对阅读收获问、针对阅读问……	
		角度	内容	写了什么、表达了什么、什么意思……	教科书编写意图
			写法特点	怎样写的，为什么这样写……	
			生活启示……	联结文本与生活经验问……	
		价值		促进理解、引发思考……	

表格中，楷体内容是教科书编写的单元教学意图，可见教科书只是开启了提问策略学习的一小步，提问角度与提问过程的内容存在交叉，但提问过程涵盖了提问角度的内容，比提问角度内容更丰富。

三、提问策略单元信息解码

（一）单元页解码

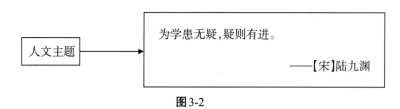

图 3-2

单元人文主题引用南宋哲学家、宋明两代"心学"的开山之祖陆九渊的名言（图3-2），从正反两面阐释质疑对于做学问的重要性。

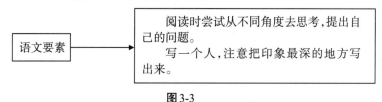

图 3-3

单元页的语文要素一条指向阅读，一条指向习作（图3-3）。阅读与习作目标联系不大。阅读要素重点指向两个维度：一是从不同角度思考提出问题，暗含提问的角度是广泛的；二是强调提问的真实性，立足点在"自己的"，不是为了老师也不是为了应和同学而提问。

（二）交流平台引路

本单元以小伙伴谈体会的形式出示了以下四条内容，如图3-4左列图示内容。

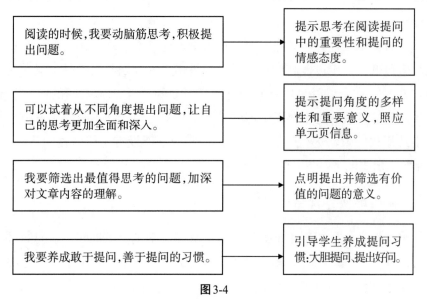

图 3-4

从交流平台，我们可以提炼出关键要点，如图3-4右列图示内容。

交流平台层层递进，从提问的情感态度、到多角度提问、到提出有价值的问题、最后强调提问习惯的养成。

四、提问策略单元的教学定位

（一）尊重差异，增进能力

学源于思，思源于疑。古人有语：为学患无疑，疑则有进。小疑则小进，大疑则大进。爱因斯坦说：提出一个问题比解决一个问题更重要。在教学的过程中，笔者发现提问的差异性明显：基础好素养好的班级，学生普遍善于提问；同一个班级学生提问能力也存在差异性，爱思考会学习的学生往往更善于提问，而基础薄弱的学生提问质量较低问题较少。在教学中，要营造宽松平等的氛围，尊重差异性，尊重学生提出的问题，保护提问的积极性。引导学生从不敢问到大胆问，从问的角度少到问的角度丰，从问得偏到问得好。教学的起点应该在学生已有的提问经验基础上，开启目标更加适切的学习活动。教师可以针对学生阅读时一般会提出什么样的问题进行一个前测，前测的方式可以口头交流，也可以用一篇短文，让学生自己阅读，读完之后，让学生说一说自己在开始阅读时、阅读过程中、读完后心中产生过哪些问题。学生或多或少都能提问，没有进行提问策略单元教学前阅读时的提问是自然状态的，而经过提问策略单元的教学要培养学生成为有意识的提问策略运用者。

（二）一以贯之，长期坚持

能力的养成与提高非一日之功，非一曝十寒，需要长期坚持。提问策略是最普适的阅读策略，适于任何阶段任何文章的阅读，因此，单元教学开始并不是真正的开始，单元教学结束也并不意味着提问策略学习的结束。小学语文教师要有教学的整体观，融通低段、中段、高段教学，提问策略正式在四年级教材出现，明白其教学价值与意义，在低段就可以有意识地培养并训练学生思考发问的能力，敢于发问、乐于发问应该成为每个孩子学习的基本精神与习惯。在后续的学习中，创造条件给学生运用提问策略进行阅读的机会，四年级下册设有专门的提问解问的单元，是对四年级上册提问策略单元的回应。

（三）提问解问，价值追求

提问单元教学的目的不止于提问，还要解问。学生经历提问、解问的过程，明白提问可以深入地理解课文。教学时要从学生的问题出发，把准学情。老师要熟悉文本并对文本有深入的解读，将学生的问题与编者的问题以及文本理解的重要问题串联，引导学生在提问和解问的过程中一步步理解课文。提问策略单元筛选"对阅读理解有帮助的问题"，针对的是"课堂"语境下的功利性明确的"课文阅读"，对个人而言，在没有明确的、紧要的、功利性的阅读目的时读书，即使产生的疑问对理解文章主要内容和意思没有影响，如果自己很感兴趣，仍然会想办法去寻找答案。这样的阅读活动，对于个人而言，同样具有重要的价值。单元教学提出的"对阅读理解有帮助的问题"，其实针对的是"课堂"语境下的功利性明确的"课文阅读"，而不是社会生活实践中姿态多样的阅读。教学中，要鼓励学生在任何阅读情景中积极思考勤于提问，不仅仅追求功利价值。

第二节　文本解读及教学设计

1.1　"了不起"的生命
——《一个豆荚里的五粒豆》文本解读

《一个豆荚里的五粒豆》是丹麦作家安徒生写的童话。安徒生笔下的故事陪伴我们度过了美好的童年时光。关于这个故事，安徒生在手记中写道："这个故事来自我儿时的回忆，那时我有一个小木盒，里面盛了一点土，我种了一根葱和一粒豆。这就是我的开满了花的花园。"这个"花园"为安徒生带来了灵感，这个故事就这样诞生了。安徒生在贫困的家庭长大，饱受苦难，儿时总有自己的乐趣。儿时的乐趣，成了生命中重要的部分。儿时的一个小花园和这个故事有什么联系吗？儿时一丁点乐趣就是生命全部的阳光温暖与快乐，足以驱赶生活的阴霾。

作家既需要敏锐的洞察力，需要生活阅历的积淀，也需要灵感的触发。是什么触发了安徒生心中的那支笔？到最后我们来揭示答案。

解读文本，首先我们要明白文章的体裁。体裁决定了作者写作的手法特点。前面已经谈到这是一篇童话，童话有什么特点？在预测单元我们已经对童话的特点有过一定的了解。童话是儿童文学的一种，采用想象、幻想、象征、夸张、拟人的手法塑造形象。人物形象构成了童话世界的主体，通过主人公奇异的经历来表达人类的情感，其中心始终是人。根据表现形态的不同，童话形象可分为超人体、拟人体和常人体。想象、拟人成为《一个豆荚里的五粒豆》的表现手法。用想象和拟人写豌豆的经历，用写实手法叙述小女孩及其母亲发现豌豆后的历程，因此这篇童话是拟人体与常人体的结合体。

拟人体与常人体是如何天衣无缝地结合起来的？

一是紧贴事物特点展开想象。二是顺承事物之间的联系展开想象。

如何紧贴事物特点展开想象呢？

豌豆有豌豆的生活轨迹。不会把一粒豆子的生活轨迹想象成一辆汽车的生活轨迹，豆子有生命，豆子有想法，但最后都回归其本质特点。五粒豆在豆荚中的生活状态以及交流的话语都紧贴豆子的特点：五粒豆在绿色的豆荚中处于封闭的状态，因此整个世界都是绿的。太阳出来，温暖又舒适。

怎么让故事发展下去呢？拟人化的想象开始了：

豌豆坐在那儿越长越大，它们想，我们得做点儿事情啊。

然后写豆荚变黄，豌豆变黄，被打开，它们得做点事情的心愿就要实现了。

豌豆能做什么事情呢？实际生活中的豌豆有什么用途，似乎除了吃就是发芽，最多种成植物园供人观赏。

童话不能照搬现实生活，不然就不是童话，是说明文了。

最小的一粒豆说出了想做的事：

"我倒想要知道，我们之中谁会走得最远！"

豌豆能走吗？豌豆是圆的，可以滚，可又能滚多远呢？

如何推动故事的发展呢，抓住事物之间联系，加入新的元素来推动情节发展。

预测单元对童话解读我们明白：情节一步步发展，主人公会遇到特别的人，发生特别的事。

作者安排了玩玩具枪的男孩，读者可以想到豌豆可以用来做什么了。

借助男孩的玩具枪，豌豆有怎样的命运呢？

命运结果不重要，前面我们谈过最后都要回归其本质特性。这个过程中豌豆们的言语表现是最吸引人的。

"现在我要飞向方方面面的世界里去了！如果你能捉住我，就请你来吧！"

"我"，第二粒说，"我将直接飞进太阳里去。这才像一粒豌豆呢，而且与我的身份非常相称！"

……

豌豆们实在太顽皮可爱了！

故事就写到豌豆被射出去，然后交代谁远谁近就结束了吗？这样写未免太单调了。童话作家还要赋予故事丰富的内涵与曲折的情节，于是再加入新的元素，抓住事物之间联系，推动故事走向一个新的节点：小女孩遇到认为"该怎么样就怎么样"的那粒豆，故事有了不同的境界。

作者是怎样将小女孩与那粒豆联系起来的？

相关联的地点，相似的生活境遇，将他们紧紧捆绑在一起。

相关联的地点：

它被射到空中，落到顶楼窗子正面的一块旧板子上，正好钻进一个长满了青苔的裂缝里。

在这个小小的顶楼里住着一个穷苦的女人。她有一个独生女儿，身体非常虚弱，躺在床上一整年了。

相似的生活境遇：

青苔把它裹起来，它躺在那儿真可以说成了一个囚犯。

她有一个独生女儿，身体非常虚弱，躺在床上一整年了。小女孩安静地、耐心地整天在家里躺着。

此时，"囚犯"最能体现他们间的紧密关联。豌豆钻进长满青苔的裂缝，被青苔包裹，小女孩虚弱得躺在床上一整年，不比"囚犯"的生活好。本该活蹦乱跳的年龄，在穷苦的家里，没有宽敞的房间，只有逼狭黑暗的陋室，小女孩能干什么呢？豌豆天然的命运让其可以顺其自然随遇而安，小女孩不同，是鲜活的生命，是想说就说、想笑就笑、想走就走的生命，然而，成了虚弱身体的"囚犯"。

"囚犯"般的境遇将他们自然关联，豌豆能打破"囚犯"般的生活吗？豌豆凭借自然物理规律，它能摆脱被囚的命运，正是被囚的状态，给了它焕发活力的养料。然而小女孩呢？如何摆脱"囚犯"般的生活，她不能顺其自然，因为她不是植物，她有心灵。她有对生命的热情，她有对生命的希望和爱，她如何摆脱被囚的生活呢？

生命的启迪！生命的感召！

豌豆的生命启迪了谁？感召了谁？

好奇的小女孩和母爱融融的母亲。

"有个绿东西从窗旁边探出头来，它是什么呢？"

"啊！"她说"我的天，原来是一粒小豌豆在这里生了根，还长出小叶子来了。它怎么钻进这个隙缝里去的？你现在有一个小花园了！"

一位好奇的女儿，一位被穷苦生活磨炼、为虚弱女儿身体担忧的母亲从不曾绝望，哪怕有一点希望的春天她都能无比放大，以至一株豌豆就成了女儿的"一个小花园"。

一株豌豆就是"一个小花园"？对于常人来说，是小花园吗？常人眼中的花园是花团锦簇是百花争艳而不是孤零零的一株，况且豌豆在常人眼中是根本不足用以欣赏的花卉，为什么会成为小女孩的"一个小花园"？

对于被困床上被虚弱身体囚禁床上的女孩来说，一点绿意足以撑起整个生命的春天。

母亲对生充满信念与希望。无微不至地爱护女儿，因此，把女儿的床搬得更靠近窗子，好让女儿看到这粒正在生长着的豌豆。用小棍子把这植物支起来，使它不被风吹断。从窗台上牵了根绳子到窗框的上端去，使这棵豌豆苗可以盘绕着它向上生长。

女儿易感的心灵也受到触动，对生命产生了愉快的想象，一天天好起来。

一星期以后，小女孩第一次能够坐一整个钟头。她快乐地坐在温暖的太阳光里。窗子打开了，她面前是一朵盛开的粉红色的豌豆花。小姑娘低下头来，轻轻地吻了一下它柔嫩的叶子。这一天简直像一个节日。

豌豆盛开了，小女孩的生命渐渐恢复活力，他们的生命际遇完美相融。安徒生总能给阴冷的生活注入阳光温暖！

故事至此似乎可以结束了，但好奇的我们还会问：其他的几粒豌豆的命运呢？

作者以写实的笔法交代最终的命运：被鸽子吃掉，以拟人化的笔法想象躺在脏水沟里的那粒豌豆。

"我胖得够美了！"这粒豌豆说，"我胖得要开来了。我想任何豌豆从来不曾、也永远不会达到这种地步的。我是五粒豌豆中最了不起的一粒。"

故事至此，该结束了，但作者又将小女孩与豌豆花关联起来，画上圆满的句号。如果续写这个故事还有意义吗？

故事已经形成了闭合结构，交代了五粒豆的命运，也交代了生长开花的豌豆与小女孩命运的完美契合。在我们的心中留下了生命的温暖与感动。童话的使命就完成了。

这篇童话并没有反复的情节出现，创作有法而无定法。与前面解读的童话故事相似之处在于推进情节发展时总会加入新的角色。小男孩、小女孩的出现，推动了故事的发展。我们可以用线条图来呈现故事情节的发展（实心圆点表示故事发展中出现的人物：五粒豆、小男孩、小女孩），如图3-5所示。

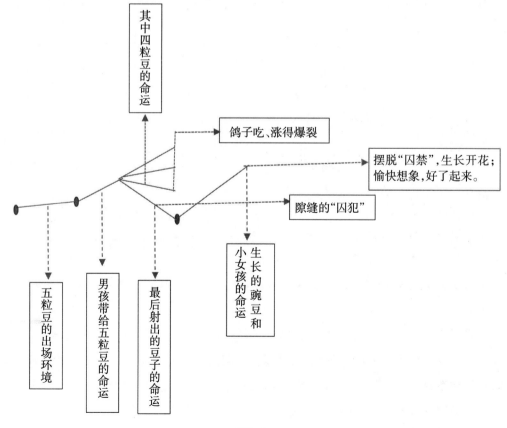

图3-5

抽去枝节，可以得到的情节如图3-6所示。

图3-6

由图3-6可见，故事情节的发展一目了然。童话创作的秘密在于此。

反复情节构成的童话一般会如图3-7所示。

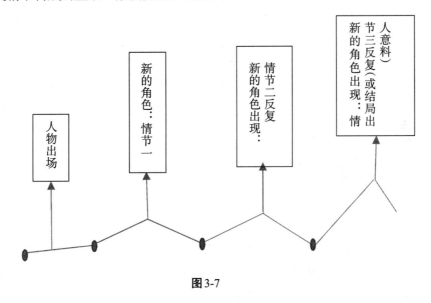

图3-7

回到原文，我们进一步探讨童话的内蕴：你认为这粒豌豆是最了不起的一粒吗？

我想，我们都会说那粒隙缝里生长开花的豌豆是最了不起的一粒。为什么它是最了不起的，细读文本吧。

我们可以进一步思考：除了那粒生长开花的豌豆，文中还有谁了不起？

你也许会说小女孩了不起，是的，她很了不起。豌豆能生长开花，是自然物态赋予它的生命，是"该怎么样就怎么样"的物化生命。然而小女孩是那个主动要活得更好更阳光更有力量的人，她是能够感悟生命的人，哪怕一株豌豆苗也能给予她生命的力量！

除了小女孩了不起，她的母亲也是了不起的人吗？你来解析吧。

最后我们再来体会"了不起"的生命：

生命本身了不起，哪怕再渺小，如一株豌豆苗。

生命因为母爱了不起，哪怕困苦也要充满希望，如穷苦的母亲。

生命因为珍爱而了不起，哪怕"囚犯"一般也要向暖成长，如虚弱的小女孩。

莎士比亚说人是"宇宙的精华，万物的灵长"，敬畏生命，热爱生命，向暖生长，不负生命！

1.2 《一个豆荚里的五粒豆》学情及教学辅助系统解读

四年级上册第二单元是继三年级预测单元之后的第二个策略单元，安排学习的阅读策略是"提问题"，主要目的是培养学生的问题意识，引导学生学习运用提问的方法。提问看似寻常，但很多学生的提问能力并未真正训练过。编者编写这个单元，花了不少心血。四篇课文，无论是阅读提示，还是课后思考题，不仅围绕培养学生问题意识、教给学生提问方法来设计，还在提高学生提问能力方面，有层次地、循序渐进地设计学习活动。

【学情解析】本课作为单元首课，首先要充分预估学情，不能伤害学生提问的积极性与自信心。初涉提问往往面临以下困境：

不敢问：部分学生由于个性的原因及班级学习管理的环境，不敢提问，怕出错。因此，平等和谐的学习氛围营造首当其冲。因此教学时，一定要鼓励学生大胆提问，即使提问的质量不高甚至看起来很傻，也要鼓励。轻松交流的氛围学生更能提出问题。

不会问：长期以来学习以老师提问为中心，忽略了学生提问的重要性，很多学生不会提问，提不出问题。其实，老师在阅读文本时也不一定会提问，课堂教学提问也多是参照教辅用书，这也不能怨责老师，因为老师受教的历程也没有老师教要学着用提问的方法来阅读学习。有的学生写出的问题甚至是句号，说明基础薄弱，这个问题较好纠正，只要稍加点拨引导学生就明白。

问得少：学习提问有个过程，有的学生思维活跃，阅读能力强，提问多；反之，有的学生问得少。

问得浅：刚学提问，学生提的问题很随意，脱离文本理解的问题多。经过指导训练渐渐得到提高。

提问是阅读中的思考呈现，思维过程要说出来是很难的。教师用书建议让学生说一说自己为什么会提这样的问题，说出提问的思考过程，笔者以为没有必要。学生不明白的地方或者想提问的地方要说个所以然是很难的，试教时这样做了，效果不好。因此，建议彼此交流提出的问题，看一看同伴提出了什么问题，发现同伴提出的哪些问题好，会比较直观地了解提问。

素养好的班级明显会提问题。比如读标题他们会问：这个故事会写五粒豆的什么奇遇吗？（这里的提问也伴随着前面学的预测策略的运用，是两种策略的综合运用）还有厉害的学生甚至会问：作者为什么要写这个故事？从写作意图发问，很难得。也有基础薄弱的班级针对课题会这样问：为什么是"一个"豆荚呢？为什么写的"五粒豆"呢？为什么是豆荚里的豆而不是树上的豆呢？这些问题很碎很杂，没有阅读的整体意识。提问能力薄弱，更需要有力引导。

阅读时训练学生的提问能力，不是为了提问而提问，不是老师要求要提问而提问，学生在阅读中提问，最终要明白这样几个目的：一是在阅读时提问，阅读会更积极更投入；二是能够促进头脑思考，有思考的阅读质量更高；三是提问是一种有效的学习方法，有必要掌握；四是提出问题，还要解决对阅读理解有帮助的问题；五是提问能帮助读者深入理解文章；六是提问是独立思考能力的开始，是创新能力的源泉。因此，不论是阅读还是其他科目的学习抑或生活成长，都需要提问能力。

【阅读提示】

读课文，积极思考，看看你可以提出什么问题。

提示语包含这些信息：课文是没有经过理解的，如果已经理解了，再提问就是伪提问。初读课文对学生几乎没有要求，鼓励学生初步尝试提问。

【课后练习】

练习一：读完课文，把你的问题写下来。

此题呼应阅读提示，记下自己的问题即可。记录下问题，要用起来。如何用呢？接着看。

练习二：小组交流，仿照下面的问题清单整理大家提出的问题，说说你有什么发现。

这个练习提出了对理解课文有核心价值的问题。其目的一是示范，二是指引提问角度：针对部分内容提问和针对全文提问。学生要明白"什么是针对部分提问、什么是针对全文提问"有难度。可以结合问题解答的方向，如解答问题联系部分内容（联系个别词句、段落或部分句子段落）就能作答，这样的问题就是针对部分提问，解答问题联系全文内容才能作答，这样的问题就是针对全文提问。有些学生实在弄不清，也不要紧，编者设计出提问的角度，其目的是引导学生提出更多的问题，把提问的思路打开。

为了进一步弄清什么是针对部分提问，什么是针对全文提问，可以让学生把自己提出的问题试着分类，然后相互交流质疑，渐渐熟悉这样的分类角度。

通过分类，可以进一步让学生再读课文，试着区分角度提问。针对全文提问的问题往往比针对部分少，原因之一是针对全文难度大，要对全文有一定的理解才能提出来，二是局部的问题散布本来就广，一个词、一个标点、一句话、一个段落的理解都可能存在问题，因此问题也多。

练习三：伴随着豌豆苗的成长，为什么小女孩的病就慢慢好了呢？和同学交流你的想法。

此题在理解文章重要部分的内容，理解文章的主题内涵。

综上三个练习，目的一是引导学生提问，目的二是区分提问角度，提出更多的问，目的三是在提问的过程中解决问题，深入理解课文。针对学情而言，学生能提出类似练习中的问题，多加赞赏，这是有质量的问题，让学生感受到自己也能提出编者一样的问题，或者提出比编者更好的问题，提问的自信自得感由此产生。学生提问的能力弱，没关系，学一学编者怎样提问，用编者的提问带动深入理解课文。

1.3　《一个豆荚里的五粒豆》教学设计

【教学目标】

1. 准确认读"豌、按"等10个生字，会写"豌、按"等12个生字，积累"豌豆、按照"等16个词语。

2. 默读课文，积极思考，大胆提问，记录问题。

3. 借助问题清单和微课讲解，理解提问的角度：针对全文提问，针对部分内容提问。

4. 借助提出的问题理解课文，获得提问的成就感和价值感，在细读美读中体验童话之美。

【教学过程】

一、问题暖身，鼓励质疑

1. 营造安全的环境，明确学习规则。

老师认为，阅读就是对话交流，你认为是和谁交流？

预设交流对象：同学、老师、文本、作者、编者等。

咱们上课，要像朋友一样放心大胆地自由地交流。你认为什么样的交流是好的交流？

学生交流后明确：认真倾听、积极思考、相互回应、音量适中等。

2. 向老师提问，了解老师。

（大屏出示关于老师的图文信息）孩子们从大屏知道了老师的哪些信息？你还想知道老师的哪些信息，请你们向我提问。老师解答五个孩子的问题。

相机鼓励学生：爱问问题，真会思考。

3. 看单元页插图，质疑提问。

今天上课咱们就来看看思维转得有多快。首先来看这幅图，你有什么问题？（学生边提问边相互解答）

预设问题：

这个问号怎么如此与众不同？（从形状构成提问，强调我们重视提问）

这个问号为什么用书籍组成？（读书要积极提问思考，解决问题）

这个问号为什么还要画上小朋友呢？小朋友为什么能躺在书中呢？

（从图中事物的联系来问：书籍给我们一个广阔的世界，我们可以在书籍的海洋中徜徉往返）

这个问号将书与人与自然画在一起有什么意味？（书像自然一样美好，与我们不可分离）

……

4. 理解单元导语。

这个特别的问号，告诉我们，（学生读大屏出示的单元导语：为学患无疑，疑则有进。——［宋］陆九渊）

这句话是什么意思？

5. 唱提问歌，做思考家。

提问是很有乐趣的事，老师写了提问歌，咱们用《小星星》的旋律来唱两遍：

小小问号真奇妙，引人思索勤动脑。我们努力多思考，攀登秘密智慧岛。

【设计意图】此课是单元首课，首要任务是启发学生大胆提问，兴趣盎然地提出尽可能多的问题，以独立思考和合作交流的方式解决部分问题。提问至少有三个先决条件：一是心理安全轻松，二是大脑高速运转积极思考，三是厘清问题用语言明确地表达出来。此环节重在赋予学生心理的安全轻松感，自然感受什么是提问，课未始，众多问题已经蹦了出来。关于人关于图都会引发我们的思考，可以从不同角度提很多问题，让学生体验提问并不难。在提问与解问中自然引入单元学习主题】

二、明确目标，小试身手

1. 明目标价值

今天我们走进一个新的阅读单元——提问策略单元，来学习用提问的策略阅读课文。你认为用提问来阅读有什么好处？

学生交流后明确：集中注意力，提高阅读效率，主动阅读，有趣。

2. 看课题提问

丹麦安徒生爷爷的童话被改编进了教科书，齐读课题——《一个豆荚里的五粒豆》，读课题你有什么问题？

3. 听故事提问

老师给大家先讲故事的一部分，孩子们闭眼听，边听边试着对这些内容提问，有了一个问题，就伸一个手指，有了两个就举两根手指，依次类推，试一试，老师讲完前4个自然段，你会提出几个问题。

（师遵循童话的基调讲故事，引导学生身临其境感受童话之美的同时提出自己的问题。讲完后，师生交流，了解学情，激励思考为主。基础好思维活跃的班级，会提很多问题。基础薄弱的班级，提问能力弱，数量也偏少，不要急，慢慢引导，追求在已有的基础上进步）

4. 默读故事，记录问题

请孩子们翻开书，接着课文第五自然段默读，不赶速度。读到某处，有了问题就在相应的句段用红笔标注问号并将问题记在便利贴上，贴在产生问题的词语、句子、段落的旁边。

5. 交流问题，呈现思维

同桌交换，看看对方的提问，选择自己感兴趣的问题，向同桌说一说是怎么提出这个问题的？

6. 相互启发，再提新问

和同桌交流了问题，再次快速浏览课文，试着提出新的问题并交流。

【设计意图：此环节通过看课题提问、听部分内容提问、默读全文提问这样几个步骤，不疾不徐地引导学生提问，在相互交流中直观地学习借鉴如何提问，开启提问之旅，引导学生迈开步子敢于提问，体验提问的乐趣】

三、提供支架，理解角度

支架一：探究课后问题清单

1. 清单引路，发现提问角度。

有些小伙伴也提出了一些问题，我们来看课后练习的小组问题清单，（大屏出示小组问题清单）请孩子们齐读列出来的这三个问题。

哪些孩子也提出了类似的问题？

（鼓励孩子）你提出了和编者一样有含金量的问题！老师知道，你们肯定还提出了其他有含金量的问题，会不会提问也是对我们阅读能力的检验！

默读泡泡语的提示并思考：泡泡语给了你什么信息？

（交流后明确）提问有不同的角度，针对全文和针对部分。

2. 理解提问角度

什么样的问题是针对全文的问题，什么样的问题是针对部分的问题？咱们带着这些问题来阅读课文，看看如何解答这些问题。

（引导学生逐个判断每个问题的解答，需要运用文章的哪些语段来完成，在此过

程中发现：有的问题只需部分语段能解决，有些问题需要联系全文的内容，进行比较分析，综合判断才能解决）

3. 方法引路，再增新问

支架二：微课讲解示范

（1）播放微课，边听边结合先前提问的过程思考。

微课内容：同学们好，我是提问小博士，很高兴和大家发现提问的快乐，今天我们要讨论的话题是：什么是针对全文内容提问，什么是针对部分内容提问。首先你们的提问小博士要对你们好问、乐问的态度点个大大的赞。

什么是针对全文内容提问？什么是针对部分内容提问？小博士可以给你们提供的建议是：要解决这些问题，最好找到相应的语句段落。用部分语句段落就能解答的问题，则是针对部分内容的提问；要联系全文的内容才能作答，这样的问题就是针对全文的问题。

下面我们来看课后小组问题清单中的三个问题，你能根据小博士的介绍判断哪些是针对全文内容的问题，哪些是针对部分内容的问题吗？

同学们，我们不仅要能判断两种不同类型的问题，我们还要学会如何针对部分内容，如何针对全文内容提问。小博士要送你提问宝典了，认真记哦！

针对部分内容的提问可以是：针对有新鲜感的词语句子；难懂的词语句子；引发我们思考的句子；文中的关键词句，什么是关键词句呢？比如反复出现的或者句式结构一致的词句；某个特别的标点，某个细节，某个人物；等等。一般情况下，边读边思考提出的问题则是针对部分内容的提问。

如何针对全文内容提问呢？小博士教你三招：一是看标题提问。标题是文章的眼睛，往往有画龙点睛之效，围绕标题可以怎样提问呢？根据这个标题作者会写什么内容呢？读了全文我能换一个其他标题吗？和原题比较哪个更好呢？当然，围绕标题还有更多的提问。二是关联文章开头、结尾提问。从首尾联系中发现文章的关键密码也可以提出很多问题哦！三是从文章中发现牵一发动全身的词句，围绕这样的词句去提问。

马上去试一试吧！

（2）请孩子们再次默读课文，边读边思，试着提出新的问题。

（3）交流问题：提出针对部分的问题，举手掌示意；提出了针对全文的问题，举拳头示意。

4. 小结：这节课孩子们积极思考，大胆提问，明白了提问可以针对全文也可以针对部分内容，不断提出了很多问题，下一节课，咱们就来解决自己提出的问题以及课后的问题，读懂读好文章。

【设计意图：理解提问角度是课后练习的重要内容，也是课文学习的重要目标，但理解提问角度的目的在于给学生提供更多的角度、提出更多更好的问题，而不止于知道针对全文和针对部分这种提问角度的知识，也不止于能够区分出问题的类型是针对全文的还是针对部分的。时间宽松，可以在此基础上让学生合作给提出的问题分类。笔者执教的体会是：经过学习，大部分学生能够区分提问角度的类别，但也存在对某些问题分类角度不明的情况。其实用不着把每一个问题的角度都弄清楚，不必让学生在问题分类方面纠结耗时，提出问题比给问题分类更重要。另外，针对全文提问的数量本来就比针对部分提问的数量少，不能认为针对全文提的问少，就非得多提出问来。针对全文提问有难度，如学生能提出来，值得大加鼓励。阅读策略的学习很大程度上是程序性知识，方法点拨示范讲解和实践训练是获取程序知识的重要过程，微课的学习，给学生提供了这样的操练过程。支架一通过课后问题清单的问题倒推提问的角度，支架二通过示范讲解直接给出提问的角度和如何从这样的角度提问，两者融通互补达到促进理解提问角度和多提问题的目的】

一、默读思考，自主解问

1. 梳理故事内容：上节课，咱们阅读《一个豆荚里的五粒豆》提出了一些问题，请孩子们再次快速浏览课文，用自己的语言简洁地说一说这个故事的主要内容。

2. 交流提问感受：我们提出了一些问题，提问给你的阅读带来了什么感受？你获得了哪些新的知识？

3. 个人独立解问：请孩子们再读课文，思考并解决自己提出的问题。在能够解决的问题旁边划上"√"。（师巡回了解学情）

4. 小组合作解问：小组长组织组员，将未解决的问题贴到小组问题清单里，一起研讨解决，以如下方式组内有序交流：

"问"：我的问题是（   ）。

"答"：我可以从书中某处语句来解答：（   ）。是这样理解的：（   ）。我来补充：（   ）。我有不同的认识：（   ）。

5. 小组筛选问题：小组把认为重要的或未解决的问题提交全班，每个小组选至少一个问题。

【设计意图：学生经历阅读课文独立思考的过程，在解决问题的过程中领悟提问的目的是解决问题，是更好地理解课文。通过独立解问与合作解问，让每个学生充分地思考与交流。在此过程中，倾听、思考、表达占据重要位置，既是语言的建构与运用的过程也是思维的发展与提升的过程，落实语文学科素心素养不是口号】

二、细读深思，合作研讨

1. 汇聚问题，小组交流

将小组筛选出的问题与课后的四个问题汇总，每个小组选择感兴趣的能够解决的问题研讨。

2. 全班交流，老师点拨

交流时倾听思考很重要，在此过程中老师要关注学情，引导话轮转换，适时引领学生立足文本品读文本，起到串联引导和点拨总结的作用。引导得好，每个孩子都能参与并深入思考每个问题，提高学习效益。

下面把解决问题时老师要做好的相关功课梳理如下：

问题一：课文说被青苔包裹的豌豆像"一个囚犯"，但它却长得很好，为什么？

解决此问时，引导学生随文理解"囚"的内涵：把人限制在封闭狭小的空间里，失去自由。再组词理解其意思，进一步结合豌豆的处境，理解"成了一个囚犯"的意思。不仅要理解"成了'一个囚犯'"，还要理解为什么长得好。这个问题的理解为深入理解课文内涵作铺垫。可以引导学生思考：长得好的原因。这个植物学知识都能解答：阳光、空气、水分、养料。但还要引导学生进一步思考：豌豆自己努力没有？豌豆没有主观的努力，因为它的人生只能任其自然，用这粒豆的话是"该怎么样就怎么样"，为理解后文小女孩的生命成长埋下伏笔。

问题二：母亲为什么要把一株豌豆苗说成"一个小花园"呢？

这个问题学生往往会用母亲爱小女孩以及热爱生活来解答。老师要引导学生回归文本全面理解。一是小女孩经历了怎样的处境？在穷苦的家里的小小的顶楼，躺在床上一整年，看不到外面的世界，在沉闷单调的空间里，就像那粒被青苔包裹的豌豆。任何一点新鲜的生命对母女俩都是新世界。二是这位劳苦的母亲为什么看到豌豆苗会有如此的惊叹？热爱生活热爱生命关爱孩子，对生活充满希望——因而，这位母亲在困苦中看到豌豆苗这样的小生命会惊叹，将其称为"一个小花园"。联系母亲为小女孩做的事情，细加品味，同时可引导学生分角色演读母女的对话，在理性分析中理解，在感性品读中欣赏，丰厚对文本的理解。

问题三：掉到水沟里的那粒豌豆真的是最了不起的吗？

此问解答不难，学生都能认识到那粒豆太膨胀，没有自我，不是最了不起的。老师还可以引导学生更进一步思考，对文本的理解就深刻丰富得多，而且学生也是能够到达的。老师可以在此问的基础上提出一系列问题追问：最了不起的是谁？学生一般都会说开花生长的那粒豆。为什么？学生可能答那粒豆虽然像囚犯，但长得好，帮助小女孩战胜病痛。老师要引导学生反思：从问题一已知道豌豆是随遇而安没有主观努力，是自然生长的结果。它开花了，较其他豌豆的经历可以说了不起。豌豆用了怎样的行动帮助小女孩吗？没有。那是谁帮了小女孩呢？在追问中引导学生思索，学生会认为是母亲也可能认为是小女孩自己，但都要在文本中找依据。最后进一步追问：你认为这个故事中最了不起的是谁？这是开放性的问题，可以是母亲也可以是小女孩，当然也可以是开花的那粒豆。

问题四：伴随着豌豆苗的成长，为什么小女孩的病就慢慢好了呢？和同学交流你的想法。

在对问题三的追问中就已经有了对此问的初步理解，引导学生抓住豌豆苗成长的语句和对应的小女孩身心变化的句子品读理解。

【设计意图：解决问题既是对学生文本理解能力的提高，也考验着教师解读文本花费的功夫，学生研讨交流的质量源于教师的组织与引导、点拨与总结。获得结果不是最终目的，最终目的是在文本的品读欣赏中理解文本从而解决问题。学习的过程融阅读、思考、体验、感悟、交流于一体，力戒交流浅表化形式化】

三、识写字词，积累词语

本课10个要求认识的生字，都在阅读时随文认读过，有必要集中强化认读。学习重点放在书写练习上。

1. 观察结构，突显重点

"英""苔"都是草字头的上下结构的形声字；"豌""按""僵""框""溢"都是左右结构的形声字，读好"僵、框"后鼻韵，"豌""按"两字既要认读又要会写。在随文识字基本会读的基础上，通过比较辨析和组词强化认识。

会写的字中左右结构居多，要观察占位及笔画的穿插，"适"字是半包围结构，先写里面的"舌"再写走之底。"恐、曾"都是上下结构。"恐"字下面的心字底要写得扁平，卧钩起笔与左边第二画竖的起笔齐平。"曾"字上半部分笔顺要写正确，先写中间的短竖，再写短竖两边的点。

2. 练写生字，交流提升

可让学生先重点练习较难书写的或易错的字：豌、玻、璃、绕、适、曾等字，保证这两类字写好、写对的基础上，再让他们自由练习其他生字。练写完成，互相交流，借鉴提高。

3. 积累词语，练习运用

"豌豆、暖洋洋、舒适、黑暗"等词语可以结合学生的生活经验进行教学，随文认读、识记并理解积累。"虚弱、愉快、兴奋"等词语可以在课文教学时,引导学生联系生活实际理解,并在课后尝试练笔运用。

2.1 《夜间飞行的秘密》文本解读

2020秋小学语文教科书把原来的篇名《蝙蝠和雷达》修订成了《夜间飞行的秘密》,笔者反复阅读揣摩,认为还是原来的篇名更好。首先来看改动的地方:

第一处当然是标题,这个好与不好留到比较了后几处的改动后再来谈。

第二处改动在第二自然段:

以前的教科书内容: 　　在漆黑的夜里,飞机是怎么做到安全飞行的呢?原来是人们从蝙蝠身上得到了启示。	现行教科书内容: 　　在漆黑的夜里,飞机是怎么做到安全飞行的呢?要想了解其中的秘密,我们可以从蝙蝠说起。

这处的改动看似增强了读者意识,但缺乏了事理说明文的科学性与严肃性。飞机安全飞行的科学原理对学生来说是极为陌生的,整篇文章的写作风格是讲述事理,作者在提出问题后,简洁地把探询问题的答案转移到说明的对象上:飞机(安装的雷达)和蝙蝠的关系。修改后的内容显得烦冗:"要想了解其中的秘密,我们可以从蝙蝠说起"这样的语境更像是说书人讲故事的口吻,不是这篇文章的语言表达风格;另外,问句在此的作用就是激发读者的好奇心与思索,就是在引发读者探秘,加上"要想了解其中的秘密",纯属多余。全文冷静客观的语言表达模式决定了局部改变导致行文风格杂糅。这篇文章不像《什么比猎豹的速度更快》那样的事物性说明文,作者一开篇就用读者熟悉的事物速度谈起,而且与读者交谈的口吻贯穿全篇。

第三处改动在文章第七自然段的首句。

科学家经过反复研究,终于揭开了蝙蝠能在夜里飞行的秘密。

修改后的课文仅在原文前加上"后来"一词,弄巧成拙。"后来"一词让人感到说明文变记叙文了,特别大的问题是:把本来简明的语言改啰唆了。"科学家经过反复研究"不是在后来,难道还能在以前?"反复"一词就说明了研究的持久与不易。"终于"一词也说明了经过长久艰苦卓绝的研究。

第四处改动在文章末段。

以前的教科书内容：

　　科学家模仿蝙蝠探路的方法，给飞机装上了雷达。雷达通过天线发出无线电波，无线电波遇到障碍物就反射回来，被雷达接收到，显示在荧光屏上。从雷达的荧光屏上，驾驶员能够清楚地看到前方有没有障碍物，所以飞机飞行就更安全了。

现行教科书内容：

　　知道蝙蝠在夜里如何飞行，你猜到飞机夜间飞行的秘密了吗？现代飞机上安装了雷达，雷达的工作原理与蝙蝠探路类似。雷达通过天线发出无线电波，无线电波遇到障碍物就反射回来，被雷达接收到，显示在荧光屏上。从雷达的荧光屏上，驾驶员能够清楚地看到前方有没有障碍物，所以飞机飞行就更安全了。

　　科学家模仿蝙蝠探路的方法，给飞机装上了雷达。雷达通过天线发出无线电波，无线电波遇到障碍物就反射回来，被雷达接收到，显示在荧光屏上。从雷达的荧光屏上，驾驶员能够清楚地看到前方有没有障碍物，所以飞机飞行就更安全了。

　　原来的教科书内容体现了这篇文章浓浓的科学性。"科学家模仿"点明仿生学的重要特点：根据生物体的结构与功能工作的原理，发明出新的设备、工具和科技。修改后的内容为了和前文的修改匹配，表达显得有点绕。分析了抽象的科学道理，最后又回归与作者交谈，写作有读者意识是好事，但行文的表达特点"跳"得太厉害，与整篇文章的风格不合。

　　最后回归篇名的改动，笔者认为还是原来的好，理由见后面的文本解读。因此，笔者还是进行原作的解读。

　　《蝙蝠和雷达》是一篇说明文。进入文本解读前有必要了解说明文的一些文体知识。

　　说明文按照不同标准，可分为不同类别。通常，依据说明对象与说明目的的不同，把说明文分为事物说明文和事理说明文。说明对象是具体事物，说明目的是使读者了解、认识这个或这类事物的特征，这类说明文就是事物说明文，如前面学过的《赵州桥》。说明对象是某个抽象事理，说明目的是使读者明白这个事理，这类说明文就是事理说明文。《蝙蝠和雷达》就是一篇事理说明文。事理说明文较事物说明文抽象，事理间存在严谨的逻辑关系，阅读理解的难度较事物说明文难。

　　说明文还可以根据说明语言的不同特点，分为平实说明文和生动说明文，生动说明文也叫文艺性说明文。不论语言是平实还是生动，力求科学、准确和简明。

　　说明文的结构非常清晰，一般有三种：并列式、总分式和递进式。事物说明文一般用并列式和总分式，清晰明了地介绍事物特征，事理说明文一般用递进式，层层深入地剖析事理。

　　说明文教学一般承载两个任务：一是了解自然、社会和日常生活的科学知识，增长见识，受到科学思想方法的启蒙教育；二是进行语言文字训练，学习说明文的语言和说明方法，养成阅读理解说明文的能力，学习说明文的写作。

本单元的重要教学目标指向提问能力的训练，解读《蝙蝠和雷达》不妨用上提问的方法。

读课题《蝙蝠和雷达》读者禁不住有疑问：蝙蝠是一种小动物，和雷达这种冰冷坚硬的科技产物联系在一起究竟要告诉读者什么？读者可以推测：一定是蝙蝠的某个特点与雷达有共通之处，才将其放到一块，它们之间有什么关系呢？

读者阅读到这个标题不会将其孤零零地拆开来想：蝙蝠是什么动物，有啥特点，雷达是什么东西，有啥作用。如果这样来读，阅读是不得法的，不会联系前后文读，没有阅读的整体意识。

简单的两个事物，用一个"和"字联系起来就不简单了。显然文章不是要介绍两种事物，而是介绍两种事物之间的联系。

以上的疑问是否得当，阅读文章主体内容就可以检验。

阅读正文读者一般又会有疑问，说明文不是要科学、准确、简明地说明吗？怎么文章开头不直接进入正题"蝙蝠和雷达"而写夜航的飞机呢？

说明文固然讲究科学、准确、简明地说明事物或事理，但也要考虑读者阅读的兴趣，阅读的难易度。事理说明文较抽象，因此从熟悉的事物写起，可以调动读者的兴趣，降低阅读的难度，由浅入深地阅读。加之飞机能够准确无误地夜航，"雷达"功不可没，这样就自然引出了"雷达"和"蝙蝠"之间事理的说明。

既然如此，标题为何不写成"雷达和蝙蝠"呢？读了后文，我们来探究。

作者如何引出蝙蝠和雷达的呢？

在漆黑的夜里，飞机是怎么做到安全飞行的呢？原来是人们从蝙蝠身上得到了启示。

亲爱的读者，咱们要有质疑精神，也可以向作者的写作发问：这一段说明的语言准确吗？这一段真的清晰地引出了说明对象：夜间飞行的秘密吗？

笔者以为，此段逻辑不清，中间还差一句衔接的话。段中的两句话，一句疑问：在漆黑的夜里，飞机是怎么做到安全飞行的吗？一句解答：原来是人们从蝙蝠身上得到了启示。你不觉得从飞机一下跳到蝙蝠太突兀了吗？如何表达才不突兀？才让读者读得清楚明白？也更切合文题？

两句间可以加上这句话：因为飞机装上了雷达，能够辨别前方有没有障碍物。

因此，为追求说明的效果，这一段这样表述要更为准确：

在漆黑的夜里，飞机是怎么做到安全飞行的呢？原来飞机装上了雷达，能够辨别前方有没有障碍物。雷达的发明是人们从蝙蝠身上得到了启示。

提问思考不仅能让我们深入理解文本，也让我们发现文本的不足，进而改写文本，这是更高层次的阅读理解。这样的发现与改写究竟妥不妥，等读完全文再来交流。

蝙蝠给人们带来怎样的启示呢？接下来3～7自然段说明蝙蝠在夜里飞行的秘密。

为什么作者并没有直接说明蝙蝠在夜里飞行的科学原理，而是由现象的思考到科学实证再到科学结论的得出层层推进由浅入深地介绍？我们继续阅读，去探索写作的秘密。

作者是怎样准确地说明蝙蝠在夜里飞行的精确无误呢？

蝙蝠是在夜里飞行的，还能捕捉飞蛾和蚊子；而且无论怎么飞，从来没见过它跟什么东西相撞，即使一根极细的电线，它也能灵巧地避开。难道它的眼睛特别敏锐，能在漆黑的夜里看清楚所有的东西吗？

此段用了系列副词："还……而且无论……从来……即使……也"写了各种条件对蝙蝠的考验，如果去掉这些副词，蝙蝠夜里飞行的灵敏准确性就不能得到强调。如此灵敏准确，读者也禁不住跟作者感叹质疑：难道是它的眼睛特别敏锐吗？

究竟是什么原因呢？说明文追求科学性，科学说明文更是如此，这是一篇科普事理说明文。如何体现其科学性科普性呢？

作者举例来揭示蝙蝠夜里飞行的秘密，用事实说话，让读者信服并了解科普知识。

第4～6自然段，写了三次实验得出结论。我们发现三次实验着墨轻重有别，详写第一次，略写后两次，为什么？

说明文讲求语言的科学、准确、简明，因此，这样写既能保证科学性，是翔实的实验的效果，又能保证简明性，一次详写两次略写就能体现科学验证的过程，加之科学来不得半点虚假，必须体现说明的准确性。

作者运用举例子的说明方法，达到说明效果。

第7自然段水到渠成揭示蝙蝠夜里飞行的科学原理。"超声波"等科普名词是读者阅读的障碍，但不影响阅读理解，如对其感兴趣，可查阅资料。

第8自然段说明蝙蝠与雷达的关系。"无线电波"以及雷达等科学名词是读者好奇而陌生的。理解两者之间的联系，需要对比联系7、8两个自然段，读懂各句的意思，理清句与句、段与段间的意义联系。适当辅以图示形象理解。蝙蝠和雷达的关系：雷达的天线就像是蝙蝠的嘴巴，雷达发出的无线电波就像蝙蝠嘴里发出的超声波，雷达的荧光屏就像蝙蝠的耳朵。对于充满好奇心的读者来说，即使理解了蝙蝠与雷达的关联，也还有很多疑问产生。主要体现在对名词概念、仿生学知识的不解、加之雷达究竟是什么样的，以及各种各样的疑问。这些疑问可以查阅资料相互交流得到解决，有些疑问可能无法得到解决，但已经激发了读者的好奇心，还可能激发读者对某些领域的关注、观察、学习、研究，是很有意义的。

经过以上解读，我们既了解了文章说明的内容，也清楚了作者是如何表达这些内容的，即理解了文章的言语内容与言语形式，但前面还有两个疑问：

标题为何不写成"雷达和蝙蝠"呢？

给第二自然段添加句子，这样的发现与改写究竟妥不妥？

你是怎样思考这些问题的？

笔者以为标题用"蝙蝠和雷达"对全文起到提纲挈领的作用。虽然开篇没直接写蝙蝠，从人们感兴趣的熟悉的现象写起，引发读者思考，自然引入对蝙蝠夜里飞行秘密的说明，从表达的艺术和可读性来说有积极意义。课文的内容是先说明蝙蝠夜里飞行的原理，再说明雷达工作的原理：模仿蝙蝠探路的方法。有了对蝙蝠的科学观察与实验，才有雷达的发明，因此标题用"蝙蝠和雷达"。

给第二自然段添加句子，好还是不好，可以有不同的认识。

改后好：让读者读得清楚明白，不是从飞机一下跳到写蝙蝠，避免了文章思路的突兀，而且点题。文章要提示两者之间的联系。

不改好：不改会给读者留下更大的疑问——飞机夜里安全飞行从蝙蝠身上得到启示有什么联系呢？引发读者思考，一探究竟。

2.2 《夜间飞行的秘密》学情及教学辅助系统解读

【学情分析】

前一课用童话文体鼓励学生大胆提问，尊重并保护学生的问题意识，尝试提问，知道提问可以针对全文和针对部分，并试着区分问题的角度，试着从针对全文、针对部分的角度多提问题，在提问中完成对文本的理解。本课以说明文体训练学生的提问能力。在前一课的基础上，增添新的提问角度，课文的辅助系统一一呈现。本单元课文的学习任务都是较重的，一方面力求完成单元的重点目标：培养提问能力，另一方面要理解课文（包括言语内容与言语形式）。因此较常态课，似乎多了一个重要的目标，但两个目标的完成不是分裂的，是可以高度融合的。因为在阅读中提问本身就是带着思考阅读，较没有任何目标要求的阅读可能效果更好。另外，学生可能会提出大量的问题，不能在课堂上解决。没关系，这是在教给阅读的方法，有的问题可以留待课余完成，课堂上解决重要的问题，但对学生提出的每一个问题都要充分肯定。当学生看到自己提的问题对理解课文有帮助甚至和编者一致，有的比编者提得深入，提问的成就感由此而生，老师引领学生明白：我们可以这样来阅读得更好，达到"授人以渔"的目的。

【阅读提示】

一位同学读了这篇课文，提出了一些问题，写在了旁边的文后。你的问题是什么呢？把它们写下来，和同学交流。

建议阅读时，让学生不要看这些问题，虽然这些问题的示范性。但学生也可能提出这些问题，看了思维受限，还有"问题版权"，谁剽窃谁呢？不看这些问题，保护学生独立思考的能力。阅读前，可用便利贴遮住。自己阅读提问后再来对比交流，不但尊重学生提问的独立性，还激发提问的积极性。

阅读提示实质是放手让学生提出自己的问题，把提问作为阅读的重要目标。

旁批及正文后的问题目的是提供示范，作为区分提问角度的问题资源。

【课后练习】

练习一：分小组整理问题清单，想一想可以从哪些角度提问。

练习二：下面是一个小组的问题清单和对问题的讨论，你从中受到什么启发？
（省略问题和伙伴交流内容，详见教科书）

两道练习指向提问角度，课后练习一分组整理自己的问题，区分提问的角度。对提问角度的认识是难点，由学生从自己的问题来总结提问的角度很难，因此把练习二作为学习的支架很有必要。让学生阅读小组问题清单，然后从伙伴的交流得到启发。学生从伙伴的交流中很容易总结出提问的三种角度：针对内容、针对写法、针对启示。在此基础上，完成练习一。同时区分旁批四个问题的提问角度。有必要知道提问的角度不止这些，如果学生有新的角度，多多鼓励，比如提出"作者为什么要写这篇文章"，这是从创作意图来提问。给问题分类后，可以筛选重要的问题思考交流，理解文章。

至此，可梳理总结提问的角度有：针对全文、针对部分；针对内容、针对写法、联系生活的启示等。前一课学习的角度和本课学习的角度是截然分开的吗？有什么联系呢？

笔者以为，两课指向的提问角度标准不同，因此，并不是并行的关系。用图3-8可以说明这些角度之间的关联：

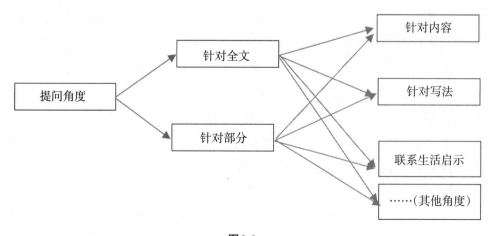

图3-8

同时还有一个现象：有的问题既针对内容也针对写法，比如：课题为什么要用《夜间飞行的秘密》不用《雷达和蝙蝠》？第3自然为什么用一系列的副词来写蝙蝠夜里飞行的状况，这些副词能够省略吗？这些问题既是针对内容也是针对写法。为什么会有这种现象？因为言语内容与言语形式本来就密不可分，一定的言语内容借助一定的形式来表达，一定的形式表达一定的言语内容。课堂教学时，学生遇到这些问题，老师要有备而导。

练习三：读下面的片段，试着从不同角度提出问题和同学交流。

此题的目的在于及时迁移运用课堂所学，巩固提问的能力。同时提醒师生，用上提问的方法进行课外阅读。

2.3 《夜间飞行的秘密》教学设计

【教学目标】

1.准确认读11个生字，认准多音字"系"，会写14个字，积累"雷达、蚊子"等13个词语。和书写课后生字。

2.阅读课文，边读边思，提出问题并写下来。

3.借助问题清单和微课讲解，理解提问的角度：针对内容、针对写法、联系生活获得启示等，提出更多的问题。

4.借助问题理解课文，获得提问的成就感和价值感。

【教学准备】用便利贴把旁批的问题遮盖、列出问题清单。

【教学过程】

一、初读提问，初步理解课文内容

1.**回顾引入**：同学们，学习《一个豆荚里的五粒豆》，我们知道了提问的角度（学生回忆：针对全文、针对部分），还学习了如何针对全文、针对部分提问，并且提出了很多的问题，在解决问题的过程中读懂读好了课文。今天我们一起来学习新的课文，继续学习提问，跟着老师书空课题，齐读课题。

2.**随机识字**：蝙蝠是我们要认识的生字，你怎么记住它们的字音和字形呢？

师引导学生观察，用上形声字的构字意义理解：左边"虫"旁表意，这是一种小动物，右边部分表音。

3. **联结已知，初读思考**：上节课提问小博士给我们讲了提问的方法，抓住课题一般能提出针对全文的问题，读课题，你有什么问题？（板书学生的问题）

预设：夜间飞行的秘密之间有什么联系？为什么把夜间飞行的秘密放在一起？作者想通过夜间飞行的秘密告诉读者什么信息？

4. **以问促读，初步理解**：大家提的这些问题还真要好好阅读全文才能作答，请孩子们默读课文，边读边思考黑板上的任意一个问题，读一遍不能解决问题，就再读一遍，读完想好举手示意。

5. **交流问题**：说说你解决的问题。

【设计意图：提问角度的学习不能止于知道了解，还要会运用，并且要运用有效果，在已学的知识能力点上获得增量。针对全文提问是难点，其实掌握了方法也不难，往往针对课文题目就能提出针对全文的问题，文题是文章的眼睛，因此，阅读时破题很关键。常态的阅读第一步往往是初步读懂文章，抓住课文标题提出针对全文的问题，带着问题阅读，是一种很好的阅读习惯。这样的设计既关注了提问知识能力点的学习与训练，又让学生体验到提问阅读的意义，还培养了良好的阅读习惯，起到一举多得之效】

二、细读提问，理解提问的角度

1. 默读思考，写下问题

刚才我们通过抓住题目提问，初步感知文章的内容。要读懂读好文章，不仅要全面把握文章内容，还要细读思考：文中还有什么地方读不懂？作者是怎样写作这篇文章的？为什么要这样写？写得好不好？哪些地方写得好？甚至还可以向作者挑刺：哪些地方没写好？这些问题大至段落，小至一字一词一标点。读文章就需要这样潜入文段字句中阅读思考。请孩子们细读文章，仔细思考，在产生问题的词句旁标上"？"，把问题写在便利贴上，贴在相应的空白处。

2. 清单引路，发现角度

浏览课后练习二的小组问题清单和对问题的讨论（大屏显示），思考：从小伙伴的问题及讨论中，你有什么发现？

提问还可以有另外的角度：针对内容、针对写法、联系生活启示。

3. 整理旁批，熟悉角度

（1）咱们揭开并浏览旁批的问题，有哪些孩子提出了和旁批一样的问题？

（旁批的问题课前用便利贴遮盖起来，目的一是给予学生独立思考的条件，以免受旁批问题的干扰；目的二是学生也能独立提出旁批的问题，让学生体验提问的成就感，提问可以和编者一样好。激发提问的积极性，保护提问的原创力）

（2）小组合作并交流：从"内容""写法""联系生活启示"等角度，将旁批的问题进行分类并交流（大屏出示旁批的问题）。

4. 小组合作，梳理角度

梳理了旁批的问题，咱们来给自己提出的问题分类。组长组织组员参照问题清单，给问题分类，把问题汇总在清单相应的位置。

提问角度	我的问题归类
针对内容	
针对写法	
联系生活启示	
……	

【设计意图：在上一环节初步理解全文内容的基础上，引导学生用提问的方法细读文本，教给学生沉入文本细读的方法，产生的问题来源于学生真实的学情。有了自己的问题，再从课后问题清单的提示中发现提问的角度，对比旁批的问题进行梳理，进一步熟悉提问的角度，在此基础上，回归自己提出的问题梳理分类。学生经历自主提问、自主发现、自主梳理的过程，对笼统抽象的提问有了细化具体的感知，认识到提问角度的丰富性】

三、回顾总结，梳理学习收获

通过这节课的学习，对于提问你有什么新的收获?

引导学生交流后明确：抓住课文题目提问进行阅读，可以全面理解文章内容。要读懂读好文章，还要沉入文本中，细读深思，带着问题阅读，可以从针对内容、针对写法、联系生活启示等方面提问进行深入阅读。

一、微课示范，深入领会

1. 观察清单，巩固所学

上节课我们分小组对自己提出的问题进行了分类梳理，观察问题清单中各类问题，你们觉得哪类问题不好提?

（针对学情点拨，一般说来针对写法提问少而且难，但也不一定，学习课文《一个豆荚里的五粒豆》的提问引导中就从多层面对针对写法有引导。总体来说，跟平时阅读习惯与方法有关，如果平时阅读重内容轻写法，学生对于针对写法提问稍难，如果平时阅读内容与写法并重，针对写法提问就容易一些。读文章不仅要懂得

写了什么，还要进一步明白怎么写的？为什么这样写？关注文章的写法能够读透文章）

2. 微课示范，学习方法

针对写法提问是有方法方向的，我们来听听提问小博士的讲解，你还可以在提问小博士讲解的基础上，想一想针对写法提问还可以有怎样的方法？

微课内容：同学们，提问小博士又和大家见面了，今天我们要讨论的话题是：什么是针对写法提问。针对写法提问就是问问作者是怎样写的，为什么这样写。是怎样写的，往往涉及文章的谋篇布局，比如为什么要拟这样的标题？开头为什么要这样写？结尾为什么这样写？文章的行文思路是怎样的呢？文章的语言风格是怎样的呢？文中的一些语句用了什么修辞？这些修辞在文中有什么作用呢？不这样写能达到表达效果吗？当然小博士谈的还是大的方面，结合课文还可以深入细致地提问，比如关注用词、标点、句子、详略等等。

以《一个豆荚里的五粒豆》为例，针对文章的写法可以提哪些问题呢？

比如，针对标题提问：文章的标题是《一个豆荚里的五粒豆》，为什么还要写生病的小姑娘呢？把标题换成《豌豆和小姑娘的故事》好不好呢？针对开头提问：文章开头一句"有一个豆荚，里面有五粒豌豆"，这样简单的开头好不好？针对行文思路的提问：文章是怎样把豌豆和小姑娘写在一起的呢？文章为什么要写豆子们那么多的对话呢？文章为什么反复出现"该怎么样就怎么样"这句话呢？针对详略提问：为什么重点写了最后射出的那粒豆呢？

再如，"青苔把它裹起来，它躺在那儿真可以说成一个囚犯"这句话可以针对用词和修辞提好几个问哦！"躺"着换成其他字好吗？比如睡、留、落，为什么不好？"囚犯"一词用得好不好呢？好在何处呢？一句话，小博士提了好多问，提问阅读真的充满快乐，你也试着去感受这种快乐吧！

3. 细读深思，再读再问

听了提问小博士的讲解，咱们再次阅读课文，细细思考，可以针对内容、针对写法、联系生活启示，试着提出新的问题交流。

【设计意图：进一步巩固对提问角度的认识，针对内容提问稍易，联系生活启示提问也不难，针对写法提问是难点。通过微课讲解，突破针对写法提问的难点。微课是引领，学生提问能力的训练是目的。学生不仅知道什么是针对写法提问，还能针对写法提出自己的问题，在阅读思考中从多个角度提问】

二、小组合作，研讨解问

1. 小组解问

小组长组织组员，研讨解决小组问题清单中的问题，以如下方式组内有序交流：

问：我的问题是（　　　　　　　　）。

答：我可以从书中某处语句来解答：（　　　　）。我是这样理解的：（　　　　）。我来补充：（　　　）。我有不同的认识：（　　　）。

2. 筛选问题

小组把认为重要的或未解决的问题提交全班，每个小组选至少一个问题。

3. 再次解问

将小组筛选出的问题与旁批及课后重要的问题汇总，每个小组选择感兴趣的问题研讨。

4. 全班交流，老师点拨

交流时倾听思考很重要，在此过程中老师要关注学情，引导话轮转换，适时引领学生立足文本品读文本，起到串联引导和点拨总结的作用。引导得好，每个孩子都能参与并深入思考每个问题，提高学习效益。这是一篇关于仿生学的科普文章，有关科学奥秘的问题会有很多，有的通过查阅资料能解，有的不一定能解有解，激发并保护学生探索科学世界未知世界的好奇心比得到固定的答案更重要。

【设计意图：学生在提问解问中感知提问的意义，在相互交流研讨中解决更多的问题。落实单元语文要素的同时完成阅读学习的基本任务】

三、拓展延伸，挑战达人

1. 阅读思考，挑战达人

请孩子们阅读《它们是茎，还是根？》（大屏出示课后练习三《它们是茎，还是根？》选段），思考提问，挑战"提问达人"：提出一个关于内容的问题，获一星达人称号；提出一个联系生活启示的问题获二星达人称号；提出一个针对写法的问题，获三星达人称号。

2. 汇报交流，师生点评

【设计意图：学用结合，学以致用。此环节利用课后练习当堂小试提问能力，从不同角度提问，既是对学习效果的检测，也是对提问能力的巩固，同时也增加了提问的趣味性】

四、联系前文，总结提问角度

针对全文、针对部分与针对内容、针对写法、联系生活启示之间有什么联系？

学生交流后，以图3-9厘清提问角度的联系。

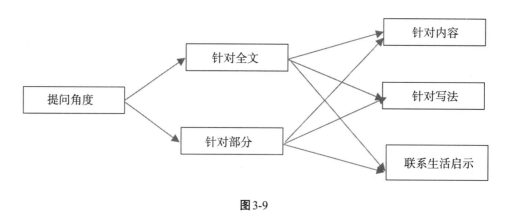

图 3-9

五、识写字词，积累词语

1. 集中认读，巩固识记

本课 11 个要求认识的生字，读准多音字"系"，都在阅读时随文认读过，有必要集中强化巩固。"铛、蝇、证、障、荧、屏"是后鼻音，要让学生反复朗读，准确发音。"系"是多音字，教学时，要联系另一个读音"xì"进行对比识记，然后联系两个读音组词，进行认读，巩固识记。

2. 突显重点，练写生字

根据结构组成或者词语配对等方式识记观察、分类写"横、竖""研、究""驾、驶"等生字，可以在词意理解中辨析字形，如"横、竖"两字，一块木头"横"着放是左右结构，"竖"要"立"稳上下齐；书写"驾、驶"两个字时，要注意"马"的不同写法。书写"系"字时，要指导学生写好第一笔，相对于其他位置的撇，起笔较平。

3. 积累词语，练习运用

本课的词语可以随文认读，识记并理解。如"雷达"词可以在课题中认读，再借助图片帮助学生理解。"横七竖八"一词可以在教学第 4 自然段时，结合相关语句，让学生想象绳子在整个屋子中交叉着的样子。还可以让学生选择词语说说科学家做的实验和实验结果，加强对词语的运用。

3.1 《呼风唤雨的世纪》文本解读

《呼风唤雨的世纪》是一篇典型的科学常识性说明文。读标题，我们会问"呼风唤雨"一般指人的行为，为什么用来修饰"世纪"？弄清楚这个疑问，就要理解其意思。"呼风唤雨"的词典意是指神仙道士的神通广大，可以呼唤风雨；现多比喻人民群众具有改造、支配自然的力量，含褒义；也用来比喻为了达到个人目的而有意兴风作浪，含贬义。在这里表达什么意思，需要结合词典意义和文本上下文语境来体会。世纪指计算年代的单位，一百年为一个世纪。第一世纪从公元0年到公元99年，20世纪则从公元1900到公元1999年。文中指哪个世纪？同样需要阅读文本。

课文第一自然段只有一句话：

20世纪是一个呼风唤雨的世纪。

一句话独立成段，有其特别的意义。是对文题的概括阐释，呼应文题，起到强调作用，同时开启下文。

读到这里，我们会产生新的疑问：为什么20世纪是一个呼风唤雨的世纪？

说明文会明明白白地写清楚，不会让作者来猜测推理。第二自然段揭秘：

是谁来呼风唤雨呢？当然是人类。靠什么呼风唤雨呢？靠的是现代科学技术。在20世纪100年的时间里，人类利用现代科学技术获得那么多奇迹般的、出乎意料的发现和发明。正是这些发现和发明，使人类的生活大大改观，其改变的程度超过了人类历史上百万年的总和。

读到这里，以上的疑问可以得到解决了。

"呼风唤雨"是什么意思？形容人类生活发生翻天覆地的变化，强调变化之快、之大、之多。

为什么20世纪是一个呼风唤雨的世纪？因为人类在20世纪100年间利用现代科技大大改观生活的程度超过了人类历史上百万年的总和。

理解词语、句子的意思我们用上了这几种方法：查阅字典意、联系上下文、结合具体语境概括提炼。

作者如何清晰地说明"20世纪是一个呼风唤雨的世纪"的？

本文以其结构清晰、语言简明生动见长。

文章结构的匠心体现在：标题短语，有提纲挈领之用；开篇一句话独立成段，是标题的展开，总括性说明；每个自然段结尾的句子都自然地引出下文，在结构上可看作过渡启下；后面的四个段落都紧紧围绕第一自然段这句（段）话具体阐述与展开，文脉贯通、自然流畅。具体思路如下。

第一自然段直接点明：20世纪是一个呼风唤雨的世纪；第二自然段写20世纪人们利用现代科学技术使人类生活大大改观；第三自然段写20世纪人类近百年的成就实现了上百万年的"幻想"；第四自然段例举20世纪的科技成就；第五自然段总结展望新世纪科技创造新奇迹。

语言的简明生动表现在词句运用的贴切和说明方法运用的适切。

标题"呼风唤雨"在文中采用了比喻意义，生动地写出了科技的神速变化。这样的神速变化在第二自然段用了具体的语句来说明：

在20世纪一百年的时间里，人类利用现代科学技术获得那么多奇迹般的、出乎意料的发现和发明。正是这些发现和发明，使人类的生活大大改观，其改变的程度超过了人类历史上百万年的总和。

"那么多""奇迹般的""出乎意料的""大大改观"这些词语写出了人类利用科技获得的发现和发明的数量众多、给人的震撼、对人类生活的巨大影响。

如此神速的变化在文章第三自然段则引用诗句："忽如一夜春风来，千树万树梨花开"形容成就之多、变化之大、变化之快。

人类在上百万年的历史中，一直生活在一个依赖自然的农耕社会。那时没有电灯，没有电视，没有收音机，也没有汽车。人们只能在神话中用"千里眼""顺风耳"和腾云驾雾的神仙，来寄托自己的美好愿望。

"一直"突出了人类生活在依赖自然的农耕社会时间的长久。三个"没有"和"也没有"连用，写出了农耕社会的贫瘠。紧接着用副词"只能"进一步强化落后的文化，并用"千里眼""顺风耳"这种生动形象的神话幻想用语表达人类的美好愿望。

1923年，英国数学家、哲学家伯特兰·罗素说："归根到底，是科学使得我们这个时代不同于以往的任何时代。"……回顾20世纪的百年历程，科学的确是在创造着一个又一个神话，科学正在为人类创造着比以往任何时代都要美好的生活。

"的确"强调伯特兰·罗素预见的合理性，起加强语气的词语还有"一个又一个""任何"等。

本文涉及的说明方法有多种：作引用、比较、举例子，这些说明方法清晰可辨，但要领会其运用的妙处，得上下关照前后勾联，结合具体语境体会。

作引用：有引用诗句，有引用名人名言的。引诗句"忽如一夜春风来，千树万树梨花开"，将科技带来的变化写得诗情画意，增添阅读的美感。引用伯特兰·罗素的名言，强调科学给20世纪带来的巨大影响。

作比较："呼风唤雨的世纪"指的是20世纪，文中为什么还要写人类历史上百万年的生活状况呢？前后对比，突出20世纪科技带给人类生活的巨大改观，进而具体详实地说明"20世纪是一个呼风唤雨的世纪"。

举例子："20世纪人类利用现代科学技术获得那么多奇迹般的、出乎意料的发现和发明"，作者列举了哪些"发现和发明"？第四自然段回应这个内容。前一分句既列举宏观世界的发现也列举微观世界的发现，人类利用科技上天入海。后一分句列举了人类的发明，电视、程控电话、因特网属于通信领域的发明，飞机、高速火车、远洋船舶属于交通领域的发明。我们知道的利用科学获得的"发现与发明"不计其数，为什么不多列举一些？举例不是越多越好，多了就显得杂乱无章，举例要为说明的内容服务。举例有考究，要举有代表性的适量的例子，具体有力地说明。

3.2　《呼风唤雨的世纪》学情及教学辅助系统解读

与前面两篇课文一样，这是一篇精读课文。承载着新的学习任务，在前面理解区分提问的角度、从不同角度提问的基础上，学习筛选对理解课文有价值的问题。这是一篇说明文，阅读时重要目标是这一篇在单元中的目标定位：提问、分类、筛选，在实现单元规定的目标的过程中，达成阅读说明文的一般任务：理解文章的篇章结构、语言特点、说明方法。因此，较前面的学习增添了新的任务。也让学生进一步学会提问，提高问题的质量，懂得提问是为了更好地阅读。

【学情解析】

学生在前面两篇精读课文的学习指导下，开始大胆提问，从不同角度多多提问，但提的问题杂而碎、浅而随意，有必要对提问质量作引导。本课筛选对阅读有帮助的问题，其目的指向提问的质量训练。必须要向学生解释：提出问题都值得肯定，每个问题都有其合理性，本课筛选问题主要基于帮助理解课文的角度。有些对课文理解无帮助的问题，恰好是好奇心的体现，也是探索发现的钥匙，值得珍视，可以课余相互交流，可以个人查阅资料，可以请教学识渊博的人，可以作为永远的问题备存。科普类说明文，学生提的很多问题与理解课文意义不大，却充满了对宇宙自然现象百科知识的好奇，对这些问题的处理需要教学智慧。

【阅读提示】

一位同学读了下面这篇文章，提出一些问题，写在旁边和文后。请你读课文，写下你的问题，和同学交流。

阅读提示还是指向单元目标关键词：提问。建议用便利贴先遮住旁批和文后的问题可以持续做，其价值意义，前面已阐述。

【课后练习】

练习一：分小组整理问题清单，筛选出对理解课文最有帮助的问题。

此题通过小组合作整理问题清单，相互交流启发，引导学生提出对理解课文最有帮助的问题，即关注提问在阅读理解中的价值。对于问题的价值性，教师一定要引导学生获得这样一种观念，问题都有其价值，但从语文阅读理解的角度来看，可以提出促进深度理解的问题。

练习二：下面是一个小组在整理问题时的讨论，你从中受到什么启发？从你们小组的问题清单中，筛选出对理解课文最有帮助的问题。

此题为筛选对理解课文有帮助的问题搭建支架。第一步关注阅读示例的问题，第二步关注阅读示例中的小组讨论，第三步发现什么样的问题对理解课文有帮助，什么样的问题对理解课文没帮助。

辨别什么问题对理解课文有帮助，可用排除法，排除对阅读课文没帮助的问题即可。对课文阅读有帮助的问题也有重要问题和次要问题之分。

一般来说，关注文本内容深层理解的问题、关注文本表达效果的问题、引发深入思考的问题，都是重要的问题。筛选问题的目的是为了解决问题，更好地理解课文。

练习二的学习明白了什么问题对理解课文有帮助，什么问题对理解课文没帮助，然后筛选自己的问题，暂时忽略对理解课文没帮助的问题，合作交流解决对理解课文有帮助的问题。小组不能解决的，全班交流解决。达到提问、分类、筛选、解决问题，理解课文的目的。

练习三："现代科学技术必将继续创造一个个奇迹，不断改善我们的生活"，联系生活实际，谈谈自己的理解。

这是一个拓展型的问题，其意义在于引导学生关注生活，探索科学技术的奥秘。

旁批中提出了一些对理解课文有帮助的问题，也是重要的问题，可以引导学生对比，自己是否提出了类似的问题，进一步引导学生阅读课文，解决这些问题。

3.3　《呼风唤雨的世纪》教学设计

【教学目标】

1. 准确识写课后生字，运用多种方式理解其意思。

2. 阅读思考，自主提问，给问题分类。

3. 学会筛选对理解课文有帮助的问题，提出更多对理解课文有帮助的问题。

4. 借助筛选的对阅读有帮助的问题理解课文，探索现代科学技术创造的奇迹。

【教学准备】

问题清单、用便利贴遮盖书中的问题。

一、初读提问，读通课文

1. 阅读标题，自由提问

（1）随题识字，理解词意：孩子们，今天的课老师首先给大家带来两个词，跟老师书空并认读。

（板书"世纪"）"纪"是本课要写的字，说一说它的结构组成，书写时左右同宽，左边"纟"稍高，右边"己"的竖弯钩在中竖线上，左右两边要靠紧。"纪"字可以怎样组词？

（板书"呼风唤雨"）"唤"是本课要认识也要书写的字。你们怎么记住并把"唤"写美观呢？

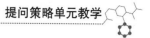

读到这两个词，你们有什么疑问？

预设：世纪是什么意思？呼风唤雨是什么意思？两个词语之间有什么联系？

（2）读课题提问：词语有它的语境意义，"呼风唤雨"在文中是什么意思呢，让我们走进课文《呼风唤雨的世纪》（板书"的"），齐读标题。

咱们前面学到好的提问方法，一般针对课文标题能提出针对全文的问题，这样的问题能够牵一发而动全身，从开篇知道了这里的"世纪"指20世纪。还记得提问小博士讲过怎样提出针对全文的问题吗？抓题目、抓开头和结尾、抓关键词句。咱们将课题和开篇放在一起，你能提出什么问题呢？

预设：为什么说20世纪是一个呼风唤雨的世纪？

为什么要用"呼风唤雨"来写20世纪呢？

为什么一句话作为开篇独立成段呢？

2. 默读思考，自主提问

学源于思，起于疑。要解答这些问题，需要我们认真阅读思考，请孩子们默读课文，边读边思，读完课文后，写下自己的问题。

3. 对比旁批，激励提问

揭开旁批的问题看一看，有没有孩子提出和旁批一样的问题？

（表扬鼓励提出和编者一样的问题，激励学生：我们可以提出和编者一样有质量的问题，还可以提出比编者更好的问题）

【设计意图：从课文题目打开学生提问的思路，联系已有知识储备，巩固提问分类的知识，强化提问能力。从课文题目及特别的开篇段落引导学生发问再到自主阅读全文提问，让学生问有导向问得轻松。遮盖编者的问题免除学生提问受干扰，保护并激发提问的原创性和积极性，将提问引向追求质量】

二、联结已知，梳理角度

1. 旁批示例，梳理角度

请孩子们对照表格，整理旁批的问题，给旁批的问题分类。

学生思考梳理，师生交流后明确分类结果，如表3-3所示。

表3-3

提问角度	旁批问题归类
针对内容	为什么说20世纪是一个呼风唤雨的世纪。（针对全文） "'千里眼''顺风耳'和腾云驾雾的神仙"在现代指什么?（针对部分） 为什么科学使得我们这个时代不同于以往任何时代?（针对全文）
针对写法	发现和发明有什么区别?（针对部分）

提问角度	旁批问题归类
联系生活启示	20世纪的科学技术还创造了哪些神话?(针对部分) 未来科学技术发展,还会给我们的生活带来怎样的变化?(针对部分)
……	

2. 小组合作,梳理问题

请各小组合作,把组员提出的不同的问题归类整理到问题清单里。组员如不能确定某些问题的分类,提交全班研讨交流。

3. 全班研讨,交流疑惑

【设计意图:课后练习明确指向给问题分类的学习目标,此环节在落实课后练习的过程中巩固前两课学到的关于问题分类的知识,课后练习明确指向给问题分类的学习目标。通过一起交流课文旁批问题的分类到自主合作整理自己的问题,强化掌握提问知识的同时,明白多角度提问可以更好地理解课文】

三、示范学习,筛选问题

1. 示范一:问题清单引路

咱们提出了问题并进行了归类整理,下面来看看课后练习呈现的一个小组整理问题时的讨论(大屏出示),你有什么启发?

预设一:提的问题中有些问题不影响课文内容的理解。对这类问题可留到课外去解决,从理解课文的角度出发尽量少提,从勤思好问的角度来说要多思多问。

预设二:有些问题可以帮助我们理解课文的内容。

预设三:有些问题可以引发我们深入的思考。

(强调问题都有价值,是我们思考探索的过程,从读懂读好课文的层面来说,阅读课文时多提对理解课文有帮助的问题)

2. 示范二:微课讲解示范

根据小组问题讨论,我们明白了阅读理解文章时不仅要提问,还要会提问,提出有价值的问题。我们再来听听提问小博士对提问价值的讲解加深印象。

微课内容:同学们,提问小博士又和大家见面了,今天我们要讨论的话题是筛选对阅读课文有价值的问题。提问小博士认为所有的问题都有价值,因为"学起于思,思源于疑。为学患无疑,疑则有进。小疑则小进,大疑则大进"。推动大脑高速运转会产生很多的问题,小博士认为一切问题都是有价值的,所以敢于提问的孩子已经很棒了!为了更好地学习课文,我们需要筛选出对理解课文有价值的问题,要排除不影响阅读理解课文的问题,这样会有事半功倍的效果。

什么是不影响阅读理解文章内容的问题呢?以《夜间飞行的秘密》为例,比如读这句话："为了弄清楚这个问题，200多年前科学家做了一次实验"，提出这个问题：这个科学家是哪个国家的？叫什么名字？比如读这句话："这种声音叫做超声波，人的耳朵是听不见的，蝙蝠的耳朵却能听见"，提出问题：超声波究竟是怎样的声波？为什么人的耳朵听不见蝙蝠的耳朵能听见？

这些问题都不影响阅读，可以通过查工具书或网络找到答案，这样的问题就可以在阅读理解中排除。什么是对阅读课文有价值的问题呢？结合课后练习小组讨论的问题二和问题三来看，可以帮助我们理解课文的内容，能够引发我们深入思考，这样的问题是对读课文有价值的问题。

你明白什么是对阅读课文有价值的问题了吗？请你判断问题一"什么是程控电话？"，这个问题对理解课文有价值吗？

3. 小组合作，淘汰问题

（1）请孩子们再次阅读课文，边读边想一想自己提的问题能否帮助理解课文。

（2）请各组对照小组问题清单，小组长组织组员合作筛选对理解课文有帮助的问题，在不影响课文理解的问题后画上"×"。

（为落实小组交流的实效性，每个组员自己汇报自己提的哪些问题不影响对课文内容的理解，记录员在问题后画"×"。组员汇报完毕，小组合作浏览，辨识正误）

4. 再读课文，补充问题

请孩子们再次默读课文，试着再提对理解课文有帮助的问题。

5. 小结梳理，提炼知识

通过这几课的学习，你获得了哪些提问的知识？

引导学生交流后以结构图（图3-10）明确本单元三课学习的知识重点。

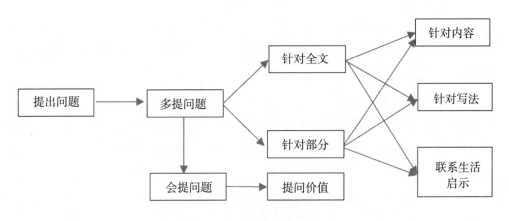

图3-10　提问知识框架图

【设计意图：本课要达成的重要学习目标——筛选对理解课文有帮助的问题。为落实此目标，引导学生从练习中的问题讨论直观了解什么是对理解课文有帮助的问题，以微课示范讲解，再次总结强调什么是对理解课文有帮助的问题。从前两课多提问题从不同角度提问到引导学生会提问题，提出帮助理解课文的问题。在示范的基础上，将个人读文自主思考与小组合作研讨结合，重视每个学生的参与。在阅读提问中再次强化目标重点：提出对理解课文有帮助的问题，将学习理解与实践运用相结合，达到学方法用方法的目的】

一、联结旧知，回顾引入

孩子们，上节课我们学习了要善于提问，提出帮助理解课文内容的问题，谁来说一说，什么样的问题可以帮助理解课文？

二、细读深思，解问理解

1. 自主合作解决问题

请孩子们浏览小组问题清单中对理解课文有帮助的问题，再次阅读课文，小组合作解决问题。不能解决的问题提交全班研讨。

2. 小组合作优选问题

咱们合作解决了一些问题，可能还有没有解决的问题。小组商量，每个小组推选一个你们认为对阅读很有帮助的问题，将问题汇总到班级问题清单中（投影显示）。

3. 全班研讨交流问题

小组合作，再读课文，解决至少一个问题，全班交流。

（老师在学生解决问题的过程中，巡回了解情况，作好引导点拨。特别是对重点问题的探讨，要引导学生立足文本）

4. 总结交流引导提问

学生交流提问阅读的收获后，引导并鼓励学生养成边阅读边思考的习惯。

【设计意图：此环节通过阅读思考，立足文本，合作探究可以解决更多的问题。问题从学生中来，符合学生的实际阅读需求，解决问题就成为主动阅读思考的意愿，而非完成老师指定的问题，被动完成固定的任务】

三、整体理解，语用表达

从下面三个任务中，任选其一完成。

1. 列举文中写到的利用现代科学技术获得的发现和发明，说明"20世纪是一个呼风唤雨的世纪"。

20世纪是一个呼风唤雨的世纪，体现在（　　　　　　　　　）。

2. 列举身边的例子说明"科学使得我们这个时代不同于以往的任何时代"。

科学使得我们这个时代不同于以往的任何时代，体现在（　　　　　　　）。

3. 展望畅想：未来科学技术的发展，还会给我们的生活带来怎样的变化？

（老师着重引导学生倾听与回应）

【设计意图】：阅读思考解决问题后，针对文本特点，内化思维与语言。任务一紧扣文本言说表达，全面回顾文本内容；任务二联结生活言说表达，实现阅读理解的迁移运用；任务三展开想象言说表达，打开思维放飞言语。三个任务任选其一，照顾学生的不同兴趣爱好，人人思考人人言说，互相交流，一种思想加另一种思想就蜕变成N种思想认知。此环节的说与听同等重要，以学生间的倾听与回应来保证交流的效果】

四、识写字词

本课要求认识的生字已经随文识记。学习课文后可以引导学生重点注意部分字的读音。如，"赖、兰"是边音，"索"是平舌音。还可以引导学生利用形声字的特点识记"唤、亿、哲"。

要求会写的15个字，可以在课后集中学习。指导学生关注个别生字的易错笔画，如，"纪"的右边是"己"不是"已"；"亿"的最后一笔是横折弯钩；"核"的右边两撇中第一撇长，第二撇短。

本课要求学生掌握17个词语。其中的"原子核、物质、哲学"可让学生查资料理解，"世纪""呼风唤雨""腾云驾雾"，可让学生说读到这些词语想到了谁。其余词语可让学生在积累中运用。

4.1　《蝴蝶的家》文本解读

《蝴蝶的家》作者是燕志俊，选作课文时有改动。这是一篇散文，作者借助对蝴蝶的家的追寻思考，表达了对蝴蝶的喜爱、担忧之情，传达出了对小生命的关怀。散文的生命在情感，作者的情思像珍珠项链的线，贯穿全文，抒写的对象则成为项链的珠子，作者是如何穿珠引线完成创作的呢？

读标题"蝴蝶的家"一般会以为作者要告诉我们蝴蝶的家在哪里、是怎样的，如果这样写就是说明文了，这是一篇散文，"蝴蝶的家"是作者寄托情感的对象。借助对蝴蝶的家的寻问追索，表达对蝴蝶的担忧怜爱之情，体现对小生命的热爱关怀。

问句的反复出现和关键词句"为蝴蝶着急"反复呈现，将作者的情感一步步推向深处，是本文表达的独特之处。寻问追问与"着急"的语句交错，水乳交融地抒写作者的情思。

整篇文章使用的问号略次于句号，疑问句与陈述句相当。全文共六自然段，五处直接写着急，每次着急的情景不同，表达的情感内涵也不同。

文章开篇发出疑问：

我常想，下大雨的时候，青鸟、麻雀这些鸟儿都要躲避起来，蝴蝶怎么办呢？天是那样的低沉，云是那样的黑，雷、电、雨、风，吼叫着，震撼着，雨点密集地喧嚷着，风将银色的雨幕斜挂起来，世界几乎都被冲洗遍了，就连树林内也黑压压的、水淋淋的，到处都是湿的。这不是难为蝴蝶吗？

把蝴蝶置身恶劣的暴风雨中，想到青鸟、麻雀这些鸟儿要躲避，而蝴蝶在强劲的暴风雨中躲在哪里呢？

开篇两次发问，段首疑问，表达对蝴蝶的担忧；段末反问，语气不断加强，担忧之情不断加深。担忧之情随着暴风雨的描写渲染加浓。描写暴风雨调动视觉、听觉、触觉，立体描写环境的恶劣，读者也会随着作者的担忧而担忧。

第二自然段又是以问句开头：

我一想起来就为蝴蝶着急，这样的天气它们能躲在哪里呢？

作者的担忧之情在加深，演变为着急，再次思考蝴蝶能躲在哪里。文章第一次正面写作者"着急"的情感：为恶劣的暴风雨蝴蝶能躲哪里思索着急。接着三个排比句写蝴蝶的柔弱美丽，自然发出反问：怎么禁得起这样猛烈的风雨呢？接着第二次为蝴蝶着急：想到这里，我简直没法再想下去了，心里是那样着急。此处着急在上一次着急的基础上，进一步写蝴蝶的柔弱，与鸟儿比，与猛烈的暴风雨比，急上加急。

没法想下去怎么办呢？第三自然段借小朋友的口希望蝴蝶有好的去处："它们和我们一样，肯定有家。下雨的时候，它们就会急忙飞回家里去哩！"

柔弱美丽的蝴蝶有一个安全温暖的家，是多么美好的愿望！作者接着追寻蝴蝶的家：一连串的问句开启了新的"着急"之情。

不过它们的家在哪里呢？人家的屋宇里从没有见过蝴蝶来避雨。麦田里呢？也不能避雨。松林里呢，到处是水珠滚坠。园里的花是它们的家吗？花儿自己已经被雨点打得抖过不停了，怎能容他们藏身呢？就连老树干的底面，也是顺下水来，湿漉漉的。蝴蝶的家到底在哪里呢？我真为蝴蝶着急了。

这一段用上了疑问、设问、反问苦心追寻蝴蝶的家，从屋宇到麦田、松林、园

里的花，一次次猜想又一次次否定。禁不住加强语气反问：

蝴蝶的家到底在哪里呢？

第三次为蝴蝶着急：想象蝴蝶有家，可寻而不得，是失落的担忧的牵绊的着急。

第四自然段再次追寻再次否定，一次次探寻无果，再次表达：

我真为蝴蝶着急了。

第四次为蝴蝶着急，是失落的忧心如焚的着急。

追寻无果怎么办呢？再次表达美好的期盼，借一个女孩的口说出美好的愿望：

一个女孩对我说："雨后，蝴蝶就会重新出来，在阳光里飞。它们是那么高兴，那么鲜艳。我想，它们一定是藏在一个秘密的家里。它们的家一定美丽而香甜，不像家雀似的，一下雨就飞到人们冒着炊烟的屋檐下避雨。一定是这样的。"

作者借女孩之口为蝴蝶构想了一个温暖香甜的家。他还为蝴蝶着急吗？

她的话说得倒是不错，但我却总没见到过下雨时到底藏在哪里。谁要是能说给我，我就不着急了。

文章结束看似"我就不着急了"，实则还是含而不露的着急，是第五次写着急，这样的着急更加深厚绵长，因为并没有人告诉我蝴蝶的家在哪里。

整篇文章笔调清新活泼有点俏皮可爱，以小孩的视角小孩的心灵抒写"蝴蝶的家"。一路担忧一路思索一路追寻，最终也没得出蝴蝶的家在哪里的答案。如果要找到蝴蝶的家在哪里这个自然常识，观察无果，搜索资料轻易可解，为什么作者还要这样一次次地寻找追问呢？回到前面的解读，作者借助对蝴蝶的家的思考追寻，表达对猛烈的暴风雨中柔弱的蝴蝶的担忧怜爱之情。

这样的情思也是很多心灵敏锐的孩子独有的。试一试，自己也可以像作者这样，写出对小生灵的热爱关怀之情。

大多成人的世界已经没有了为一只蝴蝶冥思遐想的空间，已经丧失为一个小生灵担忧的情感，已经泯灭孩童活泼可爱的天性。读《蝴蝶的家》让我们再次回到孩童的时光，体察孩童的世界，感受温暖香甜的期盼，为蝴蝶来一次特别的着急之情。

4.2　《蝴蝶的家》学情及教学辅助系统解读

【学情解析】

学生在前面三篇精读课文的学习指导下，不仅明白了提问可以有多种角度，从多种角度提问可以打开提问思路，还明白了多提问题、提出好的问题能帮助理解课文。通过每一课的提问、解问练习，既学习了方法又运用了方法，但要将提问的这些方法转化为熟练的阅读技能还需要长期练习。本课的学习就是对前三课学到的知识与能力的巩固强化。文体有异，文章各具独特性，因此，提问有法而无固定之法。

【教学辅助系统解读】

这是一篇略读课文，前面三篇课文围绕提问的角度、提问的价值进行了学方法、练方法的训练，这一课给学生用方法的巩固提升。没有旁批与课后练习，课后安排了要求认识的字。这些生字可随文学习。编者设计了阅读提示，如下：

读课文，提出自己的问题，再试着把问题分分类，选出你认为最值得思考的几个问题，并尝试解决。

阅读提示紧扣前三课的学习目标，进行巩固提升，包括了以下学习任务：一是提出问题；二是按照提问的角度整理问题，给问题分类；三是筛选问题，筛选对阅读有帮助的问题；四是解决问题，达成对课文的理解。

四个任务是对前三课学习结果的练习、巩固、提升。提问能力的训练不只是通过这四篇课文就能养成固化优化的，需要老师提供更多的机会，更多的引导。本单元的课文体裁丰富，从童话到说明文到散文都运用了提问策略阅读，可以说提问是适用于任何文体的阅读策略。本单元只是提问策略的初步练习，真正养成较高的提问能力拥有较高的提问水平，需要高频次的练习，还需要依据不同的体裁学会不同的提问方法。比如：读论说性文章，提问的切入点肯定是论说的观点、论述的理据、论说的思路；读古诗，提问的切入点是古诗的节律与内涵、意象与情感；读现代小说，提问的切入点是主要人物、叙事手法、主题内涵；读寓言故事，切入点是故事大意、道理启示等等不一而足。不同文体需要不同的阅读方法，不同文体，提问的指向不同，而不是为提问而提问，也不是单单凭借提问角度就能提出有质量的问题，更不是这一个单元就完成了提问能力的训练。本单元是正式提问学习的开始，而不是终结；是教给学生提问方法的初步尝试，而不是训练出成熟的提问高手。因此提问能力的训练不止于本单元的学习，有独立精神与识见的老师，定会在以后的教学中，促成学生提问水平的最佳发展。

对于本课教学来说，略读课文实现学生学习能力的梯度发展。前面的学习是学方法练方法，本课是用方法，主要是自主运用，合作交流，老师是学习的串联者，适时引导点拨，真正实现学习由扶到放的过程。

四个学习任务都可以通过独立学习、合作研讨完成。老师要促成任务完成的质量，特别需要关注这一篇散文独特的写作手法是学生容易忽视的，老师可适时介入，引导点拨，实现文本资源的充分利用。

4.3 《蝴蝶的家》教学设计

【教学目标】

1.阅读课文,结合拼音、联系词句自主识字:避、撼、喧、檐,读准多音字"雀"。

2.能综合运用本单元学到的提问的方法,在阅读中从不同角度提出问题并进行梳理,初步养成提出问题并梳理问题的习惯。

3.通过独立思考、合作、探究、交流的方式,解决提出的问题。通过合作探究、研讨交流,发现同学的提问思路值得借鉴参考的地方,试着再提新问。

4.体会作者着急的心情,激发对幼小生灵的关爱之情。

【教学准备】问题清单

一、回顾展望,明确目标

1. 复习提问知能重点

请孩子们对照提问图解(图3-11),说一说你的理解。

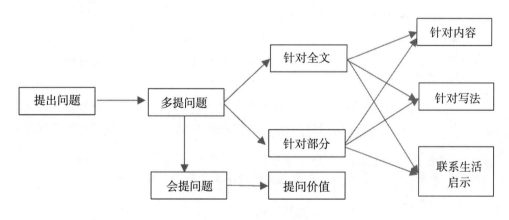

图3-11 提问知识框架图

2. 明白课文性质

今天我们来学习课文,大家齐读课题《蝴蝶的家》,你们仔细看一看课文标号的右上角有一个符号"*",代表什么意思?

引导学生交流后明确:略读课文。

略读课文怎样学习更好?

引导学生交流后明确：要用前面三篇精读课文学到的方法，主动去读懂读好课文。

3. 懂得阅读方法

你会怎样来读这篇课文？

学生交流后出示阅读提示，明确目标：

①读课文，提出自己的问题，②再试着把问题分分类，③选出你认为最值得思考的几个问题，④并尝试解决。

【设计意图】：带着明确的目的和方法阅读事半功倍。本课是单元最后一篇课文，属于略读课文，略读课文要用上精读课文学到的方法自主阅读。本环节旨在达到引导学生对学习任务做到心中有数明明白白，指引后续学习】

二、自由阅读，思考提问

1. 自读提问，写下问题

边读边思考，在产生问题的句段旁标注"？"，并在便利贴上写下自己的问题，用便利贴把问题贴在问题清单相应的位置，问题清单如表3-4所示。

表3-4　《蝴蝶的家》问题清单

建议类别	我的问题
针对内容的问题	
针对写法的问题	
有关启示的问题	
其他	
重要的问题、难解的问题	

2. 阅读思考，筛选问题

下面请孩子们结合自己提出的问题快速浏览课文，在不影响读懂和理解课文的问题后用红笔画个"×"，我们暂时搁置，谁来说一说什么是不影响阅读课文的问题？

预设：和理解课文内容无关的问题，跑到课文之外的问题。

3. 问题分类

同桌交流问题清单，阅读对方的问题并判断分类是否正确，交流不同意见，如不能达成统一的认识，提交全班判断交流。

4. 自主解问

请孩子们带着自己的问题，快速默读课文，试着结合课文内容解答问题。

（1）根据课文的某个句子或段落，很快就解答了的问题，用红笔在后面画上"√"。

（2）把耗时多，还要根据课文的几个段落或者联系全篇才能解决的问题（重要问题）以及自己无法解决的问题（难解的问题）理出来，贴在表格中"重要的问题、难解的问题"的下栏。

【设计意图：学生经历阅读思考、提问筛选、问题分类、自主解问的过程，既熟练巩固提问策略运用的方法与过程，又加深了对文本的理解。如果前面课文关于提问策略的学习是老师"扶"着走，这里的学习则是放手让学生独立走】

三、总结交流，激发期待

这节课，我们初步阅读课文，提出了问题，并给问题进行了分类，搁置了不影响阅读的问题，解决了部分问题，而且找出了自己最难解决而又有必要解决的问题。下节课，我们继续深入阅读课文，在思考中交流解答问题，试着再提新的问题，加深对课文的理解。

一、开门见山，回顾引入

上节课我们阅读了《蝴蝶的家》，你都做了哪些学习活动？

学生交流后明确：提出了自己的问题，进行了问题的梳理分类，初步解决了部分问题。这节课我们继续学习如何在提问解问中读懂读好文章。

二、阅读思考，提问理解

（一）探秘问句，破解写法

1. 发现文本特点

你们喜欢这篇文章吗？这篇文章和前面学的几篇文章有什么鲜明的不同？

引导学生交流后明确：本课有很多问句，问句的种类有疑问、反问、设问，文中的问句都是作者提出来的，我们称之为作者之问。我们阅读时提出的问题是读者之问。

板书：作者之问（疑问、反问、设问）

读者之问

2. 读者针对问句发问

请小读者们快速地把问句勾画出来，试着针对文中的问句发问。

3. 互动交流研讨问题

读课文就是要做一个爱思考的读者，和作者展开对话，和文字语句展开积极对话，和同学和老师展开对话。小读者们针对作者的这些问题提出了什么疑问？谁能解答他的疑问？

（相互提问解问，在解问的过程中引导学生品读相关语句）

教师总结点拨：一个问号隐藏了多少丰富的信息啊，既有写作手法的高妙——有的点题，有的开启下文；也有内容上的立意——表达作者对蝴蝶的担忧怜爱之情；这些句子都能引人思考，增加阅读的趣味。

4. 展示针对写法的问题

问句简直体现了作者写作的智慧，亲爱的小读者们，你还有自己最得意的针对课文写法的其他问题吗？你解答了吗？

有针对写法提出的问题没有得到解答的吗？其他孩子认真听，帮助解答。

（重点关注修辞：拟人排比反复句的作用）

5. 总结关注写法的意义

刚才咱们重点从关注文章写法的角度，提出了问题，分享了问题，并解决了部分问题，咱们关注写法，对理解课文有好处吗？

学生交流后明确：一是更能深刻领悟文章的内涵；二是发现写作的秘密，借鉴作者的写法。

【设计意图】：此环节由老师引导着学习，原因在于本课独有的文本特点决定有必要安排这样的环节。本文写作的独特之处在于众多的问句，表达独特的内容与情感。如果没有老师的引导，学生可能会泛泛而读，提问也不会深入且有针对性。阅读时，关注写法提问是难点，也是阅读应该关注的重点，面对写作特点如此鲜明的文章，理应引导学生提问品析。解问的过程不是生硬地找答案，而是结合写作特点，引导学生理解语境品读欣赏，面对美文，提问阅读也会充满意趣】

（二）头脑风暴，思考交锋

1. 小组合作解决问题

请孩子们拿出个人问题清单，小组长组织组员将问题清单中重要的和未解决的问题提交组内交流。采用如下形式交流。

"问"：我的问题是（　　　　　　　）。

"答"：我可以从书中某处语句来解答：（　　　　）。我是这样理解的：（　　　　）。我来补充：（　　　　）。我有不同的认识：（　　　　）。

2. 全班合作探究问题

（1）咱们合作解决了一些问题，可能还有没有解决的问题。小组商量，每个小组推选一个你们最想解决的问题，将问题汇总到班级问题清单中。

（2）小组合作，再读课文，解决至少一个问题，全班交流。

（老师在学生解决问题的过程中，巡回了解情况，作好引导点拨。特别是对重点问题的探讨，要引导学生立足文本。一边解决问题，一边相机引导学生美读赏析。

交流时倾听思考很重要，在此过程中老师要关注学情，引导话轮转换，适时引领学生立足文本品读文本，起到串联引导和点拨总结的作用。引导得好，每个孩子都能参与并深入思考每个问题，提高学习效益。教师对文本解读的细致深入决定着引导的质量，参见本课的文本解读）

【设计意图：此环节是对上一课学习的深化与推进，是对自主学习效果的反馈，同时针对学情与文本特点，引导学生对课文的理解走向深入】

（三）方法引路，巩固提升

1. 微课讲解回顾方法

下面我们跟着问题小博士来巩固加深提问的知识与方法。（播放微课）

微课内容：基于对前几课内容的整合。

2. 阅读思考诞生新问

听了问题小博士的讲解，再次浏览课文，你又产生了新的问题吗？

预设：标题可以换另外的吗？换成什么标题好呢？比较原题，哪个好？

3. 交流总结明确意义

说说提问给你的阅读带来了什么好处？

总结：学源于思，思源于疑。在提问中解答了一些问题，给问题画上了圆满的句号；有的问题引发我们深沉的思考与探索欲望，带给我们惊奇；有的问题也许短时间无法解答，也许无解，结果并不重要。因为爱因斯坦说：

"提出问题比解决问题更重要。"（适时板书）

提问带着我们的阅读走向无穷的远方。世界四大圣哲之一孔子告诉我们：敏而好学，不耻下问。我们一般的人更是要多思多问，古人有语：为学患无疑，疑则有进，小疑则小进，大疑则大进。

学问学问，要有学有问，不论学习语文，还是其他科目，以及对待生活中的事物，都要勤思善问，思考让我们成为与众不同的自己！

【板书设计】

蝴蝶的家

作者之问（疑问　设问　反问）

读者之问　　　　　　　不耻下问

　　　　　　　　　　　疑则有进

　　　　　　　　　　　有学有问

? ———————→ 。! ……

第三节　提问策略学习实践拓展

前几节基于课文学习，对培养与训练学生提问能力作了初步了解。提问能力的养成贵在长期坚持，而非止于单元教学。提问是教师课堂教学的重要方法，也是学生学习的重要方法。除了课文的指向，每位老师还可以实践探索出更多的训练方法。特别需要强调：提问不是孤零零地为问题而提问，一定伴随着阅读、思考、倾听、交流甚至写作。因此，本节将介绍一些提问策略运用的方式，拓展到语文学习中。这些方式基于笔者的实证和理论阅读提出，不是尽善尽美，意在抛砖引玉。

一、会问善问反思篇

在列举这些方式前，有必要反思作为老师的我们是否会问善问，是否给学生提供问题思考的环境与条件。请参照以下问题清单反思，检查你的课堂环境是否有利于问答的自由产出。你还可以提出更多的反思性问题，帮助自己成为会问善问的老师帮助学生成为乐问善问的学习者。

我是否创立了一个身心安全的环境，鼓励所有学生积极思考，提出他们经过思考的问题？

我是否提供了足够多的机会促进师生讨论交流问题？

我是否把握住真实的学情，提出切合学生最近发展的问题？

我是否向学生提供具体的示范引导，指导学生提出问题、筛选问题、解决问题来深入阅读理解文本？

我是否对提问环节作了细致的规划，以确保我提出的问题清晰具体，表达措辞让学生明白？

我是否避免包揽所有的问题提出，而不给学生相互提问相互交流的机会？

我是否引导学生通过思考交流的过程获得答案而避免成为问题的裁判专家？

我是否面向不同层次的学生提问，引导更多的学生参与问题交流得到更深层次的回答？

我是否提供了足够长的等待时间，以便让所有学生有机会认真思考问题？

我是否基于文本的深度解读和学生的学情独立提问不照搬教参？

我是否向所有的学生提供均等的机会回答问题、参与讨论？

我是否告诉学生如何找到问题的答案？

我是否乐于尝试新的课堂组织形式和教学方法？

我是否愿意向学生坦诚我不能回答所有的问题？

……

改善并提高学生的提问素养，可以从以下方面入手：

一是营造环境：变迎合揣摩老师的心思为解放身心表达自我。

课堂上总会有学生羞于表达，要么沉默不语，要么声小如蚊，更谈不上敢于提出自己的问题。长期下来，思维常常游离到课堂之外，无法积极思考大胆交流。这跟学生的个性特点有关，也跟课堂学习环境有关。课堂教学中学生的思维处于防备紧张状态或处于松懈懒惰状态都不利学习。最好的状态是身心放松，头脑紧张积极思考，说自己想说的话。需要老师放低身架，蹲下身子与学生对话，戒除板着面孔冷冰冰地与学生对话。需要老师有公正仁爱之心，善待后进生，给后进生与优生均等的机会参与课堂。需要尊重每位发言者，学生的言说无论好坏，人格都应得到尊重呵护，防止嘲讽打击，即使学生的言说离题万里也不要一棍子打死，而是发挥教学智慧，引导学生发现自己的知识偏差和思维偏差。让学生认识到课堂交流是知识与观点的碰撞而非对人的评价。总之，确保学生在课堂上的言说都是自由安全的，安全环境的建立控制权主动权均在老师手中。

二是改变习惯：变师问生答为师生互问互答。

课改前人们口诛笔伐"满堂灌"，课改后人们又不满"满堂问"。无论是"满堂灌"还是"满堂问"，都没有把学生放在学习的中心位置，都忽视了学生学习的主体地位。读理论看优课反思问题都明白应打破定势习惯，但要改变习惯是很艰难的。课堂教学中，老师常常独揽问题的提出，不给学生提问思考的机会，或者虚晃一枪让学生空泛地说一两个问题了结。不可否认老师提出关键问题带动学习的重要性，但长期以来问题全由老师提出，学生成为被迫思考被动的听众而不是主动探究积极思考的参与者。在此状态下，大部分学生可以沉默不语，他们习惯了少部分学生思考回答或者等待老师解答。他们懒于思考惰于表达，也不能对问题形成深刻理解。

课堂教学可以试着改变习惯定势，问题从学生中来也可以经老师提出，学生不只回答老师的问题，学生还要思考自己和同学提出的问题，课堂是师生共同发现问题解决问题的场所，而非老师一人操控的区域。改变教学方式势在必然，同时也对老师提出了更高的要求：如何组织课堂，如何对问题进行归整，如何提出有价值的问题，如何探究有意义的问题。以下策略可以改变定势习惯帮助学生成为积极的思考者：

　　组织全班对话题进行头脑风暴，弱化教师提问的主角地位。

　　学生小组讨论问题，保证每个人有充分的言说机会。

　　适度表扬答对问题的学生，注意简单廉价的表扬会抑制学生的思考。

　　鼓励学生即使不知道完整答案也要积极发言，让他们树立一个信念：每个人都不是全知全能的，但通过思考交流可以懂得更多。

　　三是注重质量：变"满堂问"为点燃学生思维的火花而问。

　　较低层次的问题只需要收集和记忆某些信息，只需要从文字表面就能得到答案，不需要很多思考，这类问题尽量避免。有挑战性的问题驱使学生分析比较、综合评价有关信息，需要投入更多的智力活动，处于学生智能发展的最近区，这类问题是比较有质量的问题，教师要重视多提此类问题，摆脱"满堂问"的浅、杂、碎，以高质量的问题推动学生的思考。此类问题往往并不是有一个直截了当的答案或并没有一个固定的答案，答案可能是多元的，会经历一定的思考过程。老师要表明不期望问题只有一个"正确"的答案，想听到不同的"声音"。老师可以预设解答的多种思路，但永远无法固定不同学生的不同思考，因此对老师和学生都有吸引力。对学生来说，可以打开思路畅所欲言，可以谈自己的认知，可以接着同学的发言补充更丰富的认知或谈不同的认知，同时可以接着话题提出自己的问题，同学又可以接着言说。对老师来说，可以聆听多种思辨过程与结果。对师生来说都有无穷的未知等着大家去揭开，这个过程是充满意趣的。老师是平等中的首席，老师挑战的是必须保持高度的专注力整合处理学生传递的信息，或者引导学生认真倾听对他人的言论进行评价，或者对学生的回答进行改述、总结、提炼。在这种对话常态下，学生不会为了迎合老师需要的答案小心翼翼地揣摩老师的心思，而是尽自己的努力，调动储备的知识，激活思维参与到问题的解答中来。问不在多，而要精。精良的问题，总能激起师生思维的火花，主动学习。

　　四是学会技巧：变裁判员为串联者点拨人。

　　针对学生的讨论交流，老师的评价语很重要，评价重导向而非结论。评价的目的对好的回答鼓励的同时把讨论交流引向更高的层次。因此"很棒""很好""对""正确"等评价语要尽量避免，既然已经"很棒""很好"了，其他学生还有思考的

必要吗？怎样表达更好呢？

当学生从一个角度思考，还可以有另外的角度思考时，老师可以这样引导：你思考的角度很特别，你们还有不同的思考吗？老师还想听到其他的想法。当学生的回答跑题时，老师可以这样引导：你的思考和主题是怎么联系到一起的？你们赞同他的认识吗？有不同的认识吗？激起大家的思考交流后，最后可以让开始认知有偏离的学生再来说一说他的想法：现在，你是怎么思考这个问题的？还有很多小技巧促进学生积极交流，比如老师激励的眼神、欣赏的表情等等。不同的交流情景下，总会有灵活的应对。总之，老师要避免成为讨论交流的裁判，要走进学生中去，成为讨论交流的一员，适时穿针引线串联学生的言说，在学生卡顿时及时点拨提引。

二、乐问善问实践篇

实践拓展一

奇思妙想问号屋

设计构想

在孩子的成长中会有很多引发他们奇思妙想的问题，这些问题不局限于书本学习，不限于某一学科，可能渗透到生活的各个领域。"奇思妙想问号屋"引导学生重视这些问题的提出和思考，能够培养学生多维度深层次细致的思维能力。给学生一片自由提问的空间，保护并激发他们提出问题的欲望，让提问成为值得珍藏的回忆。给害怕提问的孩子安全的空间，想怎么问就怎么问，给不会提问的孩子尝试提问的机会。激发孩子的求知欲，满足孩子的好奇心。让懒于思考的孩子重拾思考的乐趣，让孩子的思考变得有意义。

操作步骤

老师准备一个笔记本，命名"奇思妙想问号屋"，为学生示范一些具体问题的提出，这些问题最好来自学生的生活。老师示范在笔记本上记下自己的问题，可以记下日期。告诉学生：老师和大家一起来记录自己的奇思妙想，让问题在"问号屋"安家。

给每个学生准备一个笔记本，给笔记本记上名字："奇思妙想问号屋"，学生还可以给自己的笔记本取有关提问的其他名字。

记录自己的问题，可以给问题分类：课外阅读的问题、学科学习的问题、生活现象问题、学校生活问题等等。

一周一次（时间可以自由调整）分享交流。照顾到全体学生的参与度，先小组交流，后全班交流。全班交流时可以选取最有意思的问题交流。交流的目的一是展示奇思妙想，给同学提供参考；二是引发进一步的思考，解决问题。老师要向学生明确：有的问题可以根据生活经验或书本知识或思考推理解决；有些问题很难解决，不是每个问题都有答案，答案不是提问的最终目的，思考的过程最重要。

建议："奇思妙想问号屋"容纳的问题很广泛，集中交流时最好选取大家关注的内容，比如阅读一本书，集体参与某项活动，生活中某个流行元素，等等。

实践拓展二

"读—听—问"配对法

设计构想

"读—听—问"配对法能够让学生全体参与，在此过程中促进诵读、听记、处理信息的能力。其优势在于便捷、适用、高效，两人一对，大量的学生可以同时练习阅读，既为读者又为听众。作为读者要读得好，作为听众要听得专，听众要向读者提出问题，读者要为解答问题作准备。因此阅读的过程保持了思维的积极性，灵活变换的方式让阅读充满趣味而不枯燥，长期训练既可培养学生的阅读理解能力，也能培养学生的思辨能力，提出高质量的问题而不是以"是"或"否"来简单作答的问题。

操作步骤

座位就近配对，两人一组。其中一人以对方适合听到的声音朗读一段内容（视年段高低确定朗读内容的长短）。另一人认真听，可以用笔记录关键字词或者画出听到的内容，朗读的人读完后，听的人口头总结这一段的内容或者描述画面记录的内容。

读的人让听的人提出问题。

两人讨论交流问题的解答，如有争议，再次重读文段内容，找到支撑自己答案的依据。

两人互换角色继续阅读。

全班展示挑战思考能力而又不脱离文段的问题。

建议：这个方法的运用最好先让两位同学示范给全班同学看，学生都明白了操作的流程后再开始朗读活动。

实践拓展三

问题海报法

设计构想

"问题海报法"汇聚全班的问题，最好集中指向某一专题，比如共读一本书。共读一本书用问题海报法可以将学生的问题向全班展示，激发阅读思考的积极性，引导学生坚持把书读完，就阅读一本书的疑问作交流，深入阅读该书。

操作步骤

班级准备一张大卡纸，可由课代表等人在纸上设计有关书籍的简单图画，在图画中留下大片的空白区域供全班同学提问。

在阅读的过程中，记录下自己的问题。把问题写在便利贴上，写下自己的名字，把便利贴有序地贴在海报上。

随时关注同学提出的问题，选择自己感兴趣的问题思考探究。

班级读书分享会上交流自己解决的问题。分享前可以试着将所有的问题进行类别的整理。比如课文中学到的分类，或者视具体书目阅读产生的问题分类：围绕书中某个人物的问题、有关故事情节的问题、关于写作手法的问题等等。

认真听取同学的汇报交流，读书分享后，选择自己感兴趣的话题或问题写读书感想。

实践拓展四

论文研究式

设计构想

论文研究式注重培养学生对信息的搜集处理能力，培养学生的自主探究能力，对学有余力的学生来说，是提升综合素养的好途径。引导学生围绕某一感兴趣的主题进行信息搜索，筛选宜于主题研究的内容，阅读思考，提炼观点与他人交流。下面以2019年年末至2020年年初湖北爆发新型冠状病毒疫情为背景，以小学高段学生参与论文研究式步骤。

操作步骤

1. 提出问题：围绕主题提出自己的问题。比如：新型冠状病毒对生命健康造成的威胁有多大？新型冠状病毒疫情暴发后对人们生活和工作造成了怎样的影响？小学各年段的学生关注新型冠状病毒的情况是怎样的？因为疫情小学生宅在家里，一般怎样安排自己的作息，怎样安排作息更健康？因为疫情延迟开学，小学生对线上教学的态度是怎样的？

不同的人因生活经历与知识经验不同，感兴趣的问题也不同，但一定要自己主动从主题中寻找自己想探究的问题，解决自己的困惑。

2. 搜集信息：根据自己要解决的问题，搜集资料。有的资料可以通过网络输入关键词查寻，有的资料需要采访调研完成。采访调研需要设计一个个小问题，这些任务还可以邀请伙伴或父母协作完成。

3. 处理信息：从搜集的信息中提炼相关知识，形成自己的认识，解决最初自己想要解决的问题。

4. 完成研究记录表（表3-5）或写一篇相关的论文。

此方式可以一个人做，也可以多人合作完成。对一般的小学生来说，可以简化任务，做一做相关主题的思考研究，填一填表就行。对有余力且对文字梳理感兴趣的学生可以增加难度，激发其写相关的论文。也可以视个人喜好，形成故事、影集、心得、感想、报告、评论等研究成果。

表3-5　附论文研究式记录表

论文研究式记录表	
姓名：　　　　　　　　日期 问题：	
对于该问题我（我们）已经知道了哪些信息？	
我（我们）如何搜集所需要的信息？ 搜集到了哪些重要信息？	
我（我们）发现了什么？	

实践拓展五

写作提纲式

设计构想

提问能力的训练还可以用在写作中，将阅读与写作结合起来，有助于学生更轻松地写作文。特别是统编教材出现了习作单元，阅读为习作服务。在阅读单元课文时，学会围绕单元的语文要素问问自己：这个单元的习作目标是什么？这篇课文是怎样围绕目标来组织材料的？每篇课文在写作上的特点是什么？这些课文的写作对我的习作有什么借鉴意义？

非习作单元的习作也可以用上写作提纲式来构思自己的习作，通过提问来提高学生自我构建意义的能力。

操作步骤

下面以统编教材六年级上册习作单元为例，以写作提纲思考单的形式具体呈现其操作步骤（表3-6）。

表3-6 操作步骤

写作提纲思考单（六上习作单元——"围绕中心意思写"为例）
本次习作的重点：围绕中心意思写
我要表达的中心是什么？（假如是"妙"）
我是选不同的事例来写"妙"还是从不同方面写"妙"？（假如是选不同的事例写"妙"）
我要选取哪些事例来写"妙"？
哪些事例最有代表性？我要详写。 哪些事例可以略写？
怎样来组织行文结构更吸引读者？

实践拓展六

元认知提问式

设计构想

元认知策略用在阅读中的意义在于促进学生对理解力的自我监控。元认知提问法就是用上元认知策略以提问的方式来促进学生对理解力的自我监控。元认知提问法能训练读者成为熟练的阅读能手。用上元认知提问法能使读者有意识地监控自己阅读的内容，清楚阅读任务，明确要达到的目的。帮助读者了解自己的阅读状态是否好，如不好，可采取什么措施来纠正。用上元认知提问法可以怎样来监控自己的阅读呢？

操作步骤

1. 我阅读的目的是什么？

2. 我正在为达成目的而阅读吗？我阅读的内容能解决阅读的目的吗？

3. 我阅读是否专注？不专注的话我要提醒自己集中注意力。

4. 我阅读的速度合适吗？哪些内容可快读？哪些内容要细读？

5. 我用了什么方法来阅读？这些方法适合吗？

6. 阅读中我有障碍吗？如何解决这些障碍？

7. 我还需要查阅资料来达成阅读目的吗？

8. 我需要和同学交流意见吗？

9. 我是否已经读懂文章并达到阅读目的？如还没读懂，我是否要再读一遍？

实践拓展七

辨体而问式

设计构想

辨体而问式主要针对阅读中文体的不同进行方向性的指导。课内文章只教给了初步的提问方向：针对全文、针对部分；针对内容、针对写法、联系生活启示等。但并没有站在更高的层级教会学生会读文章，会读文章的重要标志之一是要辨别文章的体裁。问题提得好需要一定的文体意识，小学阶段并没有要求学生要掌握文体知识，实际上统编教材有很多内容就是在按文体编排。因此，对于常见的几种文体有必要把握，有必要明白阅读不同的文体入手的路径，这个可以根据学生的基础和年段特点灵活选择。

操作步骤

小学阶段学生阅读的叙事类文章主要包括寓言、小说、神话、一般记叙文、童话。同是叙事类文章，阅读时要关注的重点是不同的。这里针对具体的文体——地简谈大致的提问方向，具体的问题一定是结合具体的文本产生。

寓言类文章的提问：这则寓言讲了一个怎样的故事？故事中哪个角色给我留下了深刻的印象？为什么？从某个人或某件事，我获得了什么启示？

小说类文章的提问：作者用重笔刻画的人物是谁？通过什么样的情节和环境来塑造人物？我如何理解这篇小说传达的意蕴？

神话类文章的提问：这则神话故事的大意是怎样的？重点塑造的人物是谁？文章是怎样通过幻想夸张来塑造人物的？

一般记叙文的提问：这篇文章讲了一件什么事？事情的起因、经过、结果是怎样的？文章通过什么写作手法来突显事例或人物？

童话类文章的提问：这篇童话塑了哪些人物形象？我印象最深刻的人物是谁？童话神奇的想象如何对他发生作用的？童话中有没有反复出现的结构或出人意料的结局？这样写有什么好处？

散文类文章的提问：文章抒发了作者什么样的情感？我体验到这种情感了吗？我如何体验这种情感的？

说明文的提问：这篇文章的说明对象是什么？说明对象具有什么特点？文章是怎样布局把对象说清楚的？文章的语言风格是怎样的？如何体现这些语言风格的？

第四章　提高阅读速度策略单元教学

帕斯卡尔（法）说："读得太快或太慢，都一无所获。"阅读速度与阅读理解之间究竟存在怎样的内在联系？

实践研究表明，一般状况下，读得慢的人理解能力也差，但并不能说明读得快就读得好。从阅读速度和理解能力两个维度可以划分出四种不同水平的读者：读得快理解好，读得快理解弱，读得慢理解好，读得慢理解弱。

本章旨在通过理论实践的引领，培养学生成为读得快读得好的读者。

第一节　提高阅读速度策略单元内涵解读

一、"提高阅读速度"内涵理解

（一）"提高阅读速度"的背景

1.阅读速度对学习及生活的意义

毋庸置疑阅读能力对个体的学习、工作、生活皆有重要的意义。"阅读"文本，"阅读"风景名胜，"阅读"世态人情……会阅读的人往往会获得更多的信息，筛选甄别信息，加工信息，助力学习、工作与生活。在此讨论的"阅读"对象主要是文本（包括电子文本和纸质文本）信息。人类文明跨入21世纪，过去10年刊印的出版物要比之前所有印刷时代的出版物都多，且每天都在增加。信息爆炸的时代，碎片化信息的涌入，更是需要强大的阅读能力。读得快理解好是阅读能力的两大指标。具备高效学习能力的人士都有读得快理解好的特质。实践证实，阅读速度是可以通过训练提升的。

哈佛商学院设置速读类的课程，我国的一些校外培训机构专门开展速读训练，网络上也涌现出很多关于速读的课程。一些人鼓吹一分钟阅读几千字，我敢肯定这样的阅读速度没有关注理解，可能是诸如以搜索信息、筛选资料等为目的的阅读。而有人一年半载都很难捧起一本书，读起书来不是频繁地停滞回看就是看一会儿就瞌睡；也有人翻开一本书神采奕奕，快速鲸吞细致牛嚼捕获自己需要的信息。据说肯尼迪、尼克松等总统都刻意训练过自己的阅读技巧；罗斯福总统习惯每天早餐前阅读一本书；调查表明高收入人群的阅读量每年都在二十本以上。全球政界与商界的高层，几乎都是阅读能力强的人，具有快速阅读的能力。

英国科学家培根说知识就是力量。在所有知识中最有力量的是引导大家高速获取信息的知识。提高阅读速度旨在追求这样的力量。

2. 我国国民阅读速度现状

总体说来我国国民并不热爱阅读，全球阅读书本数量的统计可见一斑。对于大多数人来说阅读有四大痛点：读得少、读得慢、理解力低、记不住。读得慢的重要原因是不读书、读得少。要想提高国民阅读的兴趣和阅读效率，从本该读书的学生抓起不失为重要举措。

小学阶段提升阅读速度是必修课程、基础工程。阅读学习，我们追求培养读者成为读得快理解好的人。儿童早期的阅读速度与理解能力存在正相关，往往读得快的孩子理解能力也好，读得慢的孩子理解能力也弱。但阅读速度并不是沿直线发展，到一定阶段，阅读速度就固定下来。

观察发现，小学生的阅读状况不容乐观。阅读兴趣缺乏、读书不专注、一读书就犯困、口中念念有词头脑空白茫然，诸如此类阅读状态大有人在，甚至有不少中高年级的学生一字一顿地读，既无语感，也谈不上理解。重视并关注阅读速度的训练，可以改善这些糟糕的状况，提高阅读效率。

3. 阅读速度的可塑造

不管是孩子还是成人，阅读速度都是可学可塑的，只要树立提速的意识，运用科学的方法，持续地训练，可立见成效。笔者结合国际上关于阅读研究的成果，亲自尝试，学会了一系列读书的方法技巧，超越了以前阅读的效率。可以控制自己的阅读速度，知道什么时候该快什么时候该慢，正是阅读质量的提升，让我有了更大的阅读热情，形成了良性循环的阅读过程与习惯。在此把自认为读到的三本好书推荐给你：[德]克里斯蒂安·格吕宁著郝湉译《快速阅读》，[美]彼得·孔普著张中良译《如何高效阅读》，[美]莫提默·J.艾德勒 查尔斯·范多伦著《如何阅读一本书》。

提高阅读速度是一个长期的过程，不可能通过教材一个单元四篇文章的阅读训练就能养成这样的技能。针对教材的目标定位及方法引导，本着提速提质的理念，适当引入教材之外的可行方法技巧，给学生可持续可操作的训练。结合笔者的实践训练，集中梳理一些操作性强的阅读方法技巧，在本章第四节推荐给读者，学生可以在教师或家长的帮助引导下，用在课内外阅读中。

4.提高阅读速度的科学理论

脑科学研究成果表明：人类的思维速度至少能达到600字/分钟，一般人的语速只有150字/分钟。人脑是一台异常勤奋的"计算机"，一旦输入信息过慢，比如逐字阅读时大脑就会开小差，注意力不集中胡思乱想等走神现象就会发生。常常处于慢悠悠的阅读状况，大脑就会停止工作出现"死机"，小和尚念经似的有口无心的阅读就发生了。这也可以解释为何一些学生似乎在勤奋阅读，理解力却非常低下，因为阅读与思考没有同步。也可以解释为何拿着书就犯困，甚至有人把读书当成最佳的催眠术。

眼动科学研究表明：人眼天生善于捕捉活动的影像，不善于捕捉静止的影像，因而阅读是一项人类极不擅长的活动。强迫自己将视线停留在静止的文字上面，才能完成阅读这一项非本能的任务。不会调控阅读状态的人，一会去看窗外飞过的小鸟，一会又听到虫子的鸣叫，一会又看到别人的活动，会调控的人会将视线重新"拽"回书本。重复阅读先前的内容，当然阅读速度慢效率也低。要专心阅读，就必须强迫自己集中注意力，调控眼球的运转速度与视域。

阅读能力低的人读书之所以特别辛苦，就是因为违背了人脑与眼球运转的自然机制。通过科学的训练，有意识地调控脑眼的运转状态，就能提高阅读速度与效率。

（二）提高阅读速度与理解内容

提高阅读速度不能脱离阅读理解，提高阅读速度目的是提高阅读质量。阅读速度受制于文本的难易度、读者自身知识经验的差异、阅读目的差异等等因素。比如具备一定阅读能力的读者，有时可以根据自身的需求五分钟内用检视阅读了解一本书的目录章节内容，选择重点章节跳读、扫读，决定该书的阅读价值，达到"一目十行"甚至"扫页"的速度。有时阅读一篇逻辑缜密、陌生术语较多、与自身知识经验隔膜大的文章，则需要浏览加反复精读的过程，速度则相对较慢。因而，阅读速度处于动态变化中，一味追求速度不可取。

提速的目的是为了更好地阅读理解，阅读理解能让提速得以落实。没有理解的速度是盲目的提速，只有将速度与理解很好地平衡才能提高阅读质量。"提高阅读速度"并不是指一味地追求快速，而是能够根据需要调节速度，该快则快，当慢则慢。比如，决定买不买一本书，通常用快速浏览的方式检索目录，用扫读跳读的方法览其概要，几分钟可以扫览一本书，而阅读一篇文章谈心得体会，则需要运用各种方法细嚼慢咽，可能花费几个小时。这是两种极端不同的速度，但都是基于真实的阅读需求的速度，都体现了对阅读质量的追求。

我国义务教育阶段对于阅读速度的要求在课标中有明确的体现，小学高段对阅读速度作了硬性要求：默读有一定的速度，默读一般读物每分钟不少于300字。识字之初的学生一字一顿地读，是正常现象，而中高年级的学生还在一字一顿地阅读，说明阅读速度与能力存在大问题。

二、"提高阅读速度策略单元"内涵理解

（一）"提高阅读速度策略单元"的教学意图

通过课堂观察，笔者发现有的学生会因一味地追求速度，而忽略对文本的理解，将"提高阅读速度"当成了比赛，脱离了理解的速度是没有意义的。教学中有些老师没有掌握好"理解"与"速度"的平衡，欲速则不达，学生速读不成，反而养成读书囫囵吞枣，马虎粗心的坏习惯。"提高阅读速度策略单元"的教学意图主要有：

一是教师与学生要树立阅读的速度意识。

我国义务教育阶段对于阅读速度的要求在课标中有明确的体现，小学高段对阅读速度作了硬性要求：默读有一定的速度，默读一般读物每分钟不少于300字。观察课堂教学，部分学生与班级是没有达到课标要求的。一些高年级学生还在一字一顿地阅读，说明阅读速度与理解能力存在大问题。要提高阅读速度，教师与学生都要有速度意识。因此用计时器记下阅读一篇文章大致的时间，明确阅读速度与理解内容的程度是有必要的。学生是学习任务的实践者，必须有速度意识才能提速；教师是指导学生提速的人，更是要有明晰的速度意识。不仅在五年级出现速度单元时才关注与了解阅读速度，从教导学生学习语文之初就要有速度意识，速度的训练从小学一年级就应该引起重视，五年级提速作为显性的教学要求提上教学日程，如果没有以前的阅读训练奠基，是很难实现速度与理解的同步发展的。低中年级时读通读顺读出感情以及广泛的阅读浏览，是无意识的提速训练，在此基础上，高年级才能有意识地实现提速与理解的同步发展。

二是提速方法的熟练运用和习惯的养成需要反复训练。

提速的方法有很多，图4-1呈现单元学习运用到的方法。虽然不提倡把课文当成机械地练习方法的工具，但方法的掌握需要反复练习，仅依赖单元的四篇课文很难熟练掌握方法形成技能。提速需要长期训练，教材只是例子，只是引子，将提速训练用于后续课文阅读与课外阅读才是相得益彰的。

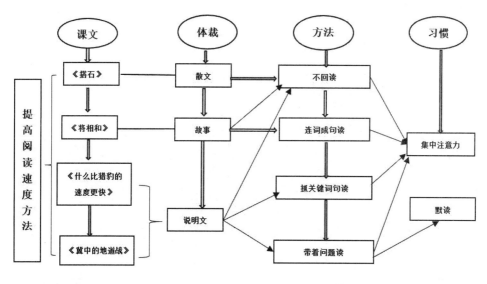

图 4-1

仅运用教科书编写提示的提速方法是不够的，还可以运用一些有效有趣的练习活动，实现方法的多样化，满足不同学生的学习需求。本章第四节介绍了一些提速训练方法，可以参照练习。

三是独具特点的文章提速与理解的目标指向是不同的。

单元教学要实现提速与理解的同步发展，每篇课文运用不同的方法训练提速，前面学到的提速方法要继续运用到后面的课文中巩固练习。教材的编者在每篇课文的理解方面的设计很尊重文体意识及每篇文章的独特性。《搭石》一课画面感强，弥漫着淡淡的乡情，因此将想象画面体会情感作为理解文章的指向。《将相和》是改写的历史故事，将复述故事和品析人物形象作为理解文章的指向。《什么比猎豹的速度快》《冀中的地道战》是说明文，将抓关键词句提取关键信息作为理解文章的指向。每篇课文提速与理解都不是割裂的，但要将二者和谐统一需要在教学设计方面下足功夫。

（二）提高阅读速度策略单元运用到的阅读策略

很多研究者将本单元的命名当成单元的阅读策略，称本单元要训练的阅读策略是提速策略。提速是需要策略与方法的，据笔者的研究，没有"提速策略"这一阅读策略概念。如何理解提高阅读速度策略单元的阅读策略呢？笔者认为提高阅读速度需要调用多种阅读策略，运用系列方法。提高阅读速度需要学生有意识地明白自己的阅读速度，并根据阅读需要运用一定的方法进行阅读速度的调控，慢了要加快，快了要放慢。这其实就运用了阅读元认知策略。更细一步来说，阅读前清楚地告之自己需要达到什么样的速度；阅读中要反思自己的阅读速度与理解，对速度进行调控；阅读后要对阅读速度进行评价，总结经验助于后续阅读。要提速首先要有明确的速度意识，然后要运用一些具体的方法来训练速度。提速与理解并重，没有理解的提速是无意义的，如何理解，不同的读者根据不同的阅读需要会用到不同的阅读策略，比如《搭石》一课要感受画面体会情感，可以用上图像化阅读策略，阅读策略的运用需要阅读方法的支撑，落实在阅读中，表现为一系列方法步骤的运用。表4-1呈现了本单元各篇课文阅读策略的运用。

表4-1　五上提高阅读速度策略单元阅读策略的运用

篇目	阅读目的	阅读策略	阅读规则、习惯与方法
《搭石》	提高速度理解内容：体会画面感、体会情感	阅读元认知策略：计划、监控调整、自我评价	集中注意力、默读、不回读、笔尖辅助、了解速度并调整速度
		阅读认知策略：图像化策略、提取信息策略、联结策略	边读边想象画面、思维导图'；摘取关键词、勾画关键句、合并信息；联结文句与自我感受
《将相和》	提高速度理解内容：复述故事	阅读元认知策略：计划、监控调整、自我评价	集中注意力、默读、不回读、扩展视域、连词成句地读、笔尖辅助、了解速度并调整速度
		阅读认知策略：提取信息策略	复述：提取故事的起因、经过、结果（故事要素法）
《什么比猎豹的速度快》	提高速度理解内容：了解事物特点	阅读元认知策略：计划、监控调整、自我评价	集中注意力、默读、不回读、扩展视域、连词成句地读、笔尖辅助、了解速度并调整速度
		阅读认知策略：提取信息策略、提问解问	发现表达的特点：关键词、关键句、质疑解疑、交流探讨
《冀中的地道战》	提高速度理解内容：了解信息、概括信息	阅读元认知策略：计划、监控调整、自我评价	集中注意力、默读、不回读、扩展视域、连词成句地读、笔尖辅助、了解速度并调整速度
		阅读认知策略：提取信息、概括信息	抓关键词句阅读边读边圈点勾画边读边想象图景边读边归纳内容

三、"提高阅读速度策略单元"信息解码

（一）单元页解码

图4-2

本单元单元页的提示语集中指向语文要素（图4-2），关于习作的要素不在此列出。单元页的信息暗示着提高阅读速度是本单元阅读教学核心的显性的教学目标。

（二）交流平台引路

本单元以小伙伴谈体会的形式出示了以下四条内容，如图4-3左列图示内容。

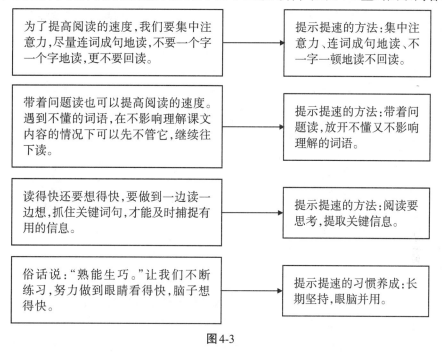

图4-3

从交流平台，我们可以提炼出关键要点，图4-3右列图示内容。

四、"提高阅读速度策略单元"的教学定位

"提高阅读速度"不等于"速读"，单元教学旨在培养学生重视阅读速度，强化阅读的"速度意识"，了解和掌握提升阅读速度的一般方法，提高阅读效率。

避免把本单元理解为"快速阅读方法训练"单元，更不能把阅读课上成"速读方法"的机械训练课。阅读速度与阅读理解同步发展，该快则快当慢则慢。

（一）基于课程标准的阅读速度

课标在低段提出：学习用普通话正确、流利、有感情地朗读课文；学习默读，做到不出声，不指读。课标在中段提出：用普通话正确、流利、有感情地朗读课文；初步学会默读。课标在高段明确提出：能用普通话正确、流利、有感情地朗读课文；默读有一定的速度，默读一般读物每分钟不少于300字。

低中段看似没有对速度作显性要求，其实暗含了对速度的规定："正确、流利、有感情"其实已经包含了对速度的要求。通过学习，不能太慢不能卡顿，否则就达不到此目标。低段是"学习用"，说明阅读要保持连贯性要学习拥有基础速度的能力；"不出声，不指读"则是提速的基本方法，但课标的"指读"和提高阅读速度用

手指等辅助工具作指针式阅读有别。

中段在低段的基础上阅读能力有质的提升，从"学习用普通话正确、流利、有感情地朗读课文"发展为"用普通话正确、流利、有感情地朗读课文"。

高段发生质的飞跃："能用普通话正确、流利、有感情地朗读课文"，并且提出了明确的速度要求：阅读一般读物每分钟不少于300字。暗含了阅读速度随读物的深难度而有别，因而速度是灵活可调整的。

课标在高段提出明确的速度要求，统编教材也在高段起步设置提高阅读速度单元教学，与课标理念相通一致。作为老师我们要明白，阅读速度的起步并不在五年级，而是从低段就开始了。

（二）基于班级整体的阅读速度

通过观察比较我们发现，生源好教学质量位于前列的班级学生表达的速度与准确性明显胜过生源差教学质量靠后的班级，从整体来看学生阅读的流畅度与速度都优于后进班级。班级学生整体的阅读速度应该引起教师的关注，有意识地训练学生的阅读速度，在各年段达到课标的要求是保底工作，学生阅读能力强，则可以超越课标要求，适当拓展，多一些方法技巧训练，助力学生成为高水平的读者。

同一班级学生阅读的速度不一，教师可以利用阅读速度快理解能力强的学生示范引领、带动帮助后进学生，可以对后进生针对性地提供训练指导与建议。

（三）基于学生个体的阅读速度

关于阅读速度，教师和学生都要成为有明确速度意识的读者。教师要成为学生提高阅读速度的引路人，学生要成为提高阅读速度的主动训练者。明确阅读速度起点，防止横向攀比，为速度而速度，一味追求速度不求理解。防止把阅读速度作为评判阅读的标准，导致学生不正视自己的阅读速度，隐瞒真正的阅读速度。鼓励学生追求个人阅读速度与理解的纵向提升，鼓励每个学生在自己的基础上不断攀升。

第二节 文本解读及教学设计

1.1 "搭石"承载的美与情
——《搭石》文本解读

《搭石》是作家刘章的散文，文章文笔清新质朴，自然晓畅。搭石是经济不发达时农村交通的必然产物，如今乡村公路村村通，大概走搭石的人也少了吧。

细读此文，正是新冠病毒肆虐的春天，我们却在严冬中煎熬。为湖北同胞亦为每一个活着的人祈祷。隔离屋内，晒晒阳光都是极为奢侈不现实的事。乡村广袤的田野吸引着我们，刘章笔下独有的风景吸引着我们。

搭石本是乡村极为寻常的事物，为什么在刘章笔下成为时代的记忆，成为心中永远的情结？刘章这样谈此文的创作背景：

　一年三百六十五天，有二百多天走搭石。人们祖祖辈辈走搭石，习以为常，司空见惯，十里路要走多少搭石，没人数过。有一次，我出于好奇，一道道数了数，十里路竟走了三十二道搭石。十三年间，我每天要走六十四回搭石，总共走了千万回，对搭石的印象怎能不深刻呢？

1977年末，我来到河北省省会石家庄市工作。当我见到人们抢着挤公共汽车的时候，见人们无序地忽然横穿马路的时候，心里便幽幽地想到家乡的潺潺小溪，想到山里人走搭石的情景：一个人跟着一个人，动作协调有序……

噢，搭石上有新意，搭石上有美，搭石上有情……这样，我便在1980年2月写了短文《搭石》。

现在，我的家乡十里山村已经贴着山根儿修了公路，人们进进出出，骑自行车、摩托车，坐汽车，再也不用走搭石了。可是，搭石是不会消失的，永远会摆在村庄通向田地或山野的溪流里，那种美永远存在。

一般人习以为常司空见惯的事物，在有心人眼中心中会荡起不一样的涟漪，善于体察生活的人，总会记录微妙的瞬间或事物，带给读者丰富的生活体验。

搭石在作家心中有新意，有美，有情，这种美好伴随文字会永远留存。

搭石对没有农村生活经历的人来说是陌生的，课文辅以插图加之文字清楚地讲述，搭石的风景跃然眼帘。

文章第一自然段介绍搭石产生的背景和什么是搭石，第二至四自然段写搭石构成的别样风景，最后一个自然段直接抒情，点明搭石联结着美好的乡情。

读文章要善于捕捉关键句子。一般说来，关键句在段首或段尾。比如第一自然段的关键句在段尾：这就是搭石。第二自然段的关键句在段首：搭石，构成了家乡的一道风景。此句不仅是这一段的关键句，也统领第三、四自然段。第三、四自然段也有其关键句：家乡有一句"紧走搭石慢过桥"的俗语；经常到山里的人，大概都见过这样的情景。

抓住关键句就理清了文章的思路。《搭石》语言质朴洗练，以其呈现的画面感见长。没有过多的词语堆砌，淡笔勾勒，有关搭石的画面跃然纸上。

画面一：乡亲生活图
因为家乡依山傍水的地理特点，搭石成为人们交通往来的必需。自然气候变化、人们交通往来，短短几句清楚讲述，然后介绍搭石：进入秋天，天气变凉，家乡的人们会根据水的深浅，从河的两岸找来一些平整方正的石头，按照二尺左右的间隔，在小溪里横着摆上一排，让人们从上面踏着过去，这就是搭石。

简练的文字传达出丰富准确的信息：石头的选择是有讲究的。一要高低适宜，适宜河水的深浅；二要平整方正，适于行走；三要间隔合适，便于行走；四要横着摆，节省石头节省路程。形象的画面之下，展示出文字的逻辑力量。

画面二：勤摆搭石图

勤摆搭石描写了两个画面：一是谴责懒惰的人，二是找合适的石头填补不平稳的搭石。补搭石这个画面写得很细致：

上了点儿年岁的人，无论怎样急着赶路，只要发现哪块搭石不平衡，一定会放下带的东西，找来合适的石头搭上，再在上边踏上几个来回。直到满意了才肯离去。

几个动词和表示强调的副词，把乡邻的友善勤劳不计条件的美好描画出来，画面感在动态描写中呈现出来。

画面三：快走搭石图

快走搭石以俗语"紧走搭石慢过桥"引出。先写快走搭石的原因，再描写快走搭石的画面：

每当上工、下工，一行人走搭石的时候，运作是那么协调有序！前面的抬起脚来，后面的紧跟上去。嗒嗒的声音，像轻快的音乐；清波漾漾，人影绰绰，给人画一般的美感。

这里的画面不仅有动作的协调有序，还有景人合一的景象，伴之以乐感的走动声，人与人之间走搭石的默契美好，自然流诸笔端。快走搭石成了极富美感的风景画，值得反复揣摩品味。

画面四：礼让搭石图

如果说快走搭石是美丽的风景图，礼让搭石就是美好的人情画。三言两语便把让搭石时止步招手示意、礼让对方的情景推送到读者眼前。俯身背老人过搭石是最为温暖人心的事，然而在乡亲的眼中，是理所当然的事。礼让他人、关爱老人成了搭石中最为美丽的风景。

美景美德无处不在，作者选择记忆深处的搭石，回味乡邻淳朴善良、勤劳有爱的心灵，乡邻美好的品质潜入生活中如搭石般微小的事物里。搭石，一头连接着美，一头连接着情，美好的乡情在读者心中无限延伸，无需高声赞叹足够熠熠生辉，照亮每位读者的心灵。

1.2 《搭石》学情及教辅系统解读

《搭石》是提高阅读速度单元的首篇课文，其教学目的一是指向速度的提高，二是指向阅读理解的加深。在提高速度的同时加深理解，对师生来说都有挑战，是一次全新的尝试。明确目标不够，如何达成目标是最为关键与棘手的事。提高阅读速度的理想状态是该快就快该慢就慢，想快就快想慢就慢，这需要长期有方法有目的的练习。如何达成这一课的目标呢？

【学情解析】

按课标的要求，五年级的学生应达到阅读一般读物300字每分钟的水平。学生的阅读速度参差不齐，与长期以来的阅读习惯、阅读量、阅读方法、阅读能力有关。一般的学生没有经过阅读速度的专项训练，提高阅读速度对学生来说既新鲜陌生也有一定的吸引力。阅读的通常状况是：教师布置读就读，安排有感情读就感情读，安排默读就默读，关于阅读速度与阅读效益的事，从未思考过。而提高阅读速度则需要学生自觉监测大致的阅读速度，需要学生根据阅读需要主动调整速度，需要发展学生的元认知能力，培养自我计划、监测、调控的能力。高年级学生有了一定的学习自觉性，掌握了一定的学习方法，其身心发展的特点决定可以接受这方面的训练，成为积极的阅读者，为成熟的阅读者作准备。

【阅读提示解读】

用较快的速度默读课文，记下所用的时间。读的时候集中注意力，遇到不懂的词语不要停下来，不要回读。

阅读提示包含四条关键信息：一是快速默读；二是计时了解自己的速度；三是集中注意力；四是不回读。其中关涉阅读要求、阅读习惯、阅读方法。

【课后练习解读】

提高阅读速度单元每课后都有识字写字的任务，策略单元的特殊性，可随文识字，学读课文集中写字，这样不至影响速度训练。

练习一：你读这篇文章用了几分钟？了解了哪些内容？和同学交流自己的阅读体会。

出示了两个伙伴的阅读体会：

"汛期"这个词我不懂，但不影响理解课文内容，我就没有管它，继续往下读。	刚读到"紧走搭石慢过桥"的时候，我不太理解，但我没有回读。

此题回应阅读提示：了解阅读速度与时间；同时提出目标：了解内容，即理解课文，在关注提升速度时保障阅读理解，不能为了速度而速度，读书要实，达到理

解的目标。要理解文章，还要引导学生学会有方法地提取重点信息，有意识地记忆。笔者的认识是：理解也有度，不可能一下读明白，可以一步步地提速提质，让学生把握阅读方法的同时体验提速的成就。

小伙伴的体会给学生作了方法的示范：不回读。遇到不懂的词句，暂不管，继续往下读。

练习二：说说课文给你留下印象最深的画面是什么，从哪些语句中可以体会到乡亲们美好的情感。

此题紧扣散文的文体特征以及这一篇散文的特点，抓住文章的文体特征和个性特点才能深刻地理解内容。编者设计的题有专业性有水准。让学生参与到文本中，读文章说出画面相当于进行复述，但这里不止于简单概括复述，还可以加上自己的语言创造性复述，复述文章的内容是一项很高的能力要求，能够复述出来，文章理解就不成问题。复述印象深刻的画面，就是在把握文章的重要特点，体会情感就是在理解文章的内涵，用具体的语句谈体会到的情感就是在很好地理解这一篇散文的特点。

1.3　《搭石》教学设计

【教学目标】

1. 通过随文识字和集中识字，认读6个生字，读准多音字"间"，会写"汛、访"等10个生字，积累"汛期、山洪"等16个词语。

2. 初步学习用较快的速度默读课文，集中注意力，学习不回读的方法。

3. 学习用较快的速度阅读课文理解课文的方法。

4. 学习快读与慢读结合的方法精读重要内容，感知《搭石》的画面美与情感美。

【教学准备】计时器、多媒体。

一、初读课文，计时感知速度

1. 集中注意力游戏

孩子们，集中注意力才能保证学习的品质，你们认为学习时怎样才能集中注意力？

（针对学生的交流点评总结）

有位阅读专家研究出了高尔夫球集中注意力法，下面我们一起来练习高尔夫球集中注意力法。（具体方法见本章第四节）

2. 一读计时，初感方法

（1）什么时候需要集中注意力？（强调每时每刻）下面请孩子们翻开课文《搭石》，咱们不需要比赛快慢，按照平时的阅读速度阅读，做真实的阅读者，完成一遍的阅读，看大屏的计时器，在导学单上记下时间。轻轻举手告诉老师，然后可以继续阅读第二遍。

（2）同桌交流：（学生都读完一遍）关上书，与同桌交流读了一遍后获得了哪些信息？

（3）班级交流：同桌推荐读得快对课文内容理解多的同学谈阅读经验。

（4）有没有读得慢的同学主动来说说自己为什么读得慢，怎样可以读得快理解得多。

（老师视学生发言，引导并总结：读一遍不可能全都懂，可以多读几遍，但每读一遍争取都要比前面获得更多的信息。重点强调：阅读时，一要专注；二要在理解的基础上追求快速，每个人的速度是不同的，不去追赶别人；三要不回读，遇到读不准的字借助具体语境猜读即可，遇到不理解的词，暂时不管，继续读下去，可能读了下文，就明白了）

【设计意图：了解学情，了解常态阅读时学生有无意识主动记忆并理解文章。引导从同学的阅读方法中获得提高速度的方法。遵循真实学情的基础上顺势引导，为后面学习环节作铺垫：在快速阅读中理解文章，在理解文章的过程中提高速度】

二、二读计时，读得快理解多

1. 笔尖辅助，计时阅读

咱们再来读一遍，记得只跟自己比速度比理解。这一次老师教大家一个方法，拿出笔用笔尖在阅读的句子下快速移动，眼睛跟上笔尖移动的速度。（老师示范）一边跟着笔尖辅助快速读一边思考文章写什么。读完后，看大屏计时器，在导学单上记下时间。

2. 完成任务，检测效果

（1）请孩子们翻到导学单的任务2，快速完成检测题判断对错。

（2）（大屏出示导学单任务2）看看自己理解对了多少内容？

【设计意图：本环节用上明确的方法——笔尖辅助不回读。笔尖辅助不仅可以帮助提速，还可以集中注意力。同时提出明确的阅读目的——在个人的基础上读得快理解多，把阅读引向读得快读得好，引导学生提速提质】

三、三读计时，说出写作思路

1. 微课示范，学习方法

咱们再读一遍，还是用上笔尖辅助的方法，试着快速读，边读边勾画关键词句。每读完一段，就根据关键信息，思考该段的写作内容，可以用一两个词记下概要。首先来看一看微课，学习伙伴是怎样用上这种方法阅读的。

微课内容：

亲爱的小伙伴们，我是阅读攀登者，哈哈，请你想一想：为什么叫阅读攀登者呢？

我认为阅读就像登山，不仅需要我们用上好的方法，还需要坚持，就能登上一座座高峰，见到美丽的风景。下面跟着我用上笔尖辅助的方法，看一看怎么捕捉关键词提取信息，梳理文章的写作思路吧。

以课《搭石》的第一自然段为例：

我的家乡有一条无名小溪，五六个小村庄分布在小溪的两岸。小溪的流水常年不断。每年汛期，山洪暴发，溪水猛涨。山洪过后，人们出工、收工、赶集、访友，来来去去，必须脱鞋挽裤。进入秋天，天气变凉，家乡的人们会根据水的深浅，从河的两岸找来一些平整方正的石头，按照二尺左右的间隔，在小溪里横着摆上一排，让人们从上面踏着过去，这就是搭石。

（课件出示笔尖在句子下方快速移动的图像，边快速移动边标红关键词）

我在快速读时，捕捉每一句的关键词，如标红的词语，然后用这些词语快速归纳整合段中重要句子的意思：家乡有小溪，溪水猛涨。人们往来，找来石头，摆上踏着过去，就是搭石。再进一步简练归纳整合信息就是：家乡的地理环境和什么是搭石。经过这么两步就把作者的写作思路理清楚了，而且抓住了重要信息，就提高了阅读效率。

捕捉关键词时，只需要集中注意力，用笔尖快速移动时就立即作出判断，有时可能会判断错，所以最好用铅笔轻轻画。

阅读一句话时可以捕捉关键词，阅读一段话时可以捕捉关键句。想一想，这一段的关键句是什么？

很多时候，抓住关键句就可以提取一段话的主要意思。很多段落都有关键句，如果没有关键句，那就抓关键词，整合关键词，提炼出段落的关键信息。

记得捕捉关键词不需要停下笔慢下来。让自己的思维腾飞，读完一段后，可以稍作思考，综合整理段落的关键信息。

下面，你们也来试着用这样的方法阅读后面的段落吧！

2. 阅读实践，运用方法

（1）学着用上笔尖辅助快速阅读抓关键词句，阅读全文，读后能说出文章的写作思路时，看大屏记下时间。

（2）我们用上抓关键词句的方法第三次读完课文，谁来说一说课文的写作思路？

学生交流后以思维导图梳理课文的写作思路如图4-4所示。

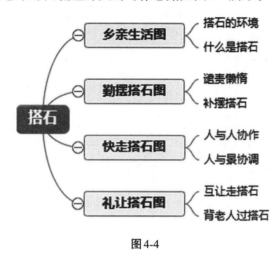

图4-4

（3）根据课文的思维导图提纲，快速浏览一遍课文，一边浏览一边在心里梳理文章的写作思路。说一说你是如何进行课文快读与梳理写作思路的？

学生交流后明确：集中注意力，用笔尖辅助快读，同时要理解内容，边读要边快速思考提取信息，阅读就更有收获。

【设计意图】：提高阅读速度时如何增强理解能力是有方法的，长期以来，学生理解课文处于模糊状态，缺乏学习方法与过程的引导。提取信息是各年级的重要学习内容，高年级需要训练提取信息、整合信息的能力，这也是增强理解文章内容的方法之一。而方法的获得可以直接教给，不需要含糊其词，不需学生在暗胡同中摸索。微课讲解示范，让方法运用明晰可学。学方法，练方法，巩固方法，训练学生快速阅读与理解文章能力的同步发展】

四、四读计时，细致复述课文

1. 计时阅读，理解细节

（1）咱们再来计时读一遍，记住不能只追求速度，不跟他人比，只跟前面的自己比，试着在把握全文思路的基础上理解更多细节。读完看大屏计时器，在学习单上计时。

（2）根据文章思维导图，用自己的话和同学交流具体信息。

2. 回顾总结，交流经验

（1）对比每次的记录时间，说一说这节课的阅读收获，回顾总结怎样能够读得快读得好（同时完善板书）。

（2）这节课体会了如何在快速阅读中增进理解，是不是阅读都是一个速度都要快才好呢？这个问题留待下节课学习交流。

【设计意图】：带着细致理解课文内容的目标，再次快读，在提高速度的同时加深理解，突出快速阅读时理解的重要性】

【板书设计】

《搭　石》

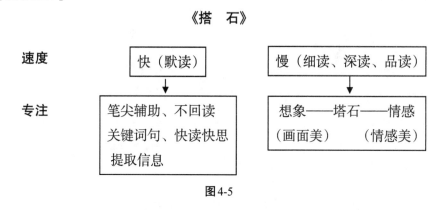

速度	快（默读）	慢（细读、深读、品读）
专注	笔尖辅助、不回读 关键词句、快读快思 提取信息	想象——塔石——情感 （画面美）　　（情感美）

图4-5

第二课时

课前高尔夫球注意力游戏：静心专注。

一、快速浏览，复述概括

1. **回顾方法**：上节课我们快速阅读了《搭石》，回忆一下，可以用上哪些方法快读？
2. **快读交流**：我们再次用上这些方法快速阅读，说一说文章的写作思路。

【设计意图】：开课重温方法，加深快速阅读的方法运用】

二、慢读细读，品析重点

1. **交流认知，引导细读**

文章都读懂了没？

（针对学生的认识提问引导，懂了，这么快的时间阅读懂的程度有多深？不懂，在哪些方面有困惑？单元的目标是提高阅读速度，是不是阅读都是一个速度都要追求快才好呢？）

老师总结引导：读文章粗知大意是一种层次的懂，是浅层的懂，课文是学习阅读的例子，不同的文章需要抓住不同的点深入细致的阅读理解。

2. 选点细读，品析欣赏

（1）快速阅读想一想：

这篇散文在哪一方面给你留下深刻印象？

（2）锁定句段说一说：

细读这篇文章，我脑中留下了这样的画面：（　　　），透过（　　　　　）体会到了乡亲们（　）的品质或情感。（留下什么样的画面，透过哪些词句，体会到了乡亲们什么样的品质或情感）

①个人细读，组织语言

②小组交流，分享认识

③班级交流，欣赏品评

（3）自由美读，想象画面。

3. 总结经验，拓展阅读

对比以前的阅读，阅读《搭石》给你带来什么乐趣与新的认识？

学生交流后明确：通过《搭石》我们初步感受了快速阅读课文，快速阅读既要关注速度也要关注理解，该快就快，当慢则慢。哪些时候要快读呢？全面了解课文信息，初步理解课文内容时可快读。哪些时候要慢读呢？深入品味课文的重点内容时要慢读。如何有质量地快读呢？集中注意力，用笔尖辅助加速阅读，不回读，边读边勾画关键词句，边读边思考提取重要信息。如何慢读？不同的文章有不同的慢读方法，这篇散文我们用了抓重点语句想象画面品味情感的方法慢读细读。

3. 课外速读练习：每天坚持至少十五分钟练习快速阅读，用上笔尖辅助阅读，读后理一理主要内容。

【设计意图：要达成高效阅读，就要学会调控速度，当快则快，当慢则慢。不同的速度为不同的阅读目的服务。要深入理解课文时常常需要慢读，此环节针对文本充满画面感的语句特点，用想一想、说一说、读一读等方法再现画面，达到深入理解的目的。结合自身的阅读体验总结方法，迁移到课外阅读，进一步固化方法、形成技能】

四、识字写字

本课的识字写字教学，要凸显"阅读要有一定的速度"的阅读策略。识字写字的学习，在初读课文的环节，老师已经提醒学生借助具体语境猜读意思即可，不必反复回读，可以在后边的学习过程中不断熟悉并记住这些生字的读音。

本课要求认识的生字中，要提醒学生"绰"不要误读为"zhuó"。教学"汛、谴、惰"等字可借助偏旁或结合词语识记、理解，借助"氵"理解"汛"与水有关，意思是河流定期的涨水，如"汛期"；"谴"是责备、申斥的意思，可以结合词语"谴责"来理解，"惰"是懒的意思，可结合词语"懒惰"理解。多音字"间"读"jiàn"时是隔开、不连接的意思，如"间隔、间断、间接"等。

本课要求会写的字中，"懒、衡"三部分要写得匀称，中间部分的最后一笔为了避让右边，都要变成点。左右结构的字，可以归类练习书写。书写"鞋"时，右边"圭"是两个"土"字，书写时左右大体等宽。"汛、访、挽、稳"等字要写得左窄右宽。写"访"时，要再次强调"方"的笔顺为"点，横，横折钩，撇"。书写"隔"字时，注意右部"鬲"字下面是一横，不能写成两横。

【设计意图：读准字音，书写正确，追求美观，是语文学习的保底工程。特殊的策略单元学习，在阅读时已经随文识字，阅读后集中认读，起到强化巩固的作用。书写指导集中安排在阅读之后，以学生自主发现为主，老师指导为辅，培养学习的自主能动性】

《搭石》学习单

任务1：阅读计时（表4-2）

表4-2

《搭石》阅读计时单	
阅读的遍数	时间:格式示例2′30″（表示2分30秒）
第一遍	
第二遍	
第三遍	
第四遍	

任务2：快速完成以下检测题判断对错

1. 夏天山洪暴发，溪水猛涨。山洪过后，人们在小溪里摆上一排石头，踏着过去。

2. 进入秋天，天气变凉，家乡的人们会根据水的深浅，随意找来一些石头，在小溪里摆上一排，让人们从上面踏着过去，这就是搭石。

3. 如果别处有搭石，唯独这一处没有，人们会责骂这里的人懒惰。

4. 走搭石不能抢路，也不能突然止步。否则会掉进水里。

5. 如果有两个人面对面同时走到溪边，总会在第一块搭石前止步，招手示意，让对方先走。

6. 年轻人遇上老人走搭石，总要俯下身子背老人过搭石。

2.1　智勇双全　国士有双

——《将相和》文本解读

本文根据汉代司马迁的《史记·廉颇蔺相如列传》改写，改写了《史记·廉颇蔺相如列传》前面小部分内容，也是史记中集中写廉颇蔺相如的部分。改写后的文本长度更适合课堂教学阅读，但阅读带来的深层理解与乐趣，还是原著更有生命力。五年级的学生读原著因其文言体式有难度，以课文阅读为跳板，将原著与课文对比阅读不失为明智的选择，这也是实现课内阅读向课外阅读拓展的途径。既可深入感知人物形象，也可引发学生阅读历史故事的兴趣，阅读经典书籍的兴趣。

改写的课文主要省略了如下这些内容：

原著中出现的一些人物，如举荐蔺相如的令缪贤，令缪贤举荐的言语内容；故事的核心人物蔺相如在赵廷的论述和在秦廷的论辩内容；廉颇在完璧归赵故事中的简略出场；渑池会面故事中廉颇与赵王的话别。

改写有利有弊，读历史故事，一般要抓住两个要领：一是情节的梳理，二是人物形象的品析。改写的课文情节更简明，宜于学生把握故事内容，但不利全面深入地品析丰满的人物形象。笔者围绕这两个要领，对比原著剖析解读。

一、三个故事既独立完整又互为关联

《将相和》写了三个闻名的故事：完璧归赵、渑池之会、负荆请罪。前两个故事有着相同的背景：

战国时，秦国很强大，常常进攻别的国家。

前两个故事的发展与结果又成为负荆请罪这个故事的背景：

蔺相如在渑池会上又立了功。赵王封蔺相如为上卿，职位比廉颇还高。

对故事的情节的清晰把握可以按照故事发生的起因、经过、结果来梳理。

完璧归赵的起因：赵王得到无价之宝和氏璧，秦王假诈以十五城换璧。赵王需要智勇之士出使秦国维护国物国土的完整。

经过：蔺相如在秦廷竭智拼勇不畏强秦，完璧归赵完成使命。

结果：蔺相如立功被封上大夫。

课文写渑池之会仅以"过了几年，秦王约赵王在渑池会面"过渡。省略了原著中故事发生的具体背景：

其后秦伐赵，拔石城。明年，复攻赵，杀二万人。

原著将强秦的虎狼之心写得铿锵简明。强秦的强悍凶猛足以令诸侯闻风丧胆。

这也是渑池会面中赵王犹豫胆怯的原因。此时，赵王又面临前一个故事一样的两难境地。去是凶多吉少，不去也是吉少凶多。

渑池之会的起因：

秦王约赵王在渑池会面，在蔺相如和廉颇的强力支持下，赵王决定赴约。

经过：会面时秦王要赵王鼓瑟，赵王只好鼓瑟。被秦记录：秦王令赵王鼓瑟。蔺相如以死相拼最终让秦王击缶助兴，并记录：秦王为赵王击缶。秦王在渑池会面中没占到任何便宜。

结果：蔺相如在渑池会上又立功，赵王封他为上卿，职位比廉颇高。

这两个故事，都是写蔺相如智勇决胜强秦，化解国家的外部矛盾。完璧归赵、不负重任、竭智拼勇维护国物国土的完整，渑池会面针锋相对誓死维护赵王的人格尊严，实质是捍卫国家的尊严。

面对强悍的秦王蔺相如是强大的，可面对大将军廉颇蔺相如却显得软弱。完璧归赵和渑池会面后发生了负荆请罪的故事。

负荆请罪的起因：蔺相如比廉颇职位高，廉颇不服气，扬言要羞辱蔺相如。

经过：蔺相如再三躲避廉颇，并对门客说明躲避的原因：和廉颇闹不和，会削弱赵国的力量，秦国会乘机攻打赵国，躲避廉颇是为了赵国的安全。

结果：廉颇知道了蔺相如的想法，认识到自己的错误，负荆请罪，将与相和好同心协力保卫赵国。

负荆请罪这个故事中蔺相如看似软弱，与前两个故事对强秦的果决勇敢形成了鲜明的对比。前两个故事蔺相如站在国家的立场维护国家的利益和尊严，后一个故事虽然是私人怨怼，但蔺相如同样以国家利益的高度来衡量，蔺相如的理性智慧完美呈现。

一般读者经由这几个故事的阅读得到关于蔺相如和廉颇的形象认识是：

蔺相如智慧勇敢、顾全大局，廉颇心胸狭隘、知错能改。

这个认识没有错，但还不够立体丰富，不够深入透彻。对人物形象的认识不能贴标签，不能泛化。立体深入品析人物形象离不开具体语境的品读。读者可以结合课文及原著，还原故事中将与相的人物形象。

二、智勇双全两国士

《廉颇蔺相如列传》篇末呈现了司马迁的观点：

太史公曰：知死必勇，非死者难也，处死者难。方蔺相如引璧睨柱，及叱秦王左右，势不过诛，然士或怯懦而不敢发。相如一奋其气，威信敌国，退而让颇，名重太山，其处智勇，可谓兼之矣！

译文：

太史公说：知道要死却不畏惧的人必然具备勇气，死并不是一件难事，如何对待死亡却是难事。当蔺相如用手举着和氏璧，眼睛斜望着柱子，还敢于大声地呵斥秦王身边的侍从时，最坏的结果就是被杀，但是有的士人往往会由于胆小而不敢这么做。蔺相如一旦振奋勇气，其威势就伸张出来压倒敌国，回国后对廉颇谦卑退让，声誉就像泰山一样重，他在为人处事的过程中既有智谋又有勇气，可以说是同时兼有这两种长处的人啊！

太史公在列传结束时，评议蔺相如有智谋又有勇气，重点提到抱璧击柱回国退让廉颇的事。对蔺相如的人格光辉大加褒扬。

文章是如何表现蔺相如的智勇呢？通过三个故事来一一分析。

完璧归赵艰险逆袭

一是以旁人之口间接道其智勇。

课文这样简略地叙述：

正在为难的时候，有人说有个叫蔺相如的人，勇敢机智，也许他能解决这个难题。赵王把蔺相如找来，问他该怎么办。

课文改写后较突兀，赵王凭什么相信旁人说的话就找来蔺相如呢？原著这样叙述：

宦者令缪贤曰："臣舍人蔺相如可使。"王问："何以知之？"对曰："臣尝有罪，窃计欲亡走燕，臣舍人相如止臣，曰：'君何以知燕王？'臣语曰：'臣尝从大王与燕王会境上，燕王私握臣手，曰"愿结友"。以此知之，故欲往。'相如谓臣曰：'夫赵强而燕弱，而君幸于赵王，故燕王欲结于君。今君乃亡赵走燕，燕畏赵，其势必不敢留君，而束君归赵矣。君不如肉袒伏斧质请罪，则幸得脱矣。'臣从其计，大王亦幸赦臣。臣窃以为其人勇士，有智谋，宜可使。"

这是宦臣亲历见识蔺相如的智谋，不是空穴来风，借他人之口间接道其智勇，可谓人未出场声名已扬。

二是与赵王对话足见其智勇。

课文略去了赵王向蔺相如的几次问话，把蔺相如的回答也合并到一起。

蔺相如的智慧超越了前面群臣的商议，给赵王分析了给与不给和氏璧的要害，而不仅仅是给了就上当不给就挨打的结果。指出"秦强赵弱，不可不许"。主动请缨出使秦国，表达决心：秦不肯交出十五城，就完璧归赵。

蔺相如的智勇在与赵王的对话中初步显露，通过分析要害——主动请缨——表达决心体现其镇定自若、析理透彻、不惧强秦、临危负重的性格特点。

三是出使强秦展开智慧与胆略的斗争。

蔺相如与秦王展开两个回合的斗争掀起了心惊肉跳险境迭生的外交历程,蔺相如以其智勇改写弱肉强食的霸权规则。

第一回合:斗智拼勇完好护璧。

课文以蔺相如献璧—秦王赏璧—蔺相如智取和氏璧—捧璧撞柱表决心—秦王让步的过程写与秦王的争斗,原著把这个过程写得更具体。

秦王坐章台接见蔺相如,见玉大喜还传给后宫美女及侍从观赏。蔺相如从秦王手中智取和氏璧后持璧倚柱怒发冲冠,言语委婉又犀利地指斥秦王,一口气从四个层面指出秦的强权:

一是赵国群臣皆惧秦王失信霸夺和氏璧;二是谈自己的观点,布衣之交不相欺,何况大国之交;三是赵王敬畏秦国斋戒五日送璧;四是秦王及大臣傲慢待见使臣,传玉给后宫美人观看,戏弄使臣。足可见秦王无诚意换璧。

蔺相如口若悬河有理有据,足令秦王理亏。他明智地知道霸道的秦王不是听道理的,因此表明秦王如果强逼他就抱璧以头击柱,而且说到做到。在剑拔弩张的情景下,蔺相如不仅清晰地说理据,还表决心于行动。秦王不做亏本的事,因此坚决请求蔺相如不要这么做,还叫人拿地图把允诺的十五城指给蔺相如看。

狡诈的秦王如此决绝地表示以城换璧,蔺相如怎么办呢?他又来了个缓兵之计:要求秦王像赵王一样斋戒五日,举行隆重的典礼才能交璧。

与秦王斗争的第一回合到此,蔺相如誓死保卫和氏璧,其智勇进一步得到展现。蔺相如在秦国势单力薄,缓兵之计缓得了一时,缓得了五日后交璧的仪式吗?

第二回合:斗智拼勇完璧归赵。

蔺相如指斥秦王无信,他要完璧归赵也只有失信,答应秦王五日后交璧却让秦王落空,欺君之罪当诛。面对秦王蔺相如表达了真实的想法,他作好了被杀的准备:首先指出送璧回赵的理由,历代秦君失信于邻,不能辜负赵王;如秦王有诚信先割城给赵国,赵王岂敢得罪秦王留下和氏璧;臣欺君当杀甘愿被杀,但请好好考虑他说的话。

欺骗强权的秦王,死到临头,蔺相如毫不畏惧,表达决心,最后让秦王无可奈何客客气气地把他送回赵国。

弱国无外交,但蔺相如就凭智勇改写了秦国虎狼之心、弱肉强食的霸权外交。竭智拼勇在险境中成功逆袭,保护了国家财宝的完好,获得职位升级官至上大夫。

后来强秦野心扩张,攻打赵国,夺取了石城,第二年再次进攻,杀死了赵国两万士卒。课文省略了这个背景。仅用文章开篇段作为全文的故事背景。

正是在此情况下,赵王更加惧怕秦王,秦王又来挑衅赵王,发起会盟,赵王将如何应对呢?再来品析第二个故事。

渑池会面严针锋相对

文有蔺相如的护卫武有廉颇的防守，赵王赴约。秦王如何展示其霸权的呢？这里又有两个回合的争斗。课文具体写了第一回合的争斗，省略了原著中第二回合的争斗。

第一回合：令鼓瑟——为击缶

堂堂一国之君赵王被秦王要求鼓瑟，什么人给君王鼓瑟，肯定是下人，是艺人。公然侵犯赵王的地位与尊严，而且秦王让人记录下来写入历史：渑池会上，秦王令赵王鼓瑟。秦王的傲慢霸道锋芒毕露。侮辱赵王也是在欺侮赵国，侮辱一国之君的尊严，也是在践踏赵国的尊严。

使臣蔺相如向前走几步，以其人之道还治其人之身，要求秦王击缶助兴。秦王当然生气，国君之间交谈，臣下居然参与。一拒再拒。蔺相如表示如不答应，就跟秦王同归于尽。以死捍卫赵王的尊严。这里的死不是胸无点墨胆怯之人能做的决定。蔺相如为什么不在原地要求秦王而是上前几步，他作好了拼死的准备，可见其智慧。为什么赵王没敢回应，使臣却来回应？他的果敢勇气可见一斑。

势单力薄的蔺相如与拥虎狼之师的秦王对峙时，秦王的卫士想杀他而又不敢，只因他怒目圆睁厉声呵斥，足见其勇猛压倒秦王及左右。蔺相如表现出了士人之怒"伏尸二人，流血五步，天下缟素"的大无畏智勇。

第一回合在蔺相如的智谋勇敢下，秦王被逼，击了一下缶，虽然是象征性地击一下，也为赵王和赵国赢得了尊严：蔺相如也叫人记录下渑池会上，秦王为赵王击缶。

这一回合的斗争下来，秦还不甘心，继续发难。课文没有具体写，省略了原著中第二回合的内容。

第二回合：献十五城——献咸阳城

第二回合的争斗中秦之群臣都说："请把赵国的十五座城池拿出来作为祝寿的礼物献给秦王。"简直是群氓，巧取豪夺。蔺相如以牙还牙说："请把秦国的都城拿出来作为礼物献给赵王。"

大臣的交锋，简直如小儿吵架般戏剧。虽没有第一回合的剑拔弩张，但没有智慧的头脑哪会针锋相对提出"你取我十五城我就取你的都城"，都城都没有了，国家也灭亡了。蔺相如维护国土完整的态度坚决果断。会面结束秦王也不敢把赵王怎样，因为廉颇已经在边境作好了准备。

通过前两个故事，读者可以看到一个能言会说敢言敢拼、思维敏捷过人、谋略过人、果敢过人的蔺相如。

在负荆请罪这个故事里，蔺相如的智勇怎样体现出来的呢？

负荆请罪将相和好

蔺相如官职高过廉颇，廉颇不服，扬言要羞辱蔺相如。蔺相如一躲再躲，门客都看不下去，发出疑问："您见了廉颇像老鼠见了猫似的，为什么要怕他呢？"蔺相如没有直接回答，而是一问门客再反问门客，最后分析其中的道理。

蔺相如实在有一颗聪慧的头脑。看似害怕廉颇，实则为了国家的安全。哪怕看似牺牲个人的尊严，也要保全大局利益。太史公司马迁评价他："对廉颇谦卑退让，声誉就像泰山一样重"。他的退让是隐忍的智勇。

廉颇说："他蔺相如就靠一张嘴，反而爬到我头上去了。"品析了这三个故事，你觉得蔺相如是靠一张嘴获得相的职位吗？

廉颇如此不服气，是他心胸狭隘小肚鸡肠吗？要深入理解廉颇的形象，还是要扎入文字去品析。

课文中廉颇在完璧归赵这个故事里是缺席的，在渑池会面这个故事里简单提及，在负荆请罪中重笔刻画。

原著中廉颇在完璧归赵这个故事简单出场："赵王与大将军廉颇诸大臣谋"。从这个句子可以看出廉颇是赵王身边极为重要的大臣，国之大事与他商量，廉颇在赵王的心中地位很重很高。

原著在渑池会面中这样写廉颇：

廉颇、蔺相如计曰："王不行，示赵弱且怯也。"赵王遂行，相如从。廉颇送至境，与王诀曰："王行，度道里会之礼毕，还，不过三十日。三十日不还，则请立太子为王，以绝秦望。"王许之，遂与秦王会渑池。

译文：

廉颇把赵王送到赵国的边境，与赵王诀别说："大王此行，估算的行程以及会见礼节从开始到完毕的时间，再加上返回的时间，不会超出三十天。如果过了三十天您没有回到赵国，就请拥立太子为王，来断绝秦国用您来要挟赵国的想法。"赵王答应了，就和秦王在渑池相会。

从这些语句可以看出廉颇同样智慧果敢，不惧强秦，最坏的打算是屯兵边境与秦决战。同时还写出了大臣对君王的忠心赤诚，虽是武将，却也谋划细密，连赵王来去的时日都估算好，还从长计议国之大计，连拥太子为王的话也敢讲，幸好赵王是明君，否则可能遭杀头之祸。可见廉颇既能治军安邦，也能运筹帷幄，有韬略识见，亦不愧智勇之士。

如何理解他对蔺相如的不满呢？廉颇不服气扬言要羞辱蔺相如是他心胸狭隘、不识大局吗？

前面我们读到廉颇的地位很高，资历深厚，蔺相如从一介门客平步青云，廉颇的不服气也在情理之中。

负荆请罪展现廉颇作为武将的风范。当廉颇听到蔺相如躲避他的原因后负荆请罪更是体现其通达明理，明辨是非。武将改错的魄力与坦荡史上无双：一脱一绑一负一请，既直爽又诚恳。这样的改错方式，难道不需要果敢勇气吗？一员老将向新秀如此坦诚热烈地请罪，不会去想有没有人笑话他，有没有人指指点点，廉颇实在是一个可爱可敬的人。

廉颇心直口快，发小脾气不使大绊子。不使明枪也不使暗箭，后来赵国弱亡，相当大的原因是小人使绊，君王用人不善，上下不和。廉颇只是不服气，想出口气，让蔺相如下不来台而已。能说出来，是他光明磊落的表现。

后来换了国君廉颇不受重用，赵孝成王以赵括取代廉颇职位，长平之战被秦大败，赵国又遭邯郸之围，国人余下老弱幼孤，燕国入侵，赵孝成王重新任用廉颇，大败燕国。赵孝成王死后，赵悼襄王继位，让乐乘取代廉颇，廉颇很生气，攻打乐乘，乐乘逃走，廉颇也逃到魏国。秦军多次围困赵国，赵王想重新任用廉颇。廉颇也想得到重用，当着使者故意一顿饭就吃了一斗米饭，十斤肉，还穿上盔甲骑上马，表明自己还可以担当重任。可是使者受人离间，回去禀报赵王：廉将军虽然已经很老了，但饭量却很好，只是跟我坐在一起时，很短的时间内就拉了三次屎。小人使绊，赵王没有任用他。廉颇在魏国也不受重用，最后重视人才的楚王偷偷把他接到楚国。廉颇做了楚国的将军后，没有立下什么战功，他说："我想指挥赵国的士兵。"终老楚国的廉颇，对赵国的忠心日月可鉴，未遇明君，留千古遗憾。

综上，细读课文可以看到一个具有理性的反思精神的廉颇。子贡说"君子之过也，如日月之食焉，过也，人皆见之，更也，人皆仰之"，《左传》言"人非圣贤，孰能无过，过而改之，善莫大焉"。廉颇的改错别于常人，改得大气磅礴，改得感人肺腑。

读原著，更可以看到一位有家国情怀、功勋显赫、武将智勇的廉颇。司马迁没有评价廉颇，而单单评论了蔺相如，是因为蔺相如一介平民而官至国相，智勇非凡超拔。而廉颇的智勇是武将的智勇，廉颇的声望不可小觑。蔺相如敢与秦王针锋相对也有廉颇的武勇善战作后台。司马迁作传篇名为《廉颇蔺相如列传》而不是《蔺相如廉颇列传》，亦可见两人在赵国的声名显赫，可见廉颇的声望资历高深。

廉颇蔺相如真可谓智勇双全，国士有双！

2.2　《将相和》学情及教辅系统解读

本文是提高阅读速度单元的精读课文，承担着提速提质的学习任务。提高速度与加深理解的能力不是一篇课文或一个单元的课文能够达成的目标，因此课文承担着学方法、练方法的目标。提速提质要在更多的阅读中练方法、用方法。

【学情解析】

前一课学生初步感知阅读速度，明白了阅读的提速提质要有好的习惯与方法。学生经历了集中注意力默读，记时间感知速度，不回读等方法，针对特定的散文，抓住文本特点来阅读。这一课的学习要继续用上前一课学到的方法，学习新的方法进一步练习提高阅读速度与增进理解。本文是改写的历史故事，属于叙事类文本，篇幅较前一篇长，故事类文本阅读方法有异，提速提质的难度有增。

【阅读提示】

用较快的速度默读课文，记下所用的时间。尽量连词成句地读，不要一个字一个字地读。

这里提示了提高速度的方法：连词成句地读，克服一个字一个字地读，这同样需要集中注意力，而且需要眼球的快速移动与视域的扩展。

【课后练习】

练习一：你读这篇课文用了几分钟？了解了哪些内容？和同学交流自己的阅读体会。

此题强调用较快的速度读，但一定要把握文章的内容，要在理解的基础上提速，不能片面追求速度。和同学交流阅读体会，有的同学了解的内容多，可以相互交流阅读的习惯与方法，借鉴运用。

练习二：读下面这段话，你一眼看到了多少内容。

文体后出示了伙伴的阅读体会，说明不同的学生阅读的能力有别，有的一眼能看到词语，有的一眼能看一句话。阅读要根据自己已有的能力水平训练，在自己已有的速度上提升，不和别人攀比。

这里提出了新的训练方法，即阅读提示谈到的连词成句地读，尽量扩大视域，快速移动眼球，脑与眼协调同步，提高阅读速度与质量。

练习三：根据下面的提示，用自己的话说说课文的主要内容。

> 完璧归赵——渑池会面——负荆请罪

此题根据文本特点有针对性地训练阅读速度。文本是历史故事，而且三个故事独立又相互关联，理清每个故事的内容就把握了全文的内容。结合每个故事的起因、经过、结果用自己的话说出来，就达成了此题的训练目标。此题旨在训练学生将提速训练与理解内容相结合。

练习四：蔺相如、廉颇给你留下了怎样的印象？结合具体事例说一说。

此题也集中体现了阅读历史故事的方法，学会品析人物形象，人物形象的品析不仅要结合具体事例，还要结合具体的词句，读出人物个性化的特点，切忌给人物空泛地贴标签。

选做：选一些词语或句子写在卡片上，看谁能一眼看完卡片上的所有内容。

此题以游戏化的方式，引导学生扩展视域，练习提速。虽是选做，但有必要鼓励学生自主练习。可用于课前游戏活动，达到提速热身的目的。

2.3　《将相和》教学设计

【教学目标】

1. 通过随文识字和集中识字认读13个生字，读准多音字"强、划、削"的读音，会写"召、臣"等12个生字，积累"无价之宝、召集"15个词语。

2. 巩固上节课学的快速阅读的方法默读课文，学习连词成句等扩大视域的方法阅读课文。

3. 进一步学习用较快的速度阅读课文的同时，学习理解故事内容的方法。

4. 学习快读与慢读结合的方法精读历史故事，品读故事中重要人物形象。

【教学准备】计时器、多媒体。

课前扩展视域训练游戏：

1. 连词成句阅读游戏

按照排版快速阅读，比一比哪种读得快读得好，为什么？

战国时，　秦国很强大， 常常进攻别的国家。

战国时，　秦国　很强 大，　常常　进攻别的　国家。

战国时，秦国很强大，常常 进攻别的国家。

学生交流后明确： 左边的排版呈现的是一字一词有停顿的阅读，速度慢，效果不好。右边的两种排版，前者以语义单元的连贯性为基础阅读，比左边的要快要好。如果，有能力一下能看几个语义单元，即一下能看完一长句话，这样的阅读速度更快更好。但一定要在自己能理解的基础上练习。必须摒弃一字一顿的阅读方式。像后面这两种阅读方式就是连词成句地读。

2. 秒闪扩展视域游戏

换用多媒体秒闪一句句话，比一比谁能一眼看完一句话的内容并说出来（举手说）。

多媒体展示故事背景：

> 本文改编自汉代司马迁的《史记·廉颇蔺相如列传》。
> 战国是我国历史上的一个时期，当时比较强的国家有七个，即秦、楚、齐、赵、燕、魏、韩，称为"战国七雄"，秦国是最强的一个，赵国紧邻秦国，另一边是富强的齐国，处于两大强国之间的赵国，在军事和外交方面的措施，具有关系国家兴亡的重大意义。

【设计意图：快速阅读是有方法的，本课训练重点是连词成句地读，什么是连词成句地读，怎样才能连词成句地读，在游戏化的连词成句阅读活动中对其有具体感知，从而运用在课堂学习中】

【教学过程】

一、一读思考，提取信息

1. 用游戏中扩大视域连词成句的方法和上节课学到的方法快速阅读课文，边读边思考并提取关键信息，读完后说一说课文写了哪几件事情？想一想这几个故事之间的关联。

2. 同桌交流：用自己的话说一说课文写了哪几件事情？说一说这几个故事之间的关联。

3. 班级交流，老师引导，明确课文讲了三个相互关联的小故事：完璧归赵、渑池会面、负荆请罪。以扫读的方式标注三个故事的段落起止。

【设计意图：学方法用方法，提速的同时保障理解。文章较长，信息量大，不可能一遍获得详细信息，因而提出明确的目标，理解大致内容，遵循学习的规律】

二、再读故事，复述内容

1. 速读完璧归赵，学习用鱼骨图提取关键信息复述故事，如图4-7所示。

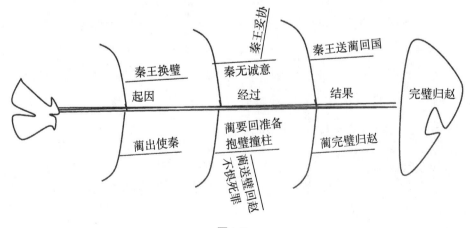

图4-6

（1）微课引路

同学们，我是回忆大师。今天我给大家推荐一项有趣的技能，能够让你把阅读到的关键信息记录下来，以鱼骨这种形象化的图片呈现阅读的重要内容，看着鱼骨图框架中的关键信息，就能复述出重要的内容。

鱼骨图的框架可以由老师提供，也可以自己简笔勾画，用直线都行，如这样的框架图，当然也可以稍微形象一点的框架图。

框架图画出来后，就可以在框架图上标画一级支架内容。如本节课大家读的历史故事，要复述故事，可以把故事的起因、经过、结果作为复述的主线，分别在起因、经过、结果中提取关键信息，作为一级支架内容，如果故事的信息很丰富，要点多，还可以在一级支架上添加二级支架来列出要点，二级支架下还可以画三级支架列出要点。

以完璧归赵这个故事起因来说，就可以这样提取要点——"秦王换璧，蔺出使秦"作为一级支架的内容，看着支架就可以复述重点内容为：秦王要求用十五座城换赵王的和氏璧，赵王为了应对秦王，派蔺相如出使秦国。接下来故事的经过和结果等着你们来提取信息完成鱼骨图。记得要点提取没有固定答案的。

为什么说我是回忆大师呢？因为阅读时要让大脑和眼睛高速运转起来，既要快速阅读，还要提取关键信息，关键信息可能来自原文，也可能需要自己概括，当阅读完文字时，心里就记下了文段重要内容，能够复述出来就相当于记住并理解了文段，这样的阅读高手怎么不是回忆大师呢？你也可以成为回忆大师哦，赶快去尝试吧！

（2）快速阅读1~9自然段，提取信息，完成学习单上的鱼骨图1，看着鱼骨图说一说完璧归赵的起因、经过、结果。

（3）同桌交流鱼骨图，相互说一说完璧归赵的内容，欣赏并建议。

（4）全班交流，投影展示，复述故事。

2. 阅读后两个故事，用上完璧归赵的方法速读，完成学习单上的鱼骨图2和图3。

（1）快速阅读，提取信息，个人复述。

（2）小组交流，互听互评。

（3）全班交流，欣赏点评。

3. 再次快速浏览全文，用简洁的语言复述三个故事。

（1）快速浏览全文，看着三幅鱼骨图的信息框架，用自己的话简洁地复述课文内容。

（2）全班交流，展示鱼骨图，复述课文内容。

【设计意图：阅读必须给予方法的指导，在保证理解的基础上提速。如何更好的理解，鱼骨图贴合故事类文本的复述。既提取了要点，又呈现了事件的前后关联；既给予方法提供学习的支架，又保障关注速度的同时增强理解。学习过程由扶到放，由部分到整体。总之，只有经历充分的学习过程，才能获得技能的提升，而提速与理解都是阅读的重要技能，学生需要有方向有方法的长期训练】

三、慢读细味，品析人物

1. 快读思考，梳理主角

（1）将相和这篇课文中的三个故事成为家喻户晓的三个成语流传开来。每个故事相对独立又相互联系。每个故事都有主角，请孩子们快速浏览，说一说每个故事的主要人物是谁？

（2）这篇课文的主要人物又是谁？

学生交流后明确：不同的故事主角不同，"完璧归赵"和"渑池会面"中蔺相如和秦王是主角，"负荆请罪"的主角是廉颇和蔺相如，但课文的标题是将相和，编者的意图还要让我们着重了解将与相的性格特点，蔺相如的形象特点与秦王、廉颇是相辅相成的，谈蔺相如时必然会有秦王的映衬。

2. 批注品读，理解形象

（1）细读课文，结合具体事例具体语句谈一谈蔺相如、廉颇给你留下了怎样的印象？边读边思考，边在相关语句旁作批注。

（2）学生交流：谁给你留下了深刻的印象？印象是什么？从文中哪些语句可以看出来？

（老师有针对性地引导，指导学生不说空话大话，在文中找依据谈认识。听的同学开动脑筋，对发言同学的认识持赞同、补充或是提出不同的认识，并用文中具体语句来印证自己的认识）

（3）还原情境表演读

本文故事性强，场景描写生动可感，因此学生在谈印象时，相机引导表演朗读，每个故事都有演读的点，可个人抓住人物特点读，可小组合作情景表演读，入情入境体会人物形象。

【设计意图：此环节培养学生细读慢读深读文章的能力，采用个人思考批注阅读、相互交流争鸣式阅读、还原情境表演读等方式，让精读落到实处，在慢读中深化理解课文】

四、拓展快读，立体化理解人物

1. 补充资料，批注式阅读

原著对廉颇着墨不多，改写后更少，老师从《史记》中整理出了一些有关廉颇的事迹，请孩子们快速阅读，边读边思考，边读边批注：廉颇给你又增添了什么印象？

《你不知道的廉颇》　（笔者整编而成）

原著中廉颇在完璧归赵这个故事简单出场：

赵王跟大将军廉颇以及诸位大臣商量：想要把和氏璧交给秦国，又怕得不到秦国的城池，白白地被人欺骗；想不把和氏璧交给秦国，又怕秦国派兵来攻打赵国。（这里简单提到廉颇，你能读出更丰富的信息吗？你对廉颇有什么样的认识？）

原著在渑池会面中这样写廉颇：

廉颇把赵王送到赵国的边境，与赵王诀别说："大王此行，估算的行程以及会见礼节从开始到完毕的时间，再加上返回的时间，不会超出三十天。如果过了三十天您没有回到赵国，就请拥立太子为王，来断绝秦国用您来要挟赵国的想法。"赵王答应了，就和秦王在渑池相会。

（从这里，你还能读出廉颇什么样的性格特点？）

后来换了国君廉颇不受重用，赵孝成王以赵括取代廉颇职位，长平之战被秦大败，赵国又遭邯郸之围，国人余下老弱幼孤，燕国入侵，赵孝成王重新任用廉颇，大败燕国。赵孝成王死后，赵悼襄王继位，让乐乘取代廉颇，廉颇很生气，攻打乐乘，乐乘逃走，廉颇也逃到魏国。秦军多次围困赵国，赵王想重新任用廉颇。廉颇也想得到重用，当着使者故意一顿饭就吃了一斗米饭，十斤肉，还穿上盔甲骑上马，表明自己还可以担当重任。可是使者受人离间，回去禀报赵王：廉将军虽然已经很老了，但饭量却很好，只是跟我坐在一起时，很短的时间内就拉了三次屎。小人使绊，赵王没有任用他。廉颇在魏国也不受重用，最后重视人才的楚王偷偷把他接到楚国。廉颇做了楚国的将军后，没有立下什么战功，他说："我想指挥赵国的士兵。"终老楚国的廉颇，对赵国的忠心日月可鉴，未遇明君，留千古遗憾。

2.全班交流，丰富认知

学生认真倾听批注理解，积极回应，或赞同顺应，或提出补充认识，或提出不同认识。

3.对比解读，加深理解

出示老师对廉颇的解读，学生阅读后交流：或赞同顺应，或提出补充认识，或提出不同认识。

《我看廉颇将军》　（笔者撰写）

原著中廉颇在完璧归赵这个故事简单出场："赵王与大将军廉颇诸大臣谋"，这里说明廉颇是赵王身边极为重要的大臣，国之大事与他商量，廉颇在赵王的心中地位很重很高。

廉颇把赵王送到赵国的边境，与赵王诀别说的话语可以看出廉颇同样智慧果敢，不惧强秦，最坏的打算是屯兵边境与秦决战。同时还有大臣对君王的忠心赤诚，虽是武将，却也谋划细密，连赵王来去的时日都估算好，还从长计议国之大计，连拥太子为王的话也敢讲，幸好赵王是明君，否则可能遭杀头之祸。可见廉颇既能治军安邦，也能运筹帷幄，有韬略识见，亦不愧智勇之士。

前面我们读到廉颇的地位很高，资历深厚，蔺相如从一介门客平步青云，廉颇的不服气也在情理之中。

负荆请罪展现廉颇作为武将的风范。当廉颇听到蔺相如躲避他的原因后负荆请罪更是体现其通达明理，明辨是非。武将改错的魄力与坦荡史上无双：一脱一绑一负一请，既直爽又诚恳。这样的改错方式，难道不需要果敢勇气吗？一员老将向新秀如此坦诚热烈地请罪，不会去想有没有人笑话他，有没有人指指点点，廉颇实在是一个可爱可敬的人。

廉颇心直口快，发小脾气不使大绊子。不使明枪也不使暗箭，后来赵国弱亡，相当大的原因是小人使绊，君王用人不善，上下不和。廉颇只是不服气，想出口气，让蔺相如下不来台而已。能说出来，是他光明磊落的表现。

综上，细读课文可以看到一个具有理性的反思精神的廉颇。子贡说"君子之过也，如日月之食焉，过也，人皆见之，更也，人皆仰之"，《左传》言"人非圣贤，孰能无过，过而改之，善莫大焉"。廉颇的改错别于常人，改得大气磅礴，改得感人肺腑。

读原著，更可以看到一位有家国情怀、功勋显赫、武将智勇的廉颇。司马迁没有评价廉颇，而单单评论了蔺相如，是因为蔺相如一介平民而官至国相，智勇非凡超拔。而廉颇的智勇是武将的智勇，廉颇的声望不可小觑。蔺相如敢与秦王针锋相对也有廉颇的武勇善战作后台。司马迁作传篇名为《廉颇蔺相如列传》而不是《蔺相如廉颇列传》，亦可见两人在赵国的声名显赫，可见廉颇的声望资历高深。

廉颇蔺相如真可谓智勇双全，国士有双！

4. 课外练习，阅读提速

《史记》被鲁迅誉为"史家之绝唱，无韵之离骚"，其史学、文学价值地位都很高。课外阅读《白话史记》中的故事，边读边提取重要信息，梳理内容。每天坚持至少十五分钟练习尝试快速阅读，用上笔尖辅助等方法快速阅读。

【设计意图：学生对廉颇的认识往往流于表面——计较个人得失、知错能改。这个认识是不全面的，补充材料立体化地认识人物，同时训练快速阅读的能力，培养学生阅读探究的兴趣，将阅读从课内迁移到课外】

五、识写生字，积累词语

本课要求认识的生字较多，根据学情以及汉字特点可以采用不同的方式进行记忆。"蔺"不要读成后鼻音。"璧"与形近字"壁"作比较，理解"璧"是古代的一种玉器，扁平，圆形，中间有小孔，所以是"玉字底"。"袍"与"抱"比较，"袍"是中国传统服装的一种，指直腰、过膝大衣，所以是"衣字旁"。"廉"与"谦、兼"作比较，三个字读音不同，强调读字不能只读半边。本课的大部分生字可以结合词语记忆。如，"抵御"两字都有"抵挡"之意；"推辞"两个字都有"躲避，推托"之意；"侮辱"两个字都有"使羞耻"之意。学习"擅"字时，可结合"擅长"理解，区分"擅长"与"善于"，两个词都指在某方面有特长，但是"擅长"不能写成"善长"。

掌握本课"强、划、削"三个多音字的读音，一是要在具体的语言环境中识记，二是通过让学生用不同的读音组成词语加深理解。

本课要求会写的字，可以分类指导。"臣、典、拒"重点指导笔顺。"臣"的笔顺：横、竖、横折、横、竖、竖折；书写"典"字时，提醒学生注意上部的笔顺：竖、横折、横、竖、竖、横。"诺、荆"是左右结构的字，不要写成上下结构。"召、宫、罪"为上下结构，"召"上边"刀"的撇要长，下面的"口"要扁一些，撇要盖住"口"。"宫"字下部两个"口"上小下大。"罪"上面的"四"要写得扁一点，不要太大。

《将相和》学习单

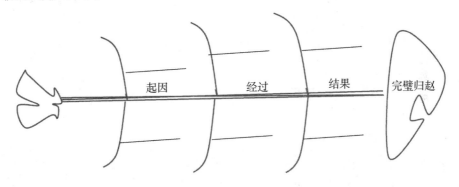

图4-7　鱼骨图1

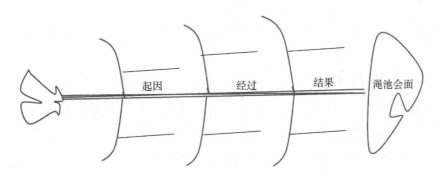

图4-8　鱼骨图2

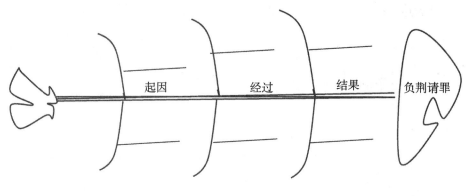

图 4-9　鱼骨图 3

3.1 《什么比猎豹的速度快》文本解读

《什么比猎豹的速度快》是一篇事物性说明文，介绍事物运动的速度。文章共介绍了八种事物的速度，简洁明白，不显呆滞，源于作者高明的写作方法。

其一：标题画龙点睛抓住读者的眼球

标题以设问呈现，引发读者的思考和阅读期待。有经验的读者读标题就明白了这篇文章的说明对象是事物的速度。课文插图出示了人、鸵鸟、猎豹、鹰隼、飞机、火箭、流星体、星光。看插图，读者不禁思索：哪些事物的速度比猎豹快呢？

为解决这些疑惑，一读为快。

其二：强烈的读者意识引发阅读兴趣

说明文的语体显客观，这篇文章的说明内容也很客观，但总给读者阅读的冲动热情，是为什么呢？

文章作者关注到了文章的阅读对象，让读者参与到文章中来。从标题设问开始，就开始了与读者的对话式说明。

文章一开篇就直接和读者交流：

也许你跑得很快。不过要是你跟猎豹或鸵鸟赛跑的话，就一点儿赢的希望也没有了。

开篇让读者感觉到作者在直接给自己交谈，而且出现三种事物：人、猎豹、鸵鸟，直接关联标题。但标题是"什么比猎豹的速度快"，人和鸵鸟都比猎豹慢，为什么还要写人和鸵鸟？

为了让读者具体感知猎豹的速度有多快，作者以读者最切身的感受和最有代表性的事物写起，突出猎豹的速度快。

这样表达一是拉近与读者的距离，二是让说明内容更清晰，三是让读者易于理解。

整篇文章的读者意识从标题始，终于文章结束，全篇把"你"和"我们"联结起来，进行聊天对话式交流，作者似乎就在读者身边。在说明中还加入引导读者的感叹词，仅一个字独立成句，如：

对！我们需要一枚火箭。

看！前面呼啸而过的东西是什么？

作者似乎带着读者在宇宙游历。

其三：关键词句说明事物，每段结构与表达特点相似

从第二自然段开始，每段聚焦课题关键词"什么"和"速度"及关键句"什么比猎豹的速度快"，用比较和列数据的方法准确说明事物。如表4-3所示。

表4-3　关键词句

"什么"	"速度"	"什么比猎豹的速度快"		
人	能够达到24千米/时	关键句	比较对象	表达特点
鸵鸟	最大速度约72千米/时	2.(人)这个速度跟鸵鸟比起来差远了。	人和鸵鸟	每段结构类似；作比较；先写速度慢的，再写速度快的事物；列数字……
猎豹	可达110千米/时	3.比鸵鸟跑得更快的动物就要数猎豹了。	鸵鸟和猎豹	
游隼	超过320千米/时	4.(游隼)这个速度是汽车在高速公路上飞速行驶时速度的两到三倍。	汽车和游隼	
喷气式飞机	约数倍于1050千米/时	……	……	
火箭	能达到4万千米/时			
流星体	最大能达到25万千米/时			
光	大约30万千米/秒			

说明每种事物的速度时，有关速度的数字都用了一些副词作限制，见上表加点的词，去掉这些副词，就不能准确、科学地说明事物的速度。这些词语的使用体现了说明文语言的准确、科学性。

3.2　《什么比猎豹的速度快》学情及教辅系统解读

【学情解析】

前面两课通过在阅读中计时，学生初步形成了阅读要关注速度，也练习了一些方法，如：遇到不理解的词暂时放下，不回读；根据不同的文本特点用适宜的方法读，散文用上想象画面的方法，历史故事用讲故事和品析人物形象的方法；连词成

句扩展视域的方法。这一课在用上前面一些方法的基础上，学习说明文的阅读方法：抓关键词句提取重要信息和关注说明的方法。

【阅读提示】

借助关键词句，用较快的速度默读课文，记下所用的时间。

单元的每篇课文都有这样的提示，强调阅读要有速度意识，要在理解内容的基础上提高速度。

【课后练习】

练习一：你读这篇课文用了几分钟？了解了哪些内容？和同学交流自己的阅读体会。

习题下方出示两个伙伴的交流：

我发现每个自然段基本上讲的都是一种事物要比另一种事物的速度快。了解了课文表达上的特点，我读得更快了。	我读到第三自然第一句话，就猜到这一段要讲的内容是猎豹比鸵鸟的速度快。

此题重在引导学生明白提速以不损害理解为指向，因此既要关注速度，也要关注理解。可以和同学交流了解的内容，也可以交流用了哪些方法来理解。比如，用上前几课学到的方法或者是自己探索的方法。小伙伴的交流提供了抓住文本特点阅读理解，提速的目的是理解，因此更好地理解课文的方法，也是提速单元要引起重视的内容。

练习二：根据课文内容，按运动速度的快慢给下面的事物排序，照样子填序号。

此题重在引导学生抓住关键词，在初读课文时就要达到这个目的。

练习三：提出自己感兴趣的或不懂的问题，带着问题再读课文，和同学讨论。

此题重在引导学生自主提问，让学生带着思考阅读，引导阅读走向深入化，实现深层阅读，提高阅读质量。

3.3 《什么比猎豹的速度更快》教学设计

【教学目标】

1. 通过随文识字和集中识字，认识5个生字，读准多音字"冠"，会写"冠、俯"等10个生字，积累"猎豹""冠军"等12个词语。

2. 用上前几课学到的快速阅读的方法阅读课文，进一步学习抓住课文表达特点提取关键信息理解课文。

3. 尝试在阅读中提问并带着问题深入理解课文。

【**教学准备**】计时器、课件。

一、初读课文，抓关键词理解

1. 欣赏视频，学习激趣

同学们，这是奔跑中的猎豹。猎豹获取食物以速度取胜，但是你知道吗？这世界上还有比猎豹更快的事物呢！今天就让我们一起走进课文。（学生齐读课题：什么比猎豹的速度更快）

2. 提取关键词，预测内容

你认为课题"什么比猎豹的速度更快"的关键词有哪些？读课题你认为文章会写什么内容？

预设：关键词有"什么""速度"。

3. 快速阅读，提取信息

（1）用上前几课学到的方法快速默读（集中注意力、笔尖辅助、不回读、连词成句地读等方法），边读边画出关键词：与猎豹相比的事物及其速度。完成后看大屏计时器在标题旁记录时间。读得快的同学可再次浏览，试着记忆重要信息。

（2）了解阅读速度与效果：三分钟之内完成任务的孩子举手，超过三分钟的孩子举手。师重点引导：不与他人比速度，记得在自己的基础上提速，赶超自我，要在理解课文的基础上提高阅读速度。

（3）挑战记忆与理解：交流圈画出的关键词，再次抓关键词，结合书中插图快速浏览，试着用"课文写了（　　　　）比（　　　　）的速度更快"说一说文章的主要内容。

（4）借助插图，复述内容：关上书，看大屏的图画说一说课文的主要内容。

【**设计意图**：平衡阅读速度与理解一定要有方法的引导，此环节运用前面学到的提速方法的同时，引导学生抓住关键词，给予充分的过程练习，达到初步理解课文的目的】

二、细读课文，深入理解

1. 快读课文，图像化记忆理解。

（1）抓住关键词完善鱼骨图（图4-10），完成后同桌相互说一说自己的理解。

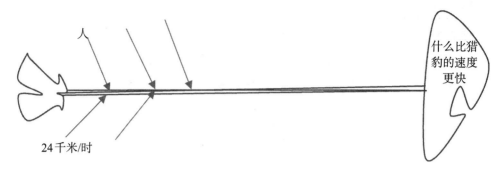

人

24千米/时

什么比猎豹的速度更快

图 4-10　鱼骨图

（2）完成课后练习2，交流快速阅读与理解的方法。

（快速阅读的方法有集中注意力、笔尖辅助、不回读、连词成句地读，理解的方法有：快读快思、抓关键词句、提取信息、图像化等）

【设计意图：前一篇课文尝试了鱼骨图提取信息理解文章，鱼骨图是思维导图的一种，阅读时用上思维导图，可以清晰地梳理文章的内容，让内容可视化，加强记忆理解。本篇课文可以继续练习，让学生体会其运用方法及意义。在此基础上完成课后练习达到较为深入理解文章的目的】

2.细读课文，抓表达特点深入理解

（1）快速默读课文，用波浪线画出第2、3、4自然段揭示主要意思的关键句。

（2）思考：课文每个自然段表达上有什么特点？

（3）交流总结，完善表4-4的内容。

表4-4

"什么比猎豹的速度快"		
关键句	比较对象	表达特点
2.(人)这个速度跟鸵鸟比起来差远了。	人和鸵鸟	每段结构类似；作比较；先写速度慢的，再写速度快的事物；列数字……
3.比鸵鸟跑得更快的动物就要数猎豹了。	鸵鸟和猎豹	
4.(游隼)这个速度是汽车在高速公路上飞速行驶时速度的两到三倍。	汽车和游隼	
……	……	

【设计意图：本课表达上的特点特别值得关注，抓住其表达特点，也可以提速和加深理解】

三、思考提问，读思结合深入理解

再读课文，边读边思，提出自己感兴趣的或不懂的问题。把问题按类别写在问题清单里，如表4-5所示。

表4-5

《什么比猎豹的速度更快》问题清单		
提问角度		
针对内容	针对写法(怎么写、为什么这样写)	联系生活针对启示

【设计意图：这是课后练习的一道练习题，其实质指向对课文的深入理解，指向学生主动探究阅读。带着问题阅读也是四年级策略单元集中学习的重要方法，四年级有了奠基，学生明白了提问的角度和价值判断，再次回应巩固，加强方法的综合运用】

一、阅读思考，交流解决问题

1.阅读课文，自主解决问题。

2.小组交流，解决个人未解决的问题，或探究同学提出的有意思的问题。

3.全班交流未解决的问题和重要的问题。

提出问题和解决问题的过程放手交给学生，老师要作好倾听、思考、交流的引导，同时对于课文写作上的特点有以下几个问题要重点关注。

标题是"什么比猎豹的速度快"，开篇为什么还要写人和鸵鸟？

这篇说明文较其他说明文在人称使用上有很大不同：用"你"和"我们"有什么好处？

在说明中还加入引导读者的感叹词，仅一个字独立成句，有什么意义？如下面的句子：

对！我们需要一枚火箭。

看！前面呼啸而过的东西是什么？

如果学生提出了此类问题，则应鼓励，如没有提出，老师可顺应学情提出来。

【设计意图：带着问题阅读是课后练习的指向，不能虚化。提问阅读是四年级有针对性地培养的能力，有助于阅读的深入理解。上节课借助清单提出问题，为解决问题作准备。利用课余时间，学生还可以查阅资料更好地释疑交流。此环节给予学生充分的自主学习探究的过程，保障阅读的主动性，让阅读走向深入，这是深入细读慢读课文的重要方法。体现了提高阅读速度当快则快，当慢则慢的灵活技巧】

二、迁移拓展，强化运用方法

1.阅读《谁的住宅最棒》，用上提高阅读速度与增强理解的方法，边读边思考：

文章介绍了哪些动物的住宅？它们住宅的特点是什么？边读边勾画关键词句，读完并能解答问题后看大屏计时器计时。

2. 汇报交流

我用了（　　）分（　　　）秒读完这篇文章，文章介绍了（　　　　）的住宅？它的住宅特点是（　　　　　　）。我提速与理解的方法是（　　　　　）。

3. **每天坚持至少十五分钟练习快速阅读课外书籍，用上适宜的方法提速并理解。**

【设计意图：学方法用方法是一个熟能生巧的过程，本文内容不深，文章简短，趁热打铁读结构与写作特点明显的文章，进一步强化方法的运用。从课内迁移到课外，既引起学生课外阅读的兴趣，也引导学生课外阅读的提速与理解，有目的有意识地阅读】

三、生字识写，积累运用

为了帮助学生提高阅读速度，在读课文的时候，要提醒学生，有的字不认识，不会读，不一定影响理解，不必停下来认读，也不要回读，可以在后续的学习中记忆生字。比如"隼"，读到"游隼"的时候，可能不知道这是一种什么动物，也不知道"隼"字怎么读，但只要借助句中的"俯冲"体会到这是一种鸟的名字，就可以了。

学习"赢"字时，让学生观察字形，回忆二年级学过的《"贝"的故事》，理解带"贝"的字大多与货币有关，"赢"字有获利的意思，可以把"赢"字拆为"亡、口、月、贝、凡"进行记忆。"瀚"为形声字，意为"广大"，可结合词语"浩瀚"来记。"鸵"字可结合"鸵鸟"一词记忆。多音字"冠"读作"guàn"时，是动词"居第一位"或"把帽子戴在头上"的意思，文中的"冠军"一词取第一个义项。

本课要求会写的字中，"冠、枚、置"重点指导写正确。写"冠"字时要注意部首是"冖"，不要写成"山"；写"枚"时注意不要把"攵"写成"夂"。"置"上边的"四"要写得扁一些，下面是"直"，里面是三横，要写得紧凑一些，末笔横要写得长一些。"俯、喷、枚"都是左右结构，书写时要注意左窄右宽。"喷"字左边的口字旁要写得小一些，右边"贲"要写得紧凑一些，中间的草字头要写得扁而宽。"冠、箭、简、置"都是上下结构，其中"箭、简"都是竹字头的字，"箭"中间的长横要写得平正、稍长，"简"字下面的"间"要写得方正。

4.1　人民智慧创造的奇迹
——《冀中的地道战》文本解读

《冀中的地道战》是一篇说明文，说明的事物与我们有一定的隔膜。正因为其生疏，才有吸引力，更能引发人们的好奇心与求知欲。

读标题，一般会问：冀中指哪个地方？地道是怎样的？为什么会有地道战？可用上预测和提问策略开始对文章的阅读。读者会联想这篇文章可能要介绍地道的式样和地道战的特点。沿着这个思路阅读，方向就对了。似乎不理解地点"冀中"也不受影响，这个观点既对又不对。要深入理解课文，对"冀中"这个地点不能只停留在地名意义的理解上，还要理解地道战期间"冀中"的战略位置。"冀"是河北省的别称，"冀中"指河北省的中部地区，该地区河流纵横，物产丰富，交通发达，其特殊的战略地位，成为抗战时期敌我双方争夺的重要地区之一。冀中的地道战是用来防御敌人的斗争方式。

为了让读者清楚了解冀中的地道战，课文按总分总的顺序写作。总写（1~3）：介绍地道战产生的背景及作用，赞美地道战是人民智慧创造的奇迹。分写（4~7）：具体写地道战的奇迹表现。总结（8）：再次强调地道战在抗日战争中的作用并高度评价"在我国抗日战争史上留下了惊人的奇迹"。

介绍地道战的背景三言两语便把日军嚣张的气焰令人发指的行为揭示出来。"大扫荡"指敌人实施的三光侵略行径：烧光、杀光、抢光；封锁沟、封锁墙、"十里一碉，八里一堡"，说明日军建立了很多防御工事阻击我军。中国人民已经无法在自己的国土生存，无法保卫国土的完整，就开始了地下生活与作战。

地道的奇迹在于四通八达，既可避敌也可击敌，还可种地过日子。在特殊时期中国人民能创造出这种坚强的堡垒，是智慧创造的奇迹，是胆识创造的奇迹，是人民生生不息的意志创造的奇迹。

地道的奇迹一：地道的式样多，有一百多种。作者列举了任丘地道的模样和地道里人们的生活情况。

地道的奇迹二：地道很隐蔽，里面设计了各种打击敌人的方式。

地道的奇迹三：化解敌人的火攻、水攻、毒气攻击。

地道的奇迹四："无线电""有线电"通信联络。

4.2　《冀中的地道战》学情及教学辅助系统解读

【学情解析】

本文是提高阅读速度单元的最后一篇课文，也是一篇精读课文，和前面阅读策略单元的编排有所不同，前面的策略单元都有略读课文。略读课文的教学定位是练习运用精读课文学到的方法。这一课同样要练习运用前面学到的方法，还有新的方法介入：带着问题阅读，即用上了四年级学到的提问策略。其实阅读策略的运用不是孤立的，常常是多个策略协作完成，教材专门列举出了这几个单元，将其作为小学阶段阅读策略训练的重点内容。《什么比猎豹的速度快》课后练习三也指向了提问策略的运用。本课把提问作为提高阅读速度的重要方法再次训练巩固，达成训练目标——提速提质，因而提出的问题要对阅读理解有帮助，回应并巩固了以前习得的技能。

读者常常会纳闷，带着问题阅读既要读又要思，是不是会降低阅读的速度。其实不然，关键在于问题的质量，问题要指向对文章的理解，因而带着什么样的问题很重要。阅读课题一般就能提出针对全文的问题，老师可以引导学生筛选。带着问题阅读还有一个好处是避免阅读的盲目性，迫使读者集中注意力，边读边思，让大脑繁忙起来，这样既可以照顾阅读的速度，又可以提高阅读的效率。

课文内容不难理解，但"地道""地道战"是很陌生的事物，学生往往会有一些疑问。比如："大扫荡"、封锁沟、封锁墙、"十里一碉，八里一堡"等词句是什么意思？这些词句不影响阅读，读下文就知道其意思是敌人用各种强暴的方式侵略我军。为追求阅读速度因其不影响阅读理解可以把这些词语放一放，但为满足好奇心求知欲，可查阅资料具体了解后交流。

比如地道中复杂的地理结构怎么更好地理解？可以引导学生试着在脑中勾画地道的立体全景图，可以引导学生抓住关键词以思维导图呈现理解。

【阅读提示】带着问题，用较快的速度默读课文，记下所用的时间。

提示把带着问题阅读作为提速提质的重要方式，因此阅读前就要有目的有方向。

【课后练习】

练习一：你读这篇课文用了几分钟？了解了哪些内容？和同学交流自己的阅读体会。

下附两个学习伙伴的阅读体会。

伙伴一：看到课文题目，我产生了疑问："地道是什么样的？在地道里怎么打仗呢？"带着这些问题读，我对课文内容理解得更快了，阅读的速度也快了。	伙伴二：讲到"人在地道里怎么能了解地面上的情况呢"，我就知道这段话要讲什么，所以我读得很快。

练习一强调阅读要有速度意识，在提高速度时尽可能多地了解课文内容。和同学交流阅读体会主要指向是用什么方法可以快速了解课文内容。

伙伴一的体会强调了阅读时带着问题读可以提高速度与质量，伙伴二谈到了抓住关键句来理解内容提高速度。

伙伴示范了这些方法，学生还可能有更多的方法，包括前面学过的不回读、抓关键词句阅读等等。再比如传统的阅读经验不动笔墨不读书，边读边圈点勾画重要词句，边读边用浓缩的词语批注阅读体验，边读边在脑中想象图景，边读边概括内容等等。总之，阅读时，必须要专注，要开动脑筋。

练习二：地道战取得成功的关键是什么？结合课文内容说一说。

此题旨在考查学生整体把握文本内容的能力，概括文本内容的能力，强调要结合课文内容有理有据地谈而不能游离课外随意发挥。可以具体说，也可以概括从以下方面说：

面对日寇的毒辣"扫荡"，我国军民的英勇顽强抗争；人民的智慧——开辟了地道这种隐蔽的场所既能生产、生活也能御敌、攻敌。

4.3 《冀中的地道战》教学设计

【教学目标】

1. 认识"侵、略、垒、丘、搁、陷、拐、岔"等9个生字，会写"侵、略、筑、堡、党、丘、妨、蔽、陷、拐"等10个汉字，积累"侵略""修筑"等14个词语。

2. 学习带着问题快速默读课文，并综合运用前面学到的方法提速提质。

3. 理解课文内容，了解地道的特点，感受冀中人民的智慧。

4. 通过学习地道之奇和攻守之道，体会地道战胜利的关键是冀中人民的顽强斗志和智慧才能。

【教学过程】

一、扫读游戏，提速练习

1. 同学们，我们继续玩闪读游戏。先让眼球进行360度的快速转动，顺时针转起来（30秒左右），逆时针起来（30秒左右）。

下面来看看谁能一眼看完、记住所有词语。

屏幕闪现以下词语，停留时间1～2秒。

十里一碉　八里一堡　不计其数　一夫当关　万夫莫开　无穷无尽

交流后谈秘诀：集中注意力扫读并记忆。

2. 下面快速浏览一段话，边读边思考，抓住关键词或自己归纳提取关键信息，说一说这段话主要写了什么内容。

（1）1942到1944那几年，日本侵略军在冀中平原上"大扫荡"，还修筑了封锁沟和封锁墙，十里一碉，八里一堡，想搞垮我们的人民武装。

（2）为了粉碎敌人的"扫荡"，冀中人民在党的领导下创造了新的斗争方式，这就是地道战。

（3）说起地道战，简直是个奇迹。

（每快速浏览完一段内容就交流，三段内容交流后再次明确阅读秘诀：集中注意力，边读边思，学会提取并概括信息）

【设计意图：用上前面学到的方法，再次训练扩大视域连词成句地阅读。闪读利用多媒体促使学生跟上阅读节奏，采取扩大视域的方法，用上连词成句这种方法阅读。扩大视域还可以是成句成行地读或是几行几行地读，特别是后者，要经过专门长期的训练才能达到，对于高年级的学生来说，能做到成句成行地读就很好了。无论何种形式的阅读，都要重视理解，因此教学时特别强调阅读后要说出读到的信息。而要说出信息，一要记忆，二要快速思考，三要提取信息，因此在阅读中大脑是匆忙的，不能开小差，保证了阅读的积极自觉性，保证阅读的效果】

二、方法引路，初读课文

1. 回顾方法，梳理总结

在前面三课的学习中，我们都用过哪些方法帮助阅读与理解？

学生交流后明确：回顾阅读速度有快有慢，当快则快当慢则慢。什么时候快，什么时候慢，如何快，如何慢，参照表4-6的梳理。

表4-6

提高阅读速度与理解文章		
阅读速度	快读	慢读
操作方法	默读 笔尖辅助 不回读 连词成句读 快读快思	想象美读、分角色朗读、表演读 咀嚼词句——篇章特点 提取信息——抓关键词句、归纳概括 思维导图（图像化视角化）

2. 提问阅读，练习方法

（1）请大家浏览阅读提示，看看阅读提示告诉我们什么关键信息？

明确：带着问题用较快的速度默读，试一试就知道阅读的效果了。

（2）看到课题，你会产生哪些问题呢？

预设重要问题：

> 冀中在哪？（此问不影响阅读理解，但可以了解知识，扩充视野。）
> 地道是什么样子？
> 地道里怎么作战？
> 为什么会有地道战？

（3）请大家带着这些问题，快速默读课文，看看自己能否解答这些问题。读完对问题有了思考，看大屏计时器把时间记在课题旁。

（4）学生交流：

①读完全文，你花了多少时间？

②读完课文，你解决了自己的什么问题？

③再次快速浏览全文，你又有了新的问题吗？是什么？

④再次快速浏览，相互交流解答提出的新的问题。

【设计意图：回顾前面学过的方法，这里同样可以用上一些，笔尖辅助、集中注意力、不回读、连词成句等方法都可以用上。本文重点练习带着问题阅读，感受有目的地阅读的效果，一是感受速度，二是感受理解。这里的带着问题阅读和四年级提问策略单元专门学习提问有所区别，说这里带着问题阅读是四年级提问策略单元的升级。这里的"问题"在阅读前就要提出来而且是对理解课文有帮助的问题，如果带着一些对理解课文无关紧要的问题阅读，带不带问题阅读效果都一样，而且还会对阅读形成干扰。此文是一篇说明文，说明文的标题就是说明对象，说明文的内容就是围绕说明对象展开的，因此，针对课题提问阅读的导向是正确的。一般情况下，文章的题目是文眼，针对文题提问，就能提出理解全文内容方面的问题。让学生提出后进行筛选，锁定重要问题阅读，保证阅读理解方向正确】

三、细读深思，体悟"奇迹"

1. 初感"奇迹"，整体感知

（1）如果用一个词语来表达作者对地道战的评价，你认为应该是哪个词？

预设："奇迹"。

（2）奇迹一词在文中出现两次，我们来读读有关"奇迹"一词的两个句子。

出示句子：

说起地道战，简直是个奇迹。

冀中平原上的人民不但坚持了生产，还有力地打击了敌人，在我国抗日战争史上留下了惊人的奇迹。

（3）联系段落快速阅读思考，说一说对"奇迹"一词的理解。

2. 细味"奇迹"，深入理解

（1）细察"构造奇"

请同学们看这幅插图（大屏投影文中插图），默读课文前，你能想象得到这是地道里吗？人们在地道里能如此生活，地道有着怎样奇迹般的构造呢？请大家快速阅读课文4~5自然段，边读边勾画关键词句，也可简笔勾画地道构造或在脑中画图，然后用自己的话说一说：地道的构造奇在（　　　　　）。

预设：地道的构造奇在：式样多、取点异、够高度、洞顶牢、洞口多、容积大、物品全、有气孔、宜生活、出口隐蔽、有陷坑、防守洞、迷惑洞、设子口。思维导图如图4-11所示。

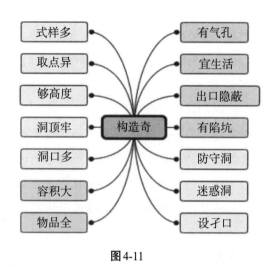

图4-11

（2）感受"防御奇"

快速默读第六自然段，勾画关键词句，厘清攻防的对应关系，说一说：敌人如何攻击地道，人们如何防守？

学生交流后明确：（图4-12）

图4-12　**地道战防守方法**

（3）探秘"联络奇"

快速默读第七自然段，抓关键词句，说一说什么是"有线电"？什么是"无线电"？

学生交流后明确：因地制宜的联络方式及命名体现人民的智慧。

（4）再次快速浏览全文，用自己的话说一说地道战建立了怎样的奇迹？

3. 释疑"奇迹"，感悟智慧

快速阅读并思考：地道战为什么是抗日战争史上惊人的奇迹？

（教师相机引导学生全面分析文本深入理解文本，一是日寇的嚣张气焰与令人发指的行为，二是人民的英勇与智慧）

【设计意图：快速阅读不只追求速度，还要保障阅读理解，对课文内容作分析性解读理解时，则需要慢读深读细读。此环节在前面学习的基础上对课文作分析性解读，抓住"奇迹"一词牵一发动全身，初感"奇迹"与细味"奇迹"相结合，既用上了快速浏览的方法，也用上了抓住关键词句快读品析的方法，速度有快有慢，为不同的阅读目的服务】

四、拓展联结，再感智慧

1. 拓展延伸，积淀文化

抗日战争面对强敌狠辣入侵，血腥残暴的"攻击"，仅靠正面交锋无法取得胜利，因此冀中人民还做好了"守"。攻守之道历来是兵家绕不开的话题，来看看《孙子兵法》对攻守之道的表述，结合课文说一说你的理解。

出示《孙子兵法》选段：

> 善守者，藏于九地之下；善攻者，动于九天之上。
> ——战国·孙武《孙子兵法·形》

释义：藏，指隐蔽。动，行动。

善于防守的，布防隐蔽之密就像藏在九地之下一样；善于攻击的，袭击速度之快就像从天而降一般。此言军事行动要隐蔽，不可为敌人所知的重要性。

2. 联结文本，再感智慧

结合《孙子兵法》选句和《地道战》一文，说一说地道战胜利的原因。

预设：不畏强敌，以守为攻，善守善攻；人民有无穷的智慧。

【设计意图：此环节将理解引向更深的层次，拓展阅读回扣文本。既立足文本深化了对文章的理解，又拓宽视野实现了与传统文化的对接，培养学生思维的全面性与深刻性，实现语文核心素养的课堂教学的落地】

五、生字识写，积累词语

本课需要认读的生字中，"侵、略、丘、陷、拐"要求又认又写。单独要求认识的只有"垒、搁、岔"三个生字。多音字"任"在本课出现在"任丘"一词中，读"rén"。任丘是地名，在河北省。可提醒学生，"任"字作姓氏时，也读"rén"，不能读成四声。这些字的读音结合具体的语境，在随文阅读中基本掌握，可以集中再读，巩固加深。

本课要求会写的字均为常用字，"侵、略、妨、陷、拐"为左右结构，要写得左窄右宽。同为上下结构的"筑、党、蔽"书写时上窄下宽，尤其注意"党"字的前三笔"竖，点，撇"（小字头），不能写成"点，点，撇"。"堡"则上宽下窄。指导"妨"字书写时可以回顾《搭石》一课中的"访"字；"蔽"字左下部分的笔顺容易错，应为：点、撇、竖、横折钩、竖、撇、点，注意右边的"攵"不要写成"夕"或"夂"，不要写成左右结构。

【板书设计】

构造奇

奇迹　　防御奇　　智慧

联络奇

第三节　提高阅读速度实践拓展

　　统编教材设置提高阅读速度单元，把提速安置在重要的学习里程中。有专家专门指出提速不是速读课程，但关于提速的技巧方法性的训练必不可少。教材一个单元四篇课文的训练只是开启提高速度的步伐，如果止于单元学习，对提高速度来说无异于蜻蜓点水，练与不练学与不学效果差不多。仅仅止于教材提到的方法训练，对提速提质来说远远不够。作为教师，笔者平常也有阅读的习惯，但阅读时不关注速度不有意识地训练速度，阅读的效率是不高的。研究阅读提速，笔者也亲自尝试了一些训练方法并获得了立竿见影的效果，本章将简单易行适合小学生的方法列举出来，希望对您有所启发。在列举具体的方法前，有必要解释一下为什么要经历各种方式的反复训练以及学生在训练中应有的心理期待。

　　为什么要尝试多种方法的反复训练?

　　提速本身需要多种方法的练习，而多种方法也能激发小学生练习的兴趣。提高阅读速度是阅读的一种技能，技能的习得需经历一定的过程，反复训练熟能生巧是不二法门。德国的克里斯蒂安·格吕宁的研究表示技能的熟练掌握一般会经历四个阶段：不知己不能—知己不能之—知己已能之—不知己能之。对技能学习阶段的划分笔者十分认同，格吕宁用学开车为例解释了这四个阶段的练习，笔者结合我国小孩子基本都会经历的学用筷子吃饭为例来阐释此过程，在心中思考一下：作为教师（或读者）的你，处于哪个阶段。一般说来，教师的技能应高于学生，如果我们自己还没有熟练掌握此技能，那就跟学生一起练习吧。阅读提速对于会识字的人来说在人生的任何阶段都不晚。

　　笔者梳理出图4-13具体呈现的技能学成的四个阶段。

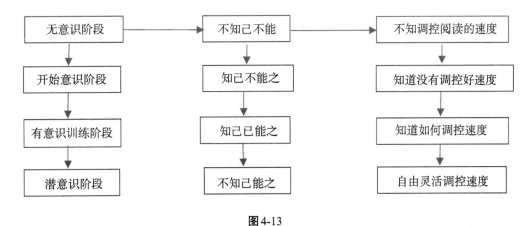

图4-13

以学习拿筷子吃饭为例（别小看这项技能，对聪明的老外来说，难度系数不亚于学说外语），来看这四个阶段的具体过程：

婴幼儿时期还不会用筷子吃饭，因为他还不具备学习这项技能的身体条件，吃饭由成人辅助完成，不会用筷子也不影响就餐，不会造成任何心理上的不安。这是第一阶段无能力也无意识，即"不知己不能"。随着年龄渐增，看到别人能够用筷子吃饭，而且父母一般也会要求他教他用筷子吃饭，这是中国的传统习惯。这个阶段他会认识到原来自己不会用筷子吃饭，拿筷子要经过反复的练习。这是第二阶段开始意识自己缺乏这个技能的阶段，即"知己不能之"。然后通过观察大人拿筷子的方法，或者大人手把手教，自己反复训练，直到某次不仅能拿好拿稳，还能挑菜准确地送到口中。这是第三阶段通过有意识训练能稳稳当当地拿筷子吃饭的阶段，即"知己已能之"。接下来，吃饭时随便抓起筷子不需要思考食指拇指如何拿捏便能随心所欲地操作，忘记了一切的规则技巧，享受吃饭的乐趣，进入到最后的阶段即潜意识阶段，也就是"不知己能之"。试想想，才学会用筷子吃饭的孩子会得到父母多少赞许的目光，但有哪个父母会因为青少年会用筷子投来赞许的目光？有哪个青少年会对他人说：哇，我会用筷子吃饭耶！但一个刚学会用筷子吃饭的幼儿绝对会为自己学会这项技能得意洋洋。

对照技能的这四个习得阶段，提高阅读速度也一样会经历这样的过程。作为读者的你是不是从未计算过自己的阅读速度？从未练习过如何提高自己的阅读速度？笔者诚实地说，在接触这个技能训练点之前，我的答案是否定的。以前经历的这个时期就是"不知己不能"，即不知道阅读要有适宜的速度，不知道在保证阅读质量的前提下阅读速度越快越好，不知道有必要训练自己的阅读速度。当接触到这个技能训练点时，发觉只是凭自然习惯阅读，不讲方法不讲速度，要达到小学高年级300字/分都需要训练，此阶段为"知己不能之"，即知道自己缺乏快速阅读的能力，需要训练快速阅读的能力。然后阅读各种介绍提速方法的书，选择适合自己的方法训练，经过这样的训练改变了阅读的定势习惯，带着目的读，有一定方法技巧读，并且进行专项的提速练习。对于笔者来说，因为常年有阅读的习惯，因此效果立竿见影。经过两月的训练，阅读效率大大提高，可以说进入了第三阶段即"知已已能之"，明白自己能够有目的有方法地调控阅读速度。但要进入第四阶段即潜意识阶段，拥有熟练的阅读方法与技巧，能够阅读各种文本，视文本难易度、阅读目的与自身阅读经验灵活自如地调控速度还需要长期的训练。笔者的练习体会：即使阅读积累少缺乏阅读的人，经过天天坚持，肯定也有效果。毕竟阅读是应该天天坚持的事，没有过程哪来速度？何况对于正是求知阶段的小学生呢？天天读，坚持读，是好事，如果有了好的方法有意识地训练，是不是可以助力学生早日成为一个熟练的阅读者，拥有较高的阅读能力呢？

回应前面提到的问题，学生在训练中应有的心理期待：

一是相信自己有提高阅读速度的能力，鼓励自己天天坚持。

二是明白阅读速度不是跟别人比，而是跟自己比，在提高阅读速度的过程中真正的竞争对手是自己。

三是提高阅读速度是一项非常有趣的智力活动。想一想一直以一个速度读，不问目的地读，别人要求读就读，是多么乏味的事。再想一想，为了达到一定的阅读目的，用各种方法训练自己的阅读速度，并且学会不同的方法提高阅读的质量，阅读不是为他人而是为自己，能够成为阅读的主人，随时根据需要调控自己的阅读速度，为自己的兴趣、为自己的学业、为自己的知识、为自己的才智而读，是多么有挑战意义的活动啊！

四是训练阅读速度自己是导师，也是学生。选择适合自己的方法并随时监控自己的阅读速度，你就可以成为很好的导师，而方法的落实阅读的长期坚持非得让你做个乖乖听话的学生，除了勤奋练习别无他法。

出发吧，咱们一起来练习。本节的练习，笔者有意选取了提高阅读速度的文章，一是通过这些文章提供训练的材料，告诉你字数，可以快速计算出阅读速度；二是通过这些材料提示你阅读方法的重要性；三是通过这些材料你将会看到方法很多，而你只需要选择自己感兴趣又有效的坚持练习；四是特别要注意的是训练需要广泛的阅读材料，选你感兴趣的文章或者整本书都行，不要局限在这点材料里。

一、测试一下你的阅读速度

（工具准备：计时器。现在你要集中注意力放松身心进入文本阅读中，按下计时器，读完文段记下时间）

文段节选自浅夏风荷的博客文章《科学运用快速阅读法，提高小学生阅读速度》。

掌握快速阅读的要领

快速阅读法是指人们从文献资料中获得有用信息的阅读方法。它强调阅读速度要尽可能迅速，将注意力集中在寻找关键词、句、段中，用较快的速度，边阅读边理解边记忆，使阅读处于一种十分活跃的状态中。

因此，快速阅读法是一种高速度的阅读法，正确使用，有利于缓解当今学生阅读能力普遍较低的状况。而具体，则要求我们：

要养成默读的习惯。

阅读分有声阅读和无声阅读。学生往往用有声阅读。虽然小学生用出声阅读有利于掌握正确的阅读法，有利于培养学生的阅读技巧。但是，有声阅读是眼、脑、口、鼻四个器官共同活动，使阅读速度受到说话速度的影响。因此，不利于学生阅读能力的提高。而默读是大脑对文字的反映，只运用眼睛和大脑两个器官，从而理解文字的意义，整个活动在人脑内部默默进行，省去了口的发声和耳朵的监听，因而速度就快得多。默读时也忌唇读。因为唇读虽然不发出声音，但同样也会影响阅读速度。

要眼脑直映

"眼脑直映"的原理告诫我们，阅读的器官仅仅是眼睛和大脑而已，阅读时不应有除眼部的肌肉运动和脑力紧张以外的任何其他外部运动。

阅读速度慢的人，往往有很多不良的多余活动。如有的人阅读时常常用手指、铅笔、尺子在页面移动或指指点点；有的人借助头部的摆动，让眼睛对准自己正在读的每一个字；有的则经常在阅读时回视，虽然这些活动在一定程度上有利于阅读的理解。但无疑地，降低了阅读的速度，也影响了阅读能力的提高。

而眼脑直映的原理要求我们在阅读时，眼球应随文字的移动而动，特别是当视线从前一行的末尾移到下一行的开头时，眼球的扫描必须准确。同时，阅读时姿势端正眼睛与书本的距离要适当，要避免长时间的阅读。当然，阅读还需要大脑的控制。特别是在学习速读时，需要强烈的动机和集中的注意力。因此平常阅读时，我们要选择一安静的环境，应学会控制自己的情绪，应发挥主观能动性，激发阅读兴趣。

抓住文献中的最重要的信息

抓住文献中最重要的信息是快速阅读的重要技巧。我们都知道，一般文献中的水分较多，即一般性的内容占据主要成分，而重要的内容如具有新知识价值的有用信息只占小部分。因此，我们要迅速获取文献中的重要信息。

首先，要注意阅读过程中的思维程序，应抓住文章中的主要内容，对其他部分可以带过，其次应指导学生按不同的文体进行不同的阅读。如在记叙文中，应着重抓住文章中的关键词。抓住最重要的信息包括一些连词和词组，从而指导阅读。如"同"和"和""更是如此"等表示我们可以快速直思，而"另一方面""可是""尽管"等，则要求我们要转换思维，从反方向加以思考。

提高语言、知识水平，增强预见能力

阅读速度与读者能否熟练掌握文献所用的语言有关。如一个汉语熟练的人，就能在感知、理解一个句子和词语时，预见下一个词语和句子。如果预见的句子又与下文句子一致时，就会使下文的阅读变得很轻松，而如果汉语运用不当，下文的阅读显然就比较困难。同样，阅读速度与一个人的知识水平有关。如果此人的知识面广，理解能力较强的话，对快速阅读，就不会存在太大的问题。所以我们应该一方面注意提高小学生正确使用语言的能力，另一方面又要增强他们预测能力。

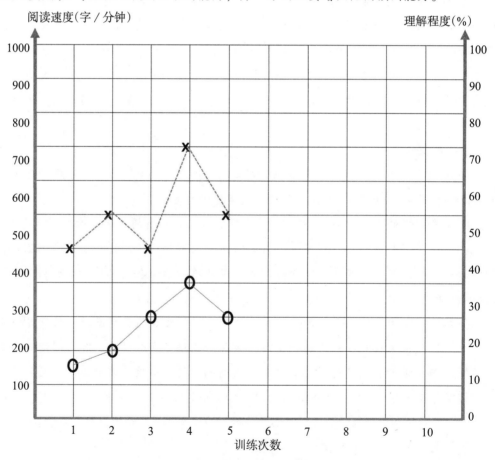

图4-14　阅读速度和理解程度训练记录表

记录表使用说明：左纵标表示速度，右纵标表示理解程度。横标表示训练的次数。左纵标表示速度，右纵标表示理解程度。横标表示训练的次数。

用×记录阅读速度，用○记录理解程度（后文接着介绍理解程度的判断）。这个看起来似乎有点繁杂，没关系，习惯了就知道其好处。比如第一次阅读训练每分钟速度约150字，理解程度约50%，就如上图那样标记；第二次阅读训练每分钟速度约200字，理解程度约60%；第三次阅读训练每分钟速度约300字，理解程度约50%；第四次阅读训练每分钟速度约400字，理解程度约80%；第五次阅读训练每分钟速度约300字，理解程度约60%……你会发现有时速度快理解程度也高，那文章是不是也简单呢？有时速度慢理解程度也低，文章可能偏难。还有时阅读速度快，但理解程度低。经过多次练习，可以把每次的阅读速度和理解程度分别用不同颜色的笔或不同的线条将其连接起来，就可以看到自己的阅读速度和理解程度变化折线走势（如图4-12的连线）。

为什么关注阅读速度同时要关注理解程度？

因为阅读能力至少包括两方面的指标：一是速度，二是理解程度。这也是统编教材的课文学习特别强调的一对关系。提速一定是为理解文章而提速，不是为了速度而速度，一味追求速度而不理解文章，毫无意义。教材使用的理想状态是在提速的过程中增强理解，在对课文的理解中提高阅读速度，单单这几篇课文是难以实现此目标的。教材只是例子，只是起步，因此需要长期有意识有方法的训练。

如何判断理解程度呢？

这里提供一个大致的参考标准，不述原理，以免增加难度。读完后不再看文段，根据回忆的程度来大致判断理解程度。如果读完后，一点都不能复述文章的内容，理解程度就是0；如果能复述出最重要的内容和大致结构，却无法讲出要点，那就理解了50%左右；如果只复述部分要点，视要点占整体比重判断；如果既能复述所有的要点，还能用自己的语言复述部分细节内容，理解程度就在50%～100%；理解程度是100%就意味着你不仅能复述所有主要要点还能复述次要点，也能用自己的语言说出部分细节内容。100%的理解程度并不是要求读者全文不动地背诵下来，而是说出主要点和次要点，理清文章脉络，用自己的话说出部分细节。

即使说不出要点也别急，一遍没理解，现在你知道了阅读要尽可能发现作者在讲什么，是怎么讲的，带着这样的目的去读，肯定有增益。读一遍理解得少，再读一遍是不是理解更多了？

再回忆一下，教材中的课文，每课练习一都会让你计时，同时和同学交流自己的阅读体会，说一说了解了哪些内容。其目的在于引导我们阅读时既要关注速度也要关注理解程度。

有时为了阅读速度的训练，会暂时牺牲理解程度。没关系，专门训练速度的时候有别于正常阅读状态。经过长期的训练，你会发觉阅读速度上去了且有稳定性，理解程度也会提高。所以不要企图一开始就能读得快理解好，那样的话，你已经是阅读高手，不用训练了。

文段共1267字，你用了几分钟，把每分钟的大致速度记下来。即使慢也没关系，只要用上适合的方法天天坚持训练就能提高。把你的阅读速度记在下面的速度进度表中吧。隔一段时间，比如一周，十天，十五天，你都可以选一段自己喜欢读的文段计时阅读，看看自己的阅读速度和理解程度有什么变化。即使没变化或者还倒退了也不要急，因为技能的训练会不断经历由量变到质变的过程，另外阅读材料的难易度也会影响阅读速度，你只需要对自己的阅读速度与理解程度有大致的了解就行。

特别说明：不要为数字数耽搁时间，聪明的你有很多办法，比如数一行的字，乘以行数，比如同一本书的排版，算出一页，就可以按照页码来计数。记得是大致的字数，不要求精准的字数。

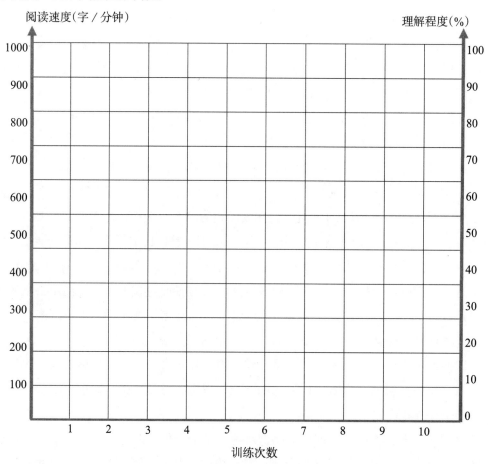

图4-15　阅读速度和理解程度训练记录表

二、高尔夫球集中注意力法

找到注意力的"归宿"——后脑勺上的那个点

认知心理学家罗恩·戴维斯认为，高效阅读的秘密就在于每个人后脑勺上最突出的那个点。阅读的时候，首先要把注意力集中在后脑上最突出的那个点上，这个点是"阅读时的震中"。结合我们的思考习惯能够发现，这个认识有合理性。遇到难题的时候下意识地挠一下后脑勺其实，这就是人体在本能地督促大脑打起精神，集中注意力。快速阅读研究者德国的克里斯蒂安·格吕宁认为集中注意力就是把自己的意识固定的同一点上，防止那个多余的思绪到处乱飞，而把剩余的精力都用在学习和思考上面。这种状态不仅不会让人感到疲倦，反而还能产生身心愉快、精力充沛的感觉，因为你在大部分时间里都处于忘我的状态，周围的一切都不会对你产生干扰。

格吕宁据此还研究出了高尔夫球练习法来集中注意力。笔者尝试此方法也感到很有用，相信对缺乏自制力的小学生更有用，远远超过课堂上老师口头一遍遍强调集中注意力。笔者将此方法简化如下，如还想了解其原理，参见格吕宁的著作《快速阅读》。

1. 首先闭上眼睛调整呼吸，一边用鼻子吸气，一边在心里数"1、2、3"，然后用嘴巴吐气，从"1"慢慢地数到"4"。在吐气的过程中，放松肩膀，让双肩不断地往下沉。多练几遍呼吸，直到全身心放松。

2. 举起一只手，把指尖放在后脑勺最突出的位置上，有意识地去感觉手指的触摸。吸气的时候，把注意力集中到那个点上；吐气的时候，继续把肩膀往下沉。

3. 把手放回胸前，想象手里正握着一个高尔夫球。你可以感受到它的重量，感受到自己的指尖正在拂过球面上的一个个小圆坑。然后，慢慢地举起手来，想象自己正在托着那个高尔夫球，把它稳稳地按到后脑勺的那个点上。保持这个姿势，感受到高尔夫球在那个点上的压力。然后，慢慢地把手挪开，想象高尔夫球奇迹般地停留在那里了。

4. 继续深呼吸。吸气的时候把注意力集中在后脑勺的高尔夫球上，吐气时继续放松肩膀和手臂的肌肉。

三、笔尖辅助阅读法

很多快速阅读研究者提倡用手指辅助阅读提速，注意用手指辅助阅读与低年级孩子的指读有别，低年级孩子是为了不漏错、不跳行，读得扎扎实实。快速阅读用手指辅助其目的是以手指沿着阅读词句所在行快速掠过，以手指的快速移动来指挥眼球的快速移动。目的不同，操作方法也是不同的，强调移动快速，像电脑鼠标的指针一样地快速移动。笔者尝试练习，认为用笔尖带动更好，一是笔尖细，不遮挡目光，二是用笔还可以在关键字词处画一画，其实圈点勾画也能增强记忆力，增强理解。在疑难处也可以快速标注"?"，但不用停下来思考，只管快速地读下去，也许读到某处疑难就解决了，也许你的疑难与阅读目的无关，因此不用停下来费时间思考。

如果你还在质疑此方法的有效性，请拿出计时器，不用笔尖辅助阅读，看看一页书，你会读多长时间，试试用笔尖辅助时一页书阅读会用多长时间。

特别说明：笔尖辅助法适合训练期间，如果已经掌握到多种提速方法并且坚持了长期的练习，阅读速度已经达到自己的心理期望值（你的期望值不要太低哦，不然不利于提速，高年级学生至少达到课标300字/分钟的速度），比如常态阅读每分钟五六百字就已经很棒了（注意：是在理解的基础上，如果是查找具体的信息，完全是以刷页的方式扫读，每分钟可达几千字）。你会发现不刻意用这些方法也能随心所欲地快读，就可以不用笔尖辅助了，因为作为阅读高手的你，已经能集中注意力，灵活运动眼球，积极调用思维。

四、连词成句阅读法

统编教材《将相和》专门提出连词成句阅读提高速度，可是什么是连词成句地阅读，究竟如何才能做到连词成句地阅读，教材并没有给我们多少引导。在此，笔者提供这样几个小游戏来感知连词成句阅读及其意义。

1. 眼球定焦训练法

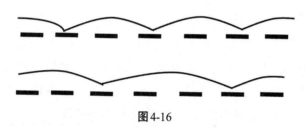

图4-16

阅读慢的人阅读时，眼球频繁地运动与对焦，即眼睛一下只看到一个字或一个简单的词，就会出现一字一顿地阅读，如图4-16的上位图线所示，既费时又慢。这种现象对于刚识字的孩子来说是正常的，因为字不熟悉，识字解码需要时间，而对识字基本无障碍的人来说就不好，因为没有掌握到方法，长期这样读，既不利于速度的发展也不利于内容的理解。读得快的人，通常阅读一行字只需对焦两三次，即一人眼就是一个短语或短句，如图4-16的下位图线所示。

下面提供训练眼球定焦提速的游戏，经常练习，会增强眼睛捕捉信息的速度，如图4-17所示。

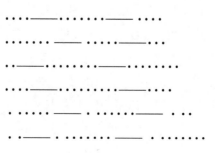

图4-17

训练方法：视野放宽，目光从黑点掠过，黑色的横线是眼睛定焦的位置，图4-17的练习每行眼睛定焦两次。图4-18的练习加宽了距离，每行眼睛定焦三次。不断加快眼球运动的速度。循环练习五次。

· · · · · · · — · · · · · · · · · · · · · · · · — · · · ·
· · · · · · · · · · · · · — · · · · · · · — · · · · · · · ·
· · · · · · · · · · · · · — · · · · · · · · · · · — · · · ·
· · · · · · · — · · · · · · · · · · · — · · · · · · · · · ·
· · · · · · · · · · · · · — · · · · · · · · · · · — · · · ·
· · · · · · · · · · · · · — · · · · · · · — · · · · · · · ·
· · · · · · · — · · · · · · · · · · · · · · · · — · · · ·
· · · · · · · · · · · · · — · · · · · · · — · · · · · · · ·
· · · · · · · — · · · · · · · · · · · · · · · · — · · · ·

图4-18

2. 扩展视域训练法

上面是用抽象的图示训练眼球定焦，看一行字眼睛定焦次数越少，一次读到的内容就越多，视域也越宽。接着换用文字卡片来训练扩展视域，其实也是运用眼球运动和定焦的原理。在卡片上或者利用多媒体闪现一个词语到一个短语再到一个句子，以秒闪的方式，让对方看后说出看到了多少信息。这样反复训练，对于如何运动眼球提速有很大的帮助。

3. 语义单元阅读法

其实提速不是机械的让眼球看得宽看得多，因为阅读速度和理解水平要同步发展才是正常的速度，而理解是建立在语义单元基础上的，因此要以语义单元来定焦。读得快的人，一个句子就是他的语义单元，读得慢的人一个字或一个词是他的语义单元。难懂的文章词语理解就难，更不用说词语与词语之间，句子与句子之间的联系，因此阅读时语义单元显细显多，读得就慢。试一试，用下面的两种排版阅读，你就感受到语义阅读对提速的重要性。

我　回家，　　把鞋　脱下，　　爸爸

妈妈　回家，　　把鞋　脱下，　　爷爷

奶奶　回家　也都　把鞋　脱下　大大小小　的鞋　就像　一家人　依偎　在一起

亲亲热热　　　地说话

我回家，把鞋脱下，爸爸妈妈回家，把鞋脱下，爷爷奶奶回家，也都把鞋脱下。大大小小的鞋，就像一家人，依偎在一起，亲亲热热地说话。

经过以上扩展视域的训练，下面来试着连词成句地阅读下面的文章，从连词成句开始，然后试着以扫句扫行（从"//"处扫句扫行）的方法训练，不断扩展视域提速。准备好计时器，全文近八百字。和以前的阅读比，速度是不是增加了？

快速阅读训练的最佳时期

我们知道　　当幼儿刚开始学习语言、文字时，　　第一步的牙牙学语是从"音"开始的。　　之后……相信我们都还有印象，　　就是刚刚上学的那几堂课，　　老师会教我们识字——　　先发"音"，再认识"形"，然后才开始　　讲解"义"的部分。

但是，　　过去的小学语文教学大纲　　和现在的小学语文教学课程标准中，都没有教学生正确的阅读的内容。　　而小学这个阶段，　　却对我们的一生　　起到决定性作用。我们阅读所使用的汉字　　具有常用字非常集中的特点。

据语言学家统计，　　认识汉字1000个时，　　基本覆盖范围在90.00%左右；　　认识汉字2400个时，　　基本覆盖范围在99.00%左右；　　认识汉字3800个时，　　基本覆盖范围在99.90%；　　认识汉字5200个时，　　基本覆盖范围在99.99%左右。

//现行《全日制义务教育语文课程标准》规定：　　小学三四年"累计认识常用汉字2500个"，　　即他们阅读一般读物时只有不到1%的字不认识。

所以，原则上讲小学三年级　　就具备学习快速阅读的文字条件　（台湾的谭达式女士在台北师范附小从一年级开始训练快速阅读）。

因此，在学习快速阅读的过程中，　　一定要注意这一规律，　　一方面要在识字量过关（3000字左右）　的情况下尽早开始学习快速阅读，　　另一方面要努力调动感性生活的形象储备，　　充分发挥形象思维和形象记忆的能力，　　这样才容易收到事半功倍的效果。

实践证明，年龄越小的学生，　　在训练快速阅读时见效越快，成效越好，其原因就是较好地发挥了他们右脑的形象记忆　　和形象思维功能正处于高峰期的优势；而年龄越大的学生，由于过去他们在传统教育模式的规范下，　　长期依赖抽象思维，则大大压抑了大脑右半球形象思维和形象记忆的功能，　　训练时见效越慢，成效越差。

根据上述原理，我们认为：学习快速阅读的最佳年龄为小学四年级前后（即10岁左右）。根据教学大纲要求，此时他们的识字量在3000个左右，已经具备了学习快速阅读的基本条件，再加上此时他们在形象思维方面的优势，学起来轻松自如，仿佛不知不觉就学会了。如果错过了这个最佳时期，学起来的困难就会越来越大。

五、消除回读法

统编教材提速单元的首课提到要掌握的方法就是不回读，怎样才能做到不回读？不仅要坚持多练，还要有方法地练。在此提供这样几个方法的组合练习。方法来源于美国快速阅读研究者彼得·拉孔的著作《如何高效阅读》（张中良译）。德国的格吕林也提出了类似的方法，因此，只要于阅读有益，都可尝试。读者将几种方法反复综合运用，方式变化有趣，也不至疲劳。这些方法确定的时间点适于任何年龄阶段的人练习。

特别说明别忘了用笔尖辅助阅读。前面介绍了笔尖辅助阅读，记得只要还不是一个潜意识的快速阅读者，即快速阅读还没有自动化，都可以试着以笔尖来辅助阅读。彼得·拉孔提倡用手指读，笔者更偏向笔尖辅助读。随读者的习惯，自由选择。

方法1

材料：任意一本简单的书、计时器（手表或计算机上的钟表）。

目的：学习通过反复阅读消除回读来加快速度。

1. 打开书从任意位置开始阅读。以尽可能快的速度，使用手指引导阅读3分钟。在结束阅读的位置标记"1"。

2. 返回到开始并利用3分钟重读前面的部分。试着加快阅读速度，超过上面标记的位置"1"。如果你阅读了更多的内容，在新的结束位置做标记"2"。

3. 返回去再利用3分钟重读前面的部分，试着阅读得更快。你已经读了两遍，因此速度应该会更快。3分钟结束时，再次做标记"3"。

4. 再利用3分钟重读前面的部分，试着再快些。超过前面的标记时，要再次做新标记"4"。

5. 最后，利用3分钟阅读新内容（你也可以从标记"4"开始）。记着要用你的手指。完成后，做下标记"5"。

6. 计算最后3分钟的阅读速度，从"4"到"5"。按照下列步骤进行：

a. 找出每行的平均单词数（3行的总字数除以3）。

b. 计算阅读的总行数。

c. 算出阅读的总字数，用b乘以a。

d. 用3除c，找出每分钟的阅读量。

7. 得出每分钟的阅读量后，记录在你的进步文件中。

方法2

材料：任选一本书、计时器。

1. 利用手指引导阅读三分钟新材料，完成阅读时做下标记。可选项：计算你的阅读速度。

2. 再利用三分钟阅读同一材料。如果你在三分钟之内就完成了阅读，返回开头重新阅读。

3. 练习在两分钟内阅读相同部分的内容。一定要做标记。在这里，你读不完所有的内容，但没关系。让你的手指快速移动，在两分钟内移动到最后，眼睛跟着你的手指运动。

4. 练习在一分钟内阅读完相同部分的内容。记住要在设定的时间内完成。

注：一分钟内完成的话，你的阅读速度就是目前的3倍。这被称为练习或练习阅读。

5. 利用一分钟，从前面部分的结尾处开始阅读。在阅读结束位置做下标记，并计算阅读速度如下：

a. 找出每行的平均单词数。

b. 计算阅读行数的总字数。

c. 用a乘以b计算每分钟的阅读量（由于阅读的时间为1分钟，没必要用任何数除c）。

6. 得出你的阅读速度后，记录到进步文件中。

这两种训练方法的共同点重复阅读四遍后，接着新的内容阅读。不同点是方法1前四遍重复读的时间不变，但鼓励内容读得越多越好，一次赶超一次，方法2重复读的时间梯度递减，要求完成同量的内容。笔者尝试练习时感觉眼脑像是安上的加速器，形成一种习惯定势火速阅读，就像跑步，形成了惯性停不下来，接着读新的内容自然而然就不会受制于以前的慢读习惯。

不回读既是一种提速的方法，也是一种习惯，而方法技能的掌握和熟练习惯的养成必须长期练习。还要记得这只是练习时的速度，和常态速度有别，但要提高常态速度，练习时必须让速度加码。

读者又有疑问了，谈阅读速度是在理解的基础上的速度，如何能够提速提质呢？下面的方法让你体验提速提质的具体操作。

六、减时提速法（3-2-1）

准备材料：计时器、陌生的文章

操作步骤：

1. 阅读第一遍：翻到陌生的文章，用笔尖辅助阅读，在保证读懂文章的前提下，阅读3分钟。用"//"标记出阅读的终点位置。如何检验是否读懂呢？用自己的语言复述大致内容，根据复述内容要点的多少细节的多少，自我判断理解程度。如对理解程度还是模糊的，不急，下一步就能对比出来了。

2. 阅读第二遍：回到阅读的起始位置，强迫自己在2分钟内读完第一遍的内容。两分钟读不完就反复练习，加快笔尖辅助的速度，减少眼睛定焦的次数，尽量扩展眼球的视域，以长的短语为语义单元或句子为语义单元。总之，用上适合自己的方法提速。这一次的速度快了很多，再次复述，理解程度会否比第一遍高呢？一般的读者都能复述更多的信息。

3.阅读第三遍：回到阅读的起始位置，强迫自己在1分钟内读完相同的内容。一次读不完再重复，直到1分钟读完为止。这次难度已经很大了，如何达成，除了上面的方法提示，读者还要寻求方法，比如前面两次已经熟悉的内容可以略读或跳过，重点强化前面复述遗漏的内容，遗漏的内容要学会抓取关键词句。

七、等时倍速法（2-2-2）

准备材料：计时器、陌生的文章

1.阅读第一遍：翻到陌生的文章，用笔尖辅助阅读，在保证读懂文章的前提下，阅读2分钟。用"//"标记出阅读的终点位置。如何检验是否读懂呢？用自己的语言复述大致内容，根据复述内容要点的多少细节的多少，自我判断理解程度。

2.阅读第二遍：回到阅读的起始位置，强迫自己在2分钟内读完两倍于第一遍的内容。如何确定第二遍的内容呢，用大致估计的方法，第一遍读了半页，第二遍就读完一页，聪明的你自己会用简便的方法。记住：不是要精准字数，内容大致是第一遍的两倍。两分钟读不完就反复练习，直到读完，然后用复述的方法说出新理解的信息。

3.阅读第三遍：回到阅读的起始位置，强迫自己在2分钟内读完3倍于第一遍的内容。一次读不完再重复，直到2分钟读完为止。读完后回忆这一遍比前面多理解了哪些信息。

以上两种训练，不仅仅是加速，其实也在综合多种阅读方法。既可提速也能增进理解，强化了阅读不仅会用眼还要会用脑。复述就是对记忆思考的整理。复述是检验是否理解的重要手段，读后能复述也是对记忆能力的考验，边读边记忆也是对专注力、信息提取能力的考验，在复述中考验了很多阅读能力，能复述好理解能力是不是够好？

八、标准速度监控法

前面提了那么多训练方法，但没有一个标准引导。这里提供给小学高年级学生练习速度的参照：300字/分钟，这是课标要求默读的速度。据观察调研，很多高年级学生达不到此目标，那么就以此目标来训练自己吧，如果超过了300字/分钟，可以尝试400字/分钟，这样递增下去，挑战自己的速度极限。还要再次提醒：在理解基础上的速度。如何判断是否理解？读后不看文章进行复述。

此方法的训练步骤：

1. 定时 5 分钟阅读达到 1500 字。聪明的你以最简便的方式取一段 1500 字左右的文章。读前数一数每行的字数，计算出 1500 字的大致行数，作好标记。

2. 用笔尖辅助阅读，争取 5 分钟读完，如果 5 分钟读不完，就反复读相同的文字，直到 5 分钟读完。

3. 读完后回想一下文章的内容，力争复述出更多的信息。

4. 试着再选一段 1500 字的文字，继续练习用 5 分钟读完，读完回想大致内容。

5. 当 300 字/分钟阅读成为常态，就可以加码为 400 字/分钟练习。每个目标的达成都需要反复训练，记得天天坚持。

提高阅读速度单元对于速度的理解是在理解的基础上该快则快，该慢则慢，但快不起来，永远别说还能自如地控制速度。从现在开始，选择自己喜欢的方法主动向阅读速度与理解程度出击吧！

第五章　有目的地阅读策略单元教学

阅读需要目的吗？答案是肯定的。我们以前的阅读有教师引导我们要带着明确目的阅读吗？大多数人的答案是否定的。有目的地阅读能提高阅读效率吗？答案是肯定的。何为有目的地阅读？为何有目的地阅读？如何有目的地阅读？是这一章要探讨的议题。

第一节　有目的地阅读策略单元内涵解读

一、"有目的地阅读"内涵理解

（一）关于"目的"释义

现代汉语词典这样解释"目的"，想达到的地点和境地，想要得到的结果。

百度百科这样定义"目的"：通常指行为主体根据自身的需要，借助意识、观念的中介作用，预先设想的行为目标和结果。作为观念形态，反映了人对客观事物的实践关系。人的实践活动以目的为依据，目的贯穿实践过程的始终。

百度百科的解释更详细，诠释了目的的主体性主观性能动性在实践中的重要作用，诠释了目的对于实践的纲领战略地位意义。

（二）"有目的地阅读"释义

结合"目的"释义，笔者这样诠释"有目的地阅读"：指读者根据阅读的需要，借助意识、观念的中介作用，预先确立的阅读目标和阅读结果。以明确的阅读目标和阅读结果指导阅读的每个环节。

如果把阅读喻为登山，那么阅读的目的就是登山要到达的目的地。登山前不可能不知道目的地就颠三倒四地走，或许没有登山倒去了海边或公园。作为一位真正的登山者，绝对明确"山在哪里"，最终想要到达山的哪个点位。

（三）"有目的地阅读"的现状

很多读者似乎不是一个头脑清醒的"登山者"。

就观察的学生阅读现状来看：很多学生为读书而读书，老师让阅读就阅读，从不思考为什么而读。笔者也见过不少乖乖娃，觉没睡好就哇啦哇啦"走口不走心"地晨读。小学毕业都没读出兴趣来，都不知晓半点读书的门道。天天读书却害怕阅读，长期坚持读书却没有形成学习能力。众所周知，阅读能够发展人的多方能力：记忆力、理解力、思维判断力，阅读能力是一项重要的学习能力。很多孩子的阅读是白白浪费了时间。究其原因，除了阅读时不会动脑思考，还有策略方法的缺失。阅读的收获感成就感微弱渺茫，阅读成为被动盲目的差事。越被动效果就越差，效果越差就越被动，恶性循环由此产生。阅读策略方法的介入指导必不可少。带着明确的目的阅读，能在一定程度上保障阅读的主观能动性，保障阅读的行为监控，保障阅读的效果检测，保障阅读的收获感、成就感。

小学低年级由于识字解码成为阅读的首要目标，加之此年段学生还没有自我监控能力，不具备用目标导航来自我指导与监控，让学生带着明确的目的阅读不太现实。到了中高年级，完全可以引导学生带着明确的目的阅读。低段学生的阅读目的往往以老师的要求呈现出来，因而是外加的。中高年级则可以在老师的引导下让学生发现并确定阅读的目的，而且可以视个体阅读能力的差异有个性化的目的需求。

进一步举例来说明以上认识：以有声朗读来说，小学低段学生大声朗读的目的一是掌握生难字词，二是培养语感，三是形成初步的理解力。因而学习正确流利有感情地朗读成为阅读的重要目标。如果中高年级无论是预习还是课堂教学，阅读止于正确流利有感情地读，止于字音解码，而不把学习重点指向知识能力点的各个突破，学生就无以形成良好的阅读能力。而知识能力点的训练突破，阅读策略方法有举足轻重的作用。当学生能明确运用阅读的策略方法时，学生就已经成为一位积极主动的读者了。"学生能明确运用"指的是学生明白而不是依靠老师的指令，不止于老师明白。阅读教学很糟糕的状况是老师也不明白为什么读，读什么，怎么读，因而导致学生为阅读而阅读。

（四）有目的阅读的意义

反观阅读现象，笔者以为木桩、容器、捕手可以隐喻三类读者，有无明确的阅读目的决定读者成为木桩、容器或捕手。

木桩现象：

不知为什么读，别人让读就读，读时不参与文本对话，不思考整理，不论是有声阅读还是无声默读，读者处于麻木茫然状态，头脑心智处于关闭模式。有的读者像和尚念经似的有口无心，有的读者眼睛盯着字目光呈涣散状态或者停滞状态，目光不能聚焦或者聚焦很慢不会灵活跳转，输入文本的速度慢，读了后面忘了前面，有的读者心智"死机"、昏昏欲睡甚至"灵魂出窍"进入梦乡。

"木桩"现象是否全然不好，也不一定，对于失眠患者如此阅读不失为良好的催眠安慰剂，但对于要培养阅读力的读者来说是大忌。把教材范本的阅读作为催眠剂，无疑浪费资源与时间。对于有大把时间以供浪费的读者来说，也不失为良好的消遣。

容器现象：

把读者隐喻为容器，显然阅读处于接收状态，容器只接收不消化不转化更无创造，处于被动状态。阅读成为接收信息的容器，达不到理解吸纳、分析综合、批判创造、发展心智的目的。

好的读者需要输入信息，需要接收大量信息，但更需要整合信息形成自我的认知。需要和信息交锋，需要和作者对话，需要和更多的读者争鸣，需要和自己辩论。即下面要谈到的捕手状态。

捕手状态：

捕手不是笔者的"发明"，是《如何阅读一本书》的作者的观点。笔者以为这是极好的见解，因此引用过来。

严格说来，不可能有完全被动阅读这回事，但许多人认为比起充满主动的写跟说，读与听完全是被动的事。写作者及演说者花力气"给予""发送"资讯，听众或读者成为沟通接收器。这种认识的谬误在于完全忽视了读者、听众的主动参与。为说明读者与听众的主动性，作者设了一个精妙绝伦的比喻：读者或听众的"接收"应像棒球赛中的捕手。捕手在接球时所发挥的主动是跟投手或打击手一样的。如果说有什么是被动的，就是那只球，球毫无感觉。写作与阅读的东西就像那只球一样，是被主动、有活力的双方所共有的，是由一方开始，另一方终结的。

捕手的艺术就在具有接收任何球的技巧——快速球、曲线球、变化球、慢速球等等。同样地，阅读的艺术也在尽可能掌握住阅读每一种讯息的方法技巧。

以上观点的绝妙在于生动地说明了好的读者的特点——主动阅读，掌握并运用灵活的方法技巧。

有文学批评者把读者的主动性特别放大，宣称作品完成，作者已死，作品的生命由读者来赋予。这是极端化的强猛的捕手论调。

好的读者力避木桩现象，常常处于捕手状态。差的读者则常常处于木桩状态，有时处于容器状态。一般水平的读者常常处于容器状态，很少处于捕手状态。

作为教材的课文阅读，课标这样阐释其特点：阅读是学生、教师、文本、作者、编者对话的过程。

此观点和捕手论点一致，都强调了读者的主动积极状态。培育学生成为积极的读者，教给阅读的策略方法势在必行。掌握策略方法的读者就如捕手拥有接球的技巧艺术，能够乐在其中，体味到阅读的意趣。

实现有目的地阅读会综合运用多种阅读策略，涉及多种阅读方法技巧。有目的地阅读促进学生阅读能力的进一步发展提升，促进学生学会自我监控自我调整，促进学生自主学习，促进学生成为阅读的"捕手"。

二、"有目的地阅读策略单元"内涵理解

"有目的地阅读策略单元"编排在六年级，符合该年段学生的阅读心理与阅读经验，教科书编排的意图在于引导学生成为积极主动的读者，成为具备独立阅读能力的读者。

与五年级提速策略单元存在相同的问题，不少研究者将"有目的地阅读策略单元"的命名当成阅读策略的种类，认为该单元要教给学生的阅读策略就是目的策略。

笔者以为这不是一种策略，因为我有限的阅读视域没有找到一本书明确提出"有目的地阅读"是一种阅读策略，从其内蕴理解来说也不是一种阅读策略。笔者以为这是一种阅读的规则。何为规则？参照现代汉语词典义"规定出来供大家共同遵守的制度或章程"。学生的学习一般是带着目的的，特别是课文的阅读，因此有目的地阅读应该成为阅读的前提条件，成为阅读学习的规则。当然，并不要求学生的所有阅读都要有目的，比如凭借兴趣爱好阅读，用阅读来消遣，用阅读来满足对书籍的爱好，但课文学习一定是带着目的的。为实现阅读目的，可以综合运用多种阅读策略，调用灵活多样的阅读方法与技巧，可以说有目的地阅读策略单元就是阅读策略的综合运用单元，而不只是一种阅读策略的专项训练，有别于三、四年级预测策略、提问策略单元。与五年级提高阅读速度单元存在紧密关联，阅读速度会受制于阅读目的，阅读目的决定阅读速度，五、六年级编排的这两个策略单元都涉及阅读策略的综合运用。

笔者结合教学实践研究，发现有目的地阅读有明确的操作程序：明确目的——甄别内容——运用方法，这应该成为课文阅读的基本程序。笔者以为可以这样理解有目的地阅读策略单元运用的阅读策略：为实现阅读目的，单元课文阅读会运用一些策略，每种策略之下又包含很多的阅读方法与技巧。可以用图5-1来阐释其间的关联。

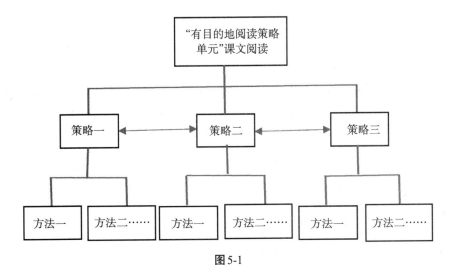

图 5-1

为了对本单元阅读策略的运用有清晰深入的认识，下面以表5-1的内容呈现单元阅读可能运用到的阅读策略，以及支撑策略运用的系列规则、方法与习惯。

表5-1　六年级上册有目的地阅读策略单元

篇目	阅读目的	阅读策略	阅读规则、习惯与方法
《竹节人》	目的一：写玩具制作指南，并教别人玩这种玩具。	阅读元认知策略：计划策略、监控调整策略、自我评价策略	明确任务、浏览、速读、跳读扫读、圈画关键词句、自我提示、调控阅读方法、反思任务完成效果……
		阅读认知策略：确定重点策略、作笔记策略	
	目的二：体会传统玩具给众带来的乐趣。	阅读元认知策略：计划策略、监控调整策略、自我评价策略	明确任务、浏览、速读、反复读相关段落、勾画关键词句、作批注、感情朗读、想象画面、联系生活、演一演、讲一讲、写一写、调控阅读方法、反思任务完成效果……
		阅读认知策略：确定重点策略、作笔记策略、联结策略	
	目的三：讲一个有关老师的故事。	阅读元认知策略：计划策略、监控调整策略、自我评价策略	明确任务、浏览、速读、故事要素法、提取并整合信息、复述法、调控阅读方法、反思任务完成效果……
		阅读认知策略：确定重点策略、作笔记策略	
《宇宙生命之谜》	目的一：解疑"宇宙中，除了地球外，其他星球是否也有生命存在？"	阅读元认知策略：计划策略、监控调整策略、自我评价策略	明确任务、浏览快读、圈画关键词句、抓中心句、提取关键信息、查阅资料：主题搜索、浏览、跳读、扫读、综合分析、调控阅读方法、反思任务完成效果……
		阅读认知策略：确定重点策略、联结策略	
	目的二：科学家是怎么判断其他行星有没有生命的呢？人类是否有可能移居火星？	阅读元认知策略：计划策略、监控调整策略、自我评价策略	明确任务、浏览快读、抓住关键语句、关键词语、概括归纳信息、提取信息、梳理文章的思路、调控阅读方法、反思任务完成效果……
		阅读认知策略：概括策略、提取信息策略、推理策略	

续表

篇目	阅读目的	阅读策略	阅读规则、习惯与方法
《故宫博物院》	目的一：为家人计划故宫一日游，画一张故宫参观路线图。	阅读元认知策略：计划策略、监控调整策略、自我评价策略	明确任务、浏览快读、抓关键词句、梳理文章的思路、图表法、对比法、调控阅读方法、反思任务完成效果……
		阅读认知策略：确定重点策略、提取信息策略、图像化策略	
	目的二：选择一两个景点，游故宫的时候为家人作讲解。	阅读元认知策略：计划策略、监控调整策略、自我评价策略	明确任务、浏览快读、抓住重点内容、提取关键信息、补充资料、整合材料、概括内容、图文结合、生动表达、提取关键信息、图表法、复述法、对比法、图像化、角色扮演法、调控阅读方法、反思任务完成效果……
		阅读认知策略：确定重点策略、提取信息策略、分析综合策略	

三、"有目的地阅读策略单元"信息解码

（一）单元页解码

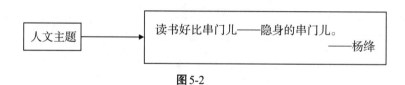

图5-2

单元页的人文主题引用杨绛先生的名句，表达阅读的随意、自然、轻松、对话、参与等特点，但这样的理解不足以指向单元主题——有目的地阅读。要将焦点汇聚于"阅读目的"，就要关注该句的关键词"串门"：到谁家串门，串门时如何交流。如图5-2所示：选择什么书，阅读什么内容，怎么阅读，是人文主题重点关注的内容。

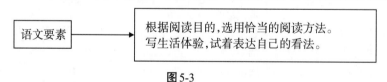

图5-3

单元页的语文要素如图5-3一条指向阅读，一条指向习作。阅读与习作目标联系不大。"根据阅读目的，选用恰当的阅读方法"作为单元要达成的核心目标，我们称之为一级目标，是宽泛笼统模糊的：一则指向阅读目的，二则指向阅读方法。具体的阅读目的是什么？可以用哪些具体的阅读方法？一级目标不可能呈现。我们还可以进一步追问：本单元是策略单元，可以运用的阅读策略有哪些？策略运用中可以综合灵活调用哪些阅读方法、技巧？这是展开学习必须面临并破解的问题。落实单元目标（一级目标）需要细解课文文本内容。课文文本内容包含：阅读提示、课文、课后练习、旁批等等。这些在后面的文本解读和教学实践来探讨。如何更好地

落实单元目标，除了正确解读单元页信息密码、细解课文文本之外，语文园地"交流平台"提炼的方法路径大有裨益。

（二）交流平台引路

本单元以小伙伴谈体会的形式出示了以下四条内容，如图5-4左列图示内容。

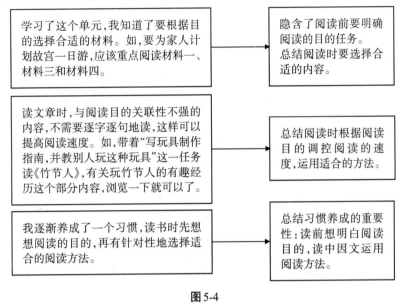

学习了这个单元,我知道了要根据目的选择合适的材料。如,要为家人计划故宫一日游,应该重点阅读材料一、材料三和材料四。 → 隐含了阅读前要明确阅读的目的任务。总结阅读时要选择合适的内容。

读文章时,与阅读目的关联性不强的内容,不需要逐字逐句地读,这样可以提高阅读速度。如,带着"写玩具制作指南,并教别人玩这种玩具"这一任务读《竹节人》,有关玩竹节人的有趣经历这个部分内容,浏览一下就可以了。 → 总结阅读时根据阅读目的调控阅读的速度,运用适合的方法。

我逐渐养成了一个习惯,读书时先想想阅读的目的,再有针对性地选择适合的阅读方法。 → 总结习惯养成的重要性:读前想明白阅读目的,读中因文运用阅读方法。

图5-4

从交流平台，我们可以提炼出关键要点，如图5-4右列图示内容。

交流平台给了一定的路径方法，但这还是极初步极粗略的，需要我们在教学实践中细化补充提炼总结。

四、"有目的地阅读策略单元"教学定位

通过本单元的学习，旨在培养学生成为自主学习的人，学会阅读，从依靠教师指导进行学习转变为自我发现、自我引导式学习，在教学中需要明确以下定位：

（一）有目的地阅读要有明确的目标意识

通过本单元的学习要培养学生成为自主学习者，学生应该明确单元目标（一级目标）、每课的学习目标（二级目标），但老师的站位应该更高，既要清楚一级目标、二级目标，还要解读课程总目标，即解读单元目标、课时目标的上位目标——课程标准的定位。有了这样的认识，我们的教学才有理据有底气。

吸收学界最新动态信息，落实中国学生发展核心素养，我们可以结合《普通高中语文课程标准（2017年版）》，进一步将语文学科核心素养与单元目标对接。

图5-5可以直观阐释语文学科核心素养统领下的有目的地阅读策略单元教学逻辑关联。

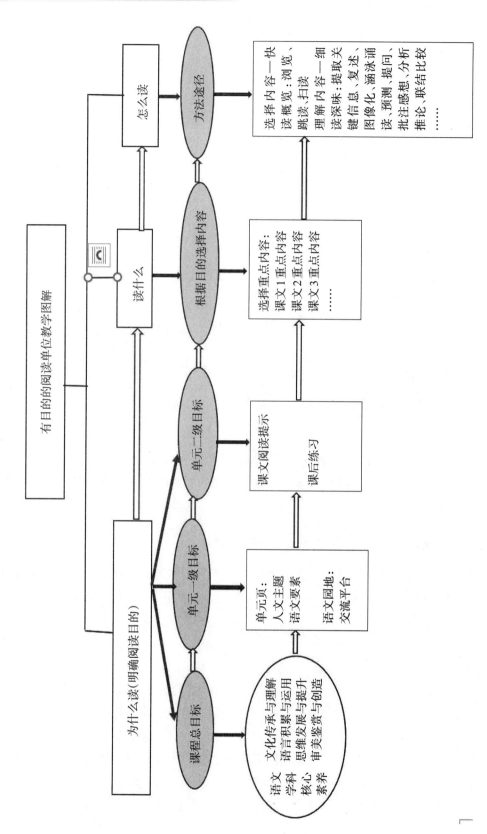

图 5-5

（二）有目的地阅读有明确的阅读操作步骤

有目的地阅读有很鲜明的程序性操作步骤，教学中可以实现三步走：

一是根据阅读需要，明确阅读任务；

二是取舍阅读材料，确定阅读重点；

三是选择适切方法，完成阅读任务。

可以用图5-6直观展现其程序步骤：

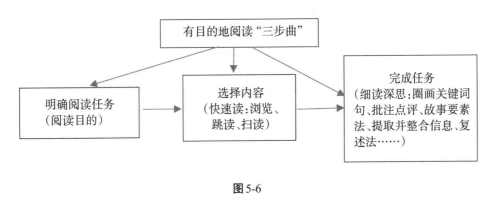

图 5-6

第二节 文本解读及教学设计

1.1 童眼、童心、童趣——《竹节人》文本解读

《竹节人》是一篇充满童趣的散文，作者善于以儿童的眼光捕捉儿童的心理，描画儿童的娱乐生活，抒写一段儿童的快乐时光。

竹节人带来的乐趣贯穿全篇。开篇总写小时候的玩具之乐：

我们小时候的玩具，都是自己做的，也只能自己做。只要有一个人做了一件新鲜玩意，大家看了有趣，很快就能风靡全班，以至全校。

有一段时间，我们全迷上了斗竹节人。

小时候的玩具之乐在于：自己做、新鲜有趣、风靡班校。竹节人就是这样的玩具，因此"我们全迷上了斗竹节人"。竹节人究竟有什么魔力，会带给"我们"什么样的乐趣？

文章从制作竹节人、斗竹节人、老师没收竹节人这些事件来表达竹节人给童年生活带来的乐趣。

每个事件都由一幅幅生动活泼的画面组成，语句干练形象，童趣十足。

竹节人制作指南

制作竹节人只需就地取材，书写用的毛笔杆便成了主材。锯一长截当脑袋和身躯，钻一对小眼，装手臂；锯八截当四肢，用线穿。小心锯，不崩裂。

要是还弄不清楚，看看文中插图，做的过程俨然眼前。插图还增添了一些细节，在竹节人的脑袋描画眉、鼻、眼、口，给手上装备武器。

竹节人背后的秘密

竹节人的制作有趣，偷偷地做更有趣。以至"妈妈怪我总把毛笔弄丢，而校门口的生意特别好"。

孩子的世界大人不懂，更不让大人懂，然而竹节人却在同伴中蔚然成风。

孩子的世界简单又快乐。连玩竹节人的场所都无需特别准备，只桌面上一道道豁开的裂缝就是天然的场地。

成人后记文不禁猜想："谁这么脑洞大开发明竹节人，肯定是坐破课桌长大的。"幽默有趣，道出了物质贫寒也挡不住孩子的快乐。

斗竹节人场景图

课文第8~19自然段写斗竹节人的场景，没有一个"乐"字，却处处彰显"乐"，孩子的世界趣味超凡。"竹节人的动作压根不由扯线人作主，可看上去，却挺像是那么回事。"一个竹节人就是一斗士，竹节人一出场，就演绎出无数的争斗图景。

"破课桌，俨然一个叱咤风云的古战场。"

在作者精练的描叙中竹节人的外形、神情、动作都虎虎生威。这样的场景只有借着孩童的心灵、带着孩童的眼光才可能看出乐趣来。把形象化的文字还原成一幅幅画面，读者也跟着文字玩了一场酣畅的竹节人游戏。跟着文字，读者的眼前会浮现哪些场景呢？

场景一：壮士出场图

场景二：壮士搏斗图

场景三："斗士"挨揍图

场景四："小圣"神气图

场景五："大王"霸气图

场景六：……图

场景七：花样自杀图

场景八：众人观战图

场景六并没有写出挖空心思给竹节人取出的更威风、更吓人、叫得更响的名号，作为读者的你想出了这样的名号吗？

每一个场景都值得读者细细体味，那些活灵活现的神态与动作，在作者的心里真是充满了无穷的奇趣啊！没有一个词句重复，读者也会随着文字体验到其中的妙趣。

读了课文，你的脑海中留下了哪些场景，哪些词句冲击了你的心灵，体会到了什么样的乐趣呢？

不同的读者会体验到不同的乐趣，把那些场景和自己的感受说出来，就成了作者的知音、课文的知音。

竹节人不仅风靡全班全校，还从下课玩到了上课。被老师发现并没收，该有多沮丧不快呢，真是这样的感觉吗？跟着作者的思路读下去。

老师没收竹节人

课间玩竹节人是同学间的游戏，上课玩竹节人就成了老师手下的"败将"。且看惨败过程（图5-7）：

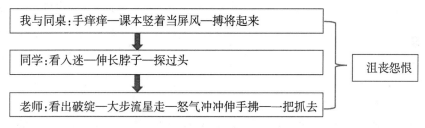

图5-7

这个场景无须记忆，就唤醒了童年时的经历，你是否有过上课开小差被老师发现的事件呢？会是什么样的心情？如果也来说一说自己的遭遇，你会像作者这样用上精准的几个动词辅以神情描写吗？先试着把老师没收竹节人这个过程在脑中放放电影然后用自己的语言说一说吧。

这些好玩的孩子摸清了老师的脾气：把没收的东西扯散，随手扔出窗外。因而在失望沮丧中不免生起了希望。因而又有了精彩的一幕：

老师酣玩竹节人

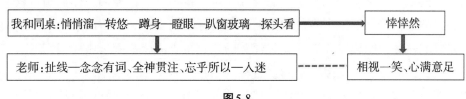

图5-8

竹节人被老师没收后的怨恨和沮丧在老师忘乎所以地玩竹节人的过程中化为乌有。

竹节人的确是童年中好玩的玩具，"我们全迷上了斗竹节人"：课间斗，课堂斗；学生玩，老师也玩。斗竹节人给童年的生活增添了一幅幅多姿多彩的画面，童心童趣就流淌在画面中。作者善于以儿童的眼光来观察世界，抒写童真童趣。以小小的娱乐写出了孩童世界浩大的气象。小玩具里包藏哪些大气象呢：

教室里的课桌破旧得看不出年纪，桌面上是一道道豁开的裂缝，像黄河长江，一不小心，铅笔就从裂缝里掉下去了。

而现在，这些裂缝正好用来玩竹节人。

竹节人手上系上一根冰棍棒，就成了手握金箍棒的孙悟空，号称"齐天小圣"，四个字歪歪斜斜刻在竹节人背上，神气！

……

俨然一个叱咤风云的古战场。

……

黑虎掏心！泰山压顶！双龙抢珠！

咚锵咚锵咚咚锵！咚咚锵！

……

小小的竹节人哪来这么大的气势？儿童的眼光、儿童的世界，需要我们静静地猜！

1.2 《竹节人》学情及教学辅助系统解读

【学情解析】

阅读语文教科书的课文不同于课外读闲书，课文都有明确的目的指向。统编教材从三年级起，每个单元的单元页、语文园地里的交流平台以及每篇课文的辅助系统都是在为阅读目的指向。训练有素的班级，学生已经初步具备有目的地阅读的能力。本课是有目的地阅读单元的首课，本单元是小学阶段阅读策略单元的第四次集中练习。一般说来，学生以前的阅读如果没有老师的明确要求，老师没有教会学生使用课文的辅助系统，往往是被动地读、盲目地读，阅读无方向也没有反思：阅读文本要到达什么目的？用什么方法阅读更好？这样读好不好？怎样读更好？有目的地阅读相应就是要解决缺失的引导，要学生在阅读前清楚地知道为什么读、读什么、怎么读。通过集中训练，学生能够独立地安排调整、指导调控阅读的过程。学完本课，学生要清晰地说出有目的地阅读的目标指向是什么，即阅读前要知道阅读需要完成的任务，阅读时要选择完成任务的内容重点阅读，阅读中要调用适宜的方法完成任务，阅读后要反思整个阅读过程的效益。高年级的学生初步具备这样的自我监控能力，需要系统的训练养成习惯与培养能力，为成为独立的熟练的阅读者奠定基础。实现有目的地阅读，会调用适宜的阅读策略与方法，因此，也是对整个小学阶段阅读策略与方法的回顾与训练、巩固与提升。

【阅读提示】

同一篇文章，阅读的目的不同，关注的内容、采用的阅读方法也会有所不同。如果给你以下任务，你会怎么读《竹节人》这篇文章？

> 写玩具制作指南，并教别人玩这种玩具。
> 体会传统玩具给众带来的乐趣。
> 讲一个有关老师的故事。

教材将此文作为有目的地阅读的例子，在阅读提示中明确提出了阅读这篇文章的三个阅读任务。以前课文中的阅读提示往往只涉及课文学习的方法指导或部分任务，还要结合课后练习才能全面了解阅读的任务。学生读这篇文章之前就要清楚阅读指向，带着阅读目的浏览课文，整体感知课文，了解文章写了哪些内容。

根据这三个阅读任务，确定完成每个任务应该重点阅读的文本内容，即有选择性地阅读。完成第一个任务读第1~9自然就能解决问题。完成第二个任务则需要通读全篇，然后选择自己感受深刻的内容来谈。完成第三个任务选择第20~29段阅读即可。

阅读时首先要选择内容，然后再采用适合的方法。阅读提示对阅读方法的指导尊重了学生的主体地位，首先要学生来谈可以怎么读。老师可起串联和点拨的作用，让学生经历阅读方法的发现、交流、补充、总结的过程。因此老师不宜把方法一下塞给学生。

课后练习和以前课文有所不同，本课课后练习响应阅读提示，进一步引导学生重视阅读方法的运用，以小伙伴交流的形式进行了粗轮廓的导向，具体方法的运用一定是在阅读的过程中完成。

【课后练习:】

为完成三个不同的任务，你是怎样读这篇文章的? 和同学交流。

呈现三位小伙伴的交流如下:

> 为完成"写玩具制作指南，并教别人玩这种玩具"这个任务，可以先快速读全文，找到相关内容，再仔细读。

> "体会传统玩具给人们带来的乐趣"，读的时候要特别注意文章中写"我们"投入地做玩具、玩玩具的部分……

> 为完成"讲一个有关老师的故事"这个任务，我主要关注了老师没收玩具、玩玩具的内容，重点梳理了故事的起因、经过、结果。

课后练习针对三个阅读任务作了指引。伙伴一谈到了快速浏览，锁定内容细读，即浏览与细读的方法。如何浏览，如何细读，这是阅读方法运用的具体体现，练习没有说明，因此教师需要在了解学情让学生充分交流的基础上，进行适时点拨，这就意味着教师首先是能运用适宜方法的阅读者，否则学生的练习很容易陷入水平状态，导致阅读能力的提高凭借运气。

伙伴二的交流谈到内容的选择，至于方法的运用留了省略号，究竟可以用哪些方法来阅读，和练习一一样需要揣摩。在课文的文本解读中其实已经有一些方法的示例，可作为参考。

伙伴三的交流指向了讲故事这一特别的阅读任务，要讲故事就得了解故事的要素，因此把起因、经过、结果作为方法运用的指向，但如何把起因、经过、结果讲好，启用故事要素法尤为关键。

1.3 《竹节人》教学设计

【教学目标】

1. 正确拼读并积累"威风凛凛、疲倦、呆头呆脑、颓然"等17个词语，能正确工整地书写"豁、凛、疙、瘩、棍"等14个生字。

2. 以课文阅读提示的三个学习任务为例子，学习根据不同阅读任务，选择相应的内容，运用适宜的阅读方法达到阅读目的。

【教学准备】

预学单

根据课文内容，完成填空，用自己的话说一说文章的主要内容。

预设：迷上竹节人→做竹节人→玩竹节人→竹节人被没收→看老师玩竹节人(图5-9)

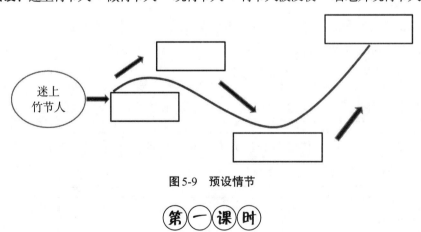

图5-9 预设情节

第 一 课 时

一、检测预习，了解学情

1. 朗读句段，检测预习

老师请一位同学来读读这段话，其他孩子认真听，点评他读得怎样？（大屏出示提炼重点词句组成的语段）

壮士模样，叉腿张胳膊，威风凛凛，跟现今健美比赛中那肚子老粗、浑身疙瘩肉的小伙子差不多。搏斗起来，没头没脑地对打，不知疲倦，有时一副呆头呆脑的样子，挺着肚子净挨揍。系上一根冰棍棒，就成了手握金箍棒的孙悟空；装上废弃的钩针，就成了窦尔敦；佩带一把偃月刀，系一绺红丝线做成的蛇矛，你能给它叫出什么名号？

2. 概述文意，引入学习

这段文字，是对哪种玩具的描写？（板书课题——竹节人）预习了竹节人，请你结合预学单说说课文主要写了什么内容，说说文章写了怎样的童年故事？

文章看似不难，都能读懂，这还不够，仅仅是泛泛而读。这个单元我们要开启新的模式学习阅读。

【设计意图：本课生字词多，篇幅较长，有必要在预习时扫除字词障碍，以预学单中文章的思路图梳理内容，有助于加强对文章的理解，提高预习效果，达到预习的目的，为课堂学习做好准备】

二、了解目的，明确任务

1. 阅读单元页，明白单元目标。

我们一起来看看单元的导读页。从导读页你获得了什么信息？

学生交流后明确：这个单元给我们提出了新的要求：根据阅读目的，选用恰当的阅读方法。（板书：阅读目的、阅读方法）

2. 根据课文阅读提示，梳理阅读目的

同学们预习了竹节人，你们知道竹节人这篇课文的阅读目的是什么？从哪儿知道？（大屏出示阅读提示的重要信息，梳理本课的三个阅读任务）

3. 根据阅读目的，选择阅读内容

（1）要解决这三个阅读任务，你要关注文章的哪些内容呢（板书：选择内容）。请你选择合适的阅读方法，找一找要完成每个任务应该阅读的段落，把段落填入表5-2中"选择内容"的栏目。

表5-2

阅读目的	选择内容	阅读方法
写玩具制作指南,教别人玩这种玩具	3;8～19	
体会传统玩具带来的乐趣	3～29	
讲一个有关老师的故事	23～29	

（2）老师采访一下，刚才你们确定每个阅读目的找到关注的内容时，用了什么阅读方法？

预设：浏览、跳读、扫读（快速阅读）

（3）要完成每个阅读任务，还能像刚才这么快速地解决吗？

学生交流后明确：快速阅读选择相应的内容后，要细读深思完成任务。完成每个阅读任务，会用上合适的方法，当快则快，当慢则慢。

师紧承表5-2，出示表5-3梳理阅读的收获。

表5-3

阅读目的	选择内容	阅读方法	
		快速阅读	细读深思
写玩具制作指南，教别人玩这种玩具	3；3—19	浏览 跳读 扫读 ……	
体会传统玩具带来的乐趣	3—29		
讲一个有关老师的故事	23—29		

【设计意图：由单元阅读目的引向单课阅读目的，将学生自主思考自主发现与老师点拨结合，以表格的形式直观呈现课文阅读的目的。根据课文的三个阅读任务选择相应的阅读内容，体验并总结快速阅读的方法。明白阅读时根据阅读目的，当快则快当慢则慢。初次体会"根据阅读的目的，选用恰当的方法"这一单元目标】

三、体验过程，总结方法

任务一：完成 "竹节人" 制作指南（图5-10）和玩法指南

小组合作完成阅读任务一

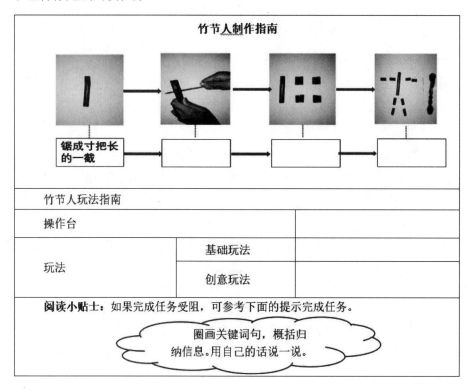

图5-10

1. 小组合作，完成图 5-10。阅读相应语段，依据竹节人制作指南和玩法指南图表，完成图表内容，用自己的话说一说竹节人的制作和玩法。理一理用上了哪些阅读方法。

2. 倾听交流，再现过程。小组成员交流制作过程和阅读方法。

3. 总结提炼阅读方法：圈画关键词句、提取重要信息、整合信息。

4. 对比交流，总结方法：对比课后练习小伙伴的认识，看看我们的阅读和他有哪些相同哪些不同？

（阅读步骤同：明白任务——快速阅读找到内容——细读深思；不同：小伙伴没谈具体的阅读方法，我们在阅读的过程中用上了圈画关键词句、提取重要信息、整合信息等方法）

【设计意图：任务一完成玩具制作指南难度不高，但介绍玩法有一定的难度。一部分师生对玩法的认识偏狭，局限于基础玩法，创意玩法也应纳入其中，而要把这些玩法介绍清楚是不容易的，小组合作有利于发挥集体智慧完成任务。完成任务不是学习的目的，学习的目的是通过任务一的完成，体验有目的阅读的过程与方法，因此完成任务后要提炼总结方法。从自身的阅读经验总结，对比课后练习小伙伴的认识总结，突出方法的多样性与重要性】

四、探究方法，总结步骤小组合作，完成任务三：讲一个有关老师的故事

任务三

1. 小组合作，讲故事，理方法

（1）阅读相应语段，完成图 5-11 内容，用自己的话讲一讲有关老师的故事。理一理用上了哪些阅读方法。

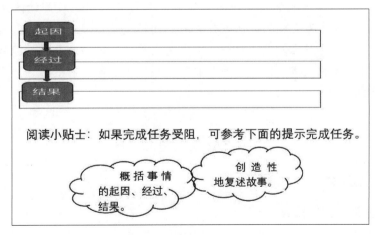

图 5-11

（2）小组相互倾听交流并补充不同的认识。

（老师引导讲故事的要领：讲清楚、讲生动）

2. 对比交流，总结方法

对比课后练习小伙伴的认识，看看我们的阅读和他有哪些相同？哪些不同？

（阅读步骤同：明白任务——快速阅读找到内容——细读深思；阅读方法不同：小伙伴没谈具体的阅读方法，我们在阅读的过程中用上了故事要素法、提取并整合信息、复述法等方法）

3. 总结步骤，提炼方法

有目的地阅读是有步骤和方法可循的，通过完成两个任务，你发现有目的地阅读有哪些程序？

学生交流有目的地阅读的操作步骤和阅读方法后以图 5-12 呈现有目的阅读的过程与方法。

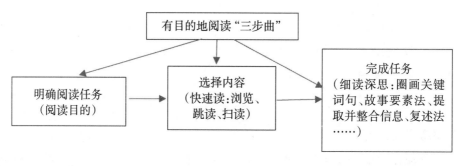

图 5-12

【设计意图：有了任务一的阅读经验，任务三的完成相对容易。六年级"讲故事"应是复述的知识能力点训练，根据课标应体现创造性复述的能力层级，即把老师的故事讲得生动形象吸引人。讲故事有基本的框架原则，那就是抓住故事的起因、经过、结果，先把故事讲清楚讲完整，再追求讲生动，课堂上视学生讲述的具体情况进行引导。学生能够讲故事不是目的，通过讲故事发现阅读方法是重要目的，发现阅读方法是为实现阅读任务服务的。阅读策略是程序性知识，有目的地阅读的程序性特别强，因此，通过两个任务的完成总结有目的地阅读的操作程序很有必要。图 5-12 有目的地阅读"三步曲"简练清晰地呈现阅读的过程，为学生自主阅读提供切实的支架】

一、自主探究，个性阅读

1. 搭建支架，完成任务

结合有目的阅读的图示（图 5-13）和阅读小贴士（图 5-14），自主完成任务二：体会传统玩具给人们带来的乐趣。

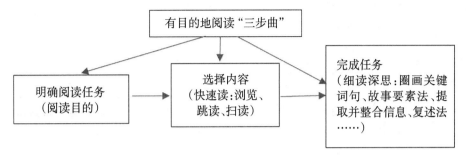

图 5-13

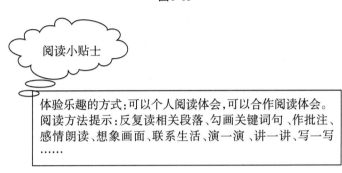

图 5-14

2. 班级交流，欣赏补充

汇报交流任务二，以如下的流程交流：

体会竹节人带来的乐趣，我（我们）以（　　　　）的方法选择了（　　　　　）的语句（语段）细读深味。请听（看）我（我们）的品读成果：（　　　　）。我（我们）的汇报完毕，请大家建议。

方法预设示例：

（1）批注：竹节人的制作有趣，偷偷地做更有趣。"妈妈怪我总把毛笔弄丢，而校门口的生意特别好"。

（2）想象画面："破课桌，俨然一个叱咤风云的古战场。"等画面感和动作性强的句子，写出了小玩具在孩子们心中的大气象大乐趣。

（3）联系前后文品味："教室里的课桌破旧得看不出年纪，桌面上是一道道豁开的裂缝，像黄河长江"——"破课桌，俨然一个叱咤风云的古战场。"——黑虎掏心！泰山压顶！双龙抢珠！……

（4）读一读说一说：孩子们都把竹节人做成了谁？（孙悟空、窦尔敦、关羽）还可以做成谁？

（5）表演朗读：领略情境，体验乐趣。

……

3.回顾对比，总结方法

阅读《竹节人》完成三个阅读任务有相同的步骤（回顾"三步曲"图示），明确阅读任务后，都用上了快速阅读的方法选择阅读内容，细读深思完成任务时，根据不同阅读任务灵活选择恰当的阅读方法。

【设计意图：体会乐趣几乎关涉全文内容，而且对乐趣的体会方式方法也是多样的。较前面完成的两个任务而言，此任务的完成涉及的阅读方法是开放多样的，而且也是深入理解文章的核心所在。因此，放手让学生朗读品味，既是对上节课学到的过程方法的运用，也是对个性化朗读体验的尊重。在交流中让学生明白：适合的恰当的完成阅读任务的方法就是好的，阅读有法而无固定之法但要重视方法运用。在对课文的品读中感知方法，在对方法的运用中深化对课文的理解，实现策略运用与文本理解的和谐共振】

二、联结发散，拓展迁移

1.有目的地阅读课文

我们通过《竹节人》学习了有目的地阅读，总结出了阅读的"三步曲"，还体验了根据不同目的运用不同的阅读方法。以后课文学习你会怎样实现有目的地阅读？

2.有目的地阅读其他文本

课内阅读可以像我们总结的那样有目的地阅读，阅读其他文本如何实现有目的地阅读呢？比如：如何选择一本自己喜欢的课外书？如何读神话故事？如何读寓言故事？如何读童话故事？如何读古诗？如何读报刊？如何阅读碎片化的网络材料？如何阅读其他教科书？

学生交流后明确：好的阅读应该是像这样带着目的进行阅读。阅读的目的不同，选用的阅读方法也就不同，今后的阅读中，我们要不断地进行探索，根据阅读目的寻找合适的阅读方法。

【设计意图：学策略学方法是为了用策略用方法，通过课文的学习，引导学生在日常学习与阅读中用上策略方法，成为积极的阅读者，提高阅读效率】

三、分组观察，识写字词

本课要求会写的字有14个，其中9个左右结构，4个半包围结构，1个上下结构。关注字的结构和笔画的穿插避让。特别注意"跤"字足字旁的最后一提和"朵"的横画、撇画要互相穿插，字才显得紧凑美观。"颓"字左边"秃"字最后一笔要变为横折提，避让右边的"页"。

【**设计意图**：识写字词是硬性保底工程，策略单元生字书写集中放在课文学习后，不打断学习的流程。高年级生字书写老师点拨重难点，示范书写，追求工整美观】

2.1　大胆猜想 小心求证
——《宇宙生命之谜》文本解读

《宇宙生命之谜》是一篇科普文。作者围绕"地球之外的太空中是否有生命存在"这个吸引人的问题展开论说。科学来不得半点虚假，但科学研究可以大胆猜想与小心求证。大胆猜想需要勇气和智慧；小心求证，需要毅力与汗水。

课文开篇就以古时候人们对"天上的世界"的想象故事引入，贴近读者的阅读经验，吸引读者。接着用"但是"话锋一转，引出说明的主要内容：太空中是否有生命存在，仍然是一个吸引人的问题。第二自然段紧承第一自然段，从神话故事的猜想到客观科学的猜想：地球绝不是有生命存在的唯一天体。

下文第3～9自然段写小心求证：地球之外哪些天体可能有生命存在。

第10自然段总结点题：地球之外是否有生命存在，是人类一直探索的宇宙之谜。

阅读文章要善于抓住重点信息，即阅读时要提取关键信息。如何在阅读中提取关键信息呢？此文的思路和结构很清晰，几乎每段都可以找到关键句（中心句），没有关键句，也能够圈画出关键词，然后概括归纳段落内容。表5-4以课文第二部分小心求证的内容来解析。

表5-4

段落	关键句	关键词	关键信息（直接提取、间接概括）
3	哪些天体上可能有生命存在呢？（此句是第3～9段的关键句）这个天体又必须具备什么样的条件呢？	条件:温度(-50～150)、水分、大气(氧气和二氧化碳)、足够的光和热	间接概括:天体上有生命存在必备的四个条件。
4	科学家首先对太阳系着除地球以外的其他行星进行了分析。因此,也不可能有生命存在。	水星、金星、不可能、木星、土星、天王星和海王星	间接概括:水星等六大行星不可能有生命存在。
5	火星和地球有不少相似之处。	自转、昼夜长短、天文学家观察	直接提取:火星和地球的不少相似之处及天文学家的观察猜测:太阳系中唯一还可能存在生命的行星是火星。
6	用探测器对火星作近距离的观测。	1971、美国、"水手9号探测器、环形山和暗的斑点、尘土"	间接概括:美国的探测器对火星的探测推翻人们的猜测。

段落	关键句	关键词	关键信息 （直接提取、间接概括）
7	所有这些因素都说明：在火星上生命难以存在。	水汽极少、大气非常稀薄、表面温度很低、没有磁场、没有臭氧层	直接提取：火星上生命难以存在。
8	在探测器着陆的地区，火星表面没有生命存在。	1975、美国、"海盗号"探测器、未检测到有机分子、未发现微生物、火星的岩层之中	直接提取：在探测器着陆的地区，火星表面没有生命存在。
9	发现陨石上存在有机分子，说明太空可能存在生命。	尚未找到生命、相信存在生命、	直接提取：陨石上的有机分子说明太空可能存在生命。

上表可以看出，抓关键词、关键句，可以简便快捷准确地提取重要信息。整篇文章从引出话题提出猜想到一步步验证猜想，最后再次点题：地球之外是否有生命存在，是人类一直探索的宇宙之谜。

这是基于内容理解的文本解读，文本解读还有一个重要的方面是基于言语形式的认知，即文章在写作表达上的特点。本文具有如下两个鲜明的写作特点值得关注：

其一：结构严谨，以"谜"贯穿全文

标题"宇宙生命之谜"重在谜，读标题可以猜想：人们并没有揭开宇宙生命的奥秘。开头提出谜题：地球之外的太空中是否有生命存在，仍然是一个吸引人的问题。主体部分一步步揭示谜题，从理论分析到科学实证，最终未解谜题，成了人们心中更大的谜。最后以"谜"结束，照应文题，呼应前文。文章浑然一体，牢牢地抓住读者的思绪，既吸引读者，又给读者留下探索未知世界的兴趣。

单看文章每段开头的句子，也可以读出其间逻辑联系的紧密：

①古时候，科学不发达，人们一直向往着"天上的世界"。

②从理论上说，宇宙是无限的。

③哪些天体上可能有生命存在呢？这个天体又必须具备什么样的条件呢？

④根据这些条件，科学家首先对太阳系除地球以外的其他行星进行了分析。

⑤太阳系中唯一还可能存在生命的星球是火星。

⑥为了揭开火星神秘的面纱，科学家们决定利用宇宙飞船对火星作近距离的观测。

⑦科学家们还发现……在火星上生命难以存在。

⑧为了对火星作进一步的考察，1976年，美国又发射了两艘名叫"海盗号"的宇宙飞船。

⑨人们至今尚未能在地球以外的太空中找到生命，但仍然相信遥远的太空存在着生命。

⑩地球之外是否有生命的存在，是人类一直探索的宇宙生命之谜。

段落之间衔接紧密，第三段与第四段形成因果关系，第五至八自然段层层递进。

开篇和结尾两段都是在围绕课题谈宇宙生命之谜，而中间分析的星球都属于太阳系，太阳系只是宇宙的渺小的一点，因为太阳系是银河系中极小的部分，而银河系对宇宙来说只是沧海一粟。人类对于宇宙生命的研究也只迈开了一小步，说明科学研究无止境，突出"宇宙生命之谜"这一主题。

其二：详写"火星"

作者简写水星、金星、木星、土星、天王星、海王星这六个星球存在生命的可能性，却用了大量篇幅分析火星存在生命的可能性。为什么要这样写呢？根据生命存在的条件，这六大星体很容易排除，而火星跟地球有不少相似之处，因此值得深入研究。从理论上分析火星存在生命的可能性，然后从实验方面多次探测验证，而且对于火星的实证研究在人类历史上也是最多的，详细写尊重科学事实，说明科学研究的严谨性、复杂性与长期性，同时也能激发读者阅读的兴趣。

2.2　《宇宙生命之谜》学情及教学辅助系统解读

前一篇文章是散文，散文阅读讲求具象体验，因此阅读时不仅追求整体感知还追求细节品味。本文是一篇实用文，实用文追求重点信息的提炼，追求对文章内容的概括提取，追求对文章逻辑结构的理解。文体不同，阅读的方向方法不同。

【学情解析】

在前一课初步感知有目的地阅读的基本步骤，以散文为例根据三个阅读任务练习为达成阅读目的运用不同的阅读方法。有目的地阅读首先要明确为什么读，然后确定读什么，最后确定怎么读。最终的落脚点在阅读方法。然而阅读方法的选择受制于不同的文体、不同的文章、不同的阅读任务，甚至是不同的读者。通过课文的练习，要让学生明白阅读方法的灵活性，课文的练习只是例子，课文的学习只是方向方法的引路，个体还可以有独特的阅读方法，只要利于达成阅读任务，还应该在以后的阅读中长期训练。

【阅读提示】

多年来，人们一直在探索宇宙生命问题。我们常常有这样的疑问：宇宙中，除了地球外，其他星球是否也有生命存在？为了解决这个疑惑，有位同学找到了这篇文章。

阅读提示呈现了如下信息：

一是解决为什么而读，为了解决疑惑读。

二是为解决这个疑惑，应该读什么？本文呈现出了同伴解决疑惑的方法：找到了这篇文章。其背后还有如何找到这篇文章的？因此，需要搜集和处理信息的能力。查阅图书资料还是上网搜索？如何搜索？首先要确定关于自己的疑惑的关键词，然后根据关键词搜索资料，搜索出很多资料怎么筛选？又涉及阅读方法的运用，筛选资料，肯定不能细读慢思，而要快速阅读，用上提速的方法，或者浏览、或者扫读、或者跳读，总之，要从大量的信息资源中挑选有益于解决问题的资料。

三是确定了要研读的资料，考虑用什么方法读，既解决自己的疑惑又实现阅读的效益。

归纳一下为阅读寻找材料的方法：主题搜索、浏览、跳读、扫读。

【旁批解析】

旁批共六处，是对用什么方法阅读的具体展示，可作为学习的例子。但不宜先入为主，从学生的阅读情况出发，提炼自己的阅读方法后对比旁批，阅读反思效果更好。

旁批一：浏览了这一段后，发现它对了解地球之外是否有生命没有帮助。

对要解决的问题没帮助的文段可以用浏览的方法一带而过。

旁批二：每个自然段往往有提示主要信息的语句，阅读时我要注意找出来。

阅读要学会抓关键语句，在五年级提高阅读速度策略单元明确提出进行了练习，应该经常性的训练，掌握这种阅读方法。

旁批三：这一段对解决问题很重要，画出关键词帮我理清了生命存在的条件。

此批注强调对重要段落的阅读要细致，可以用圈画关键词的方法理解内容，从而快速解决问题。

旁批四：这段的段首提到了地球外的其他行星，通过提取关键信息，我知道这些星球上是不存在生命的。

旁批示范了提取关键信息的方法来理解内容，但是并没有说明如何提取关键信息。其实关键信息的提取有直接和间接两种方式。直接提取就是能够从文中找中现存的词句来解决问题，间接提取则需要读者对信息进行概括归纳。如何概括归纳信息呢，一般说来也要把握关键句和关键词，从关键词句中厘清关系用自己的语言对信息进行全面的整合。因此，提取关键信息还是很大的一个方向，有研究者直接将提取信息界定为阅读的策略。达成这种策略涉及一些阅读方法，笔者比较赞同此种取向。即提取信息是实现有目的地阅读的一种策略，要掌握此策略的运用，得学会一些具体的方法。比如：直接提取信息与间接提取信息；间接提取信息要圈画关键句、关键词，对关键词句进行概括归纳，完成信息整合，然后提取信息。

旁批五：前面排除了那些不具备生命存在条件的行星，这一段提示火星上有可能存在生命，关于火星的内容很重要。

旁批强调了阅读中对重点信息的处理需要细读深入理解。一些研究者将找出重点作为阅读的一种策略。何为"找出重点"？即"找出同类事物中重要的或主要的部分"。在国际常用的十种阅读策略中，有一项是"找出主旨及重点部分"，"找出重点"是阅读的一项重要而基本的策略。其实有目的地阅读要解决的问题——"读什么"也暗含着此策略的运用，要阅读重要的信息，要找出重点内容阅读。"找出重点"一般会关注哪些信息？文章的题目、重点段落（比如这里开始对火星的研究内容是重点段落）、重点词句，抓住不同文体的表现手法，理清思路，读懂主旨，等等。

　　旁批六：近年来科学家在对火星的研究中可能有了新的发现。

　　此旁批将文本内容引向文本之外，暗示要解决问题可能需要查阅更多的研究资料。

　　对于旁批的利用，建议先用便利贴遮盖，从自己的阅读经验、阅读方法开始，发现并总结方法，然后再对比旁批中同伴的阅读经验。以免先入为主，抑制学生探究的兴趣。

【课后练习】

　　练习一：为了了解其他星球是否存在生命，你在阅读时是怎么做的？这位同学的思考给了你哪些启发？

与问题相关的内容我会仔细读，必要时会多读几遍。有的段落和我想要了解的问题不大，就不需要细读。	有的信息可能是不准确的，需要再查查相关资料加以判断。

　　同学的思考内容一指出了区分重点内容和非重点内容，对于重点内容要细读。但用什么方法读，并没有列出来，需要结合具体的语段练习，比如旁批的示范指引。

　　思考内容二谈到查阅资料进行信息的辨识处理的重要性。科普类文章涉及未知领域很多，读者对于很多知识存在盲点，有必要查阅资料综合分析。

　　练习二：如果你想探究下面这些问题，会怎样阅读这篇文章？

科学家是怎么判断其他行星有没有生命的呢？ 人类是否有可能移居火星？

　　此题进一步让学生自主训练达成有目的地阅读。对于有目的地阅读的指向要明：要解决这两个问题，应该分别阅读哪些段落；用什么方法阅读这些段落。

　　阅读段落的选择可以快速浏览确定，用什么方法阅读，则是对前面学到的方法的再次练习，比如：抓住关键语句、关键词语，概括归纳信息，提取信息，梳理文章的思路等方法解决问题。

　　人类是否有可能移居火星，是个开放性的问题，回答"是"或"否"均需要找到支撑的理由，同样可以用上抓关键词句的方法提取信息作答，因为这是开放性的问题，学生还可以查阅相关资料，来印证自己的观点。

2.3 《宇宙生命之谜》教学设计

【教学目标】

1.以课文为例子，借助课文的助学系统学习如何有目的地阅读一般说明文。

2.正确、工整地书写"谜"等十四个生字，积累"枯萎""干燥"等词语。

一、回顾方法，引入学习

1.上节课我们通过《竹节人》学习了有目的地阅读，总结出了有目的地阅读"三步曲"，请同学来说一说你对"有目的地阅读'三步曲'"（图5-15）的认识。

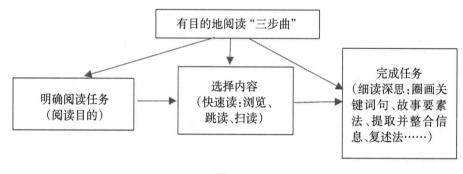

图5-15

2.《竹节人》是一篇散文，根据不同的阅读目的我们用了不同的阅读方法。今天我们来读一篇科普说明文《宇宙生命之谜》，跟老师书空"谜"字，注意言旁与右边"迷"的穿插，书写部件靠紧。我们进一步学习如何有目的地阅读。请同学们快速浏览课文，你能确定我们阅读这篇文章的任务有哪些吗？

学生交流后明确阅读本文有三个阅读任务：一是阅读提示中一位同学的疑惑"宇宙中，除了地球之外，其他星球上是否也有生命存在？"第二、三个任务是课后练习要探究的问题：科学家是怎么判断其他星球有没有生命的呢？人类是否有可能移居火星？

【设计意图：有目的地阅读程序性特别强，紧承上节课的学习经验，继续利用总结的阅读程序图示，化繁于简有利于学生熟练地学习运用，达到自主阅读的效果**】**

二、自主阅读，运用方法

1.支架引路，探索方法

（1）咱们首先来帮帮这位同学解决他的疑惑，边阅读边完善表5-5。

表5-5

有目的地阅读"三步曲"		
明确阅读任务	选择内容(注明段落及选择内容用上的阅读方法)	完成任务(细读深思的方法)
任务一:除了地球之外,其他星球上是否也有生命存在?		
任务二:科学家是怎么判断其他星球有没有生命的呢?		
任务三:人类是否有可能移居火星?		

（2）学生自主阅读，老师巡回了解学情。

（3）学生交流，重点引导交流"完成任务细读深思的方法"。

表5-6

有目的地阅读"三步曲"		
明确阅读任务	选择内容(注明段落及选择内容用上的阅读方法)	完成任务(细读深思的方法)
任务一:除了地球之外,其他星球上是否也有生命存在?	2～10(浏览快读)	圈画关键词句、抓中心句、提取关键信息、综合分析等方法

2. 对比批注，梳理方法

请同学们浏览课文的批注及课后练习泡泡语的内容，对比我们的阅读过程与方法，你的哪些方法和这些方法相同？哪些不一样？

针对学生的交流内容相机引导，重点关注课后泡泡语提示查证资料、推论分析的方法，引导学生在以后的阅读中运用。

3. 识文断体，总结方法

（1）这是一篇科普说明文，阅读的三个任务都是为了理解文章内容。这篇文章的阅读方法和《竹节人》有什么不同？

学生交流后明确：前一篇文章是散文，散文阅读讲求具象体验，因此阅读时不仅追求整体感知还追求细节品味。本文是一篇实用文，实用文追求重点信息的提炼，追求对文章内容的概括提取，追求对文章逻辑结构的理解。文体不同，阅读目的不同，阅读的方向方法也不同。

（2）又快又好地读懂说明文，要用到的重要方法是提取关键信息。结合阅读过程和方法及旁批，谈一谈如何快速地提取关键信息？

学生交流后，以图5-16总结。

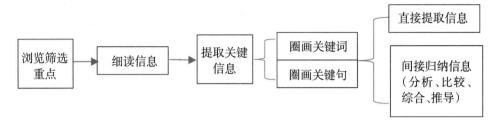

图 5-16

（3）用上提取关键信息的方法，阅读第2~9自然段，提取每个自然段的关键信息。

预设：

表 5-8

段落	关键句	关键词	关键信息（直接提取、间接概括）
2	地球绝不是有生命存在的唯一天体。	宇宙无限	直接提取：地球绝不是有生命存在的唯一天体。
3	哪些天体上可能有生命存在呢?(此句是3~9段的关键句)这个天体又必须具备什么样的条件呢?	条件：温度（-50~150）、水分、大气（氧气和二氧化碳）、足够的光和热	间接概括：天体上有生命存在必备的四个条件。
4	科学家首先对太阳系着除地球以外的其他行星进行了分析。因此，也不可能有生命存在。	水星、金星、不可能、木星、土星、天王星和海王星	间接概括：水星等六大行星不可能有生命存在。
5	火星和地球有不少相似之处。	自转、昼夜长短、天文学家观察	直接提取：火星和地球的不少相似之处及天文学家的观察猜测：太阳系中唯一还可能存在生命的行星是火星。
6	用探测器对火星作近距离的观测。	1971、美国、"水手9号探测器"、环形山和暗的斑点、尘土	间接概括：美国的探测器对火星的探测推翻人们的猜测。
7	所有这些因素都说明：在火星上生命难以存在。	水汽极少、大气非常稀薄、表面温度很低、没有磁场、没有臭氧层	直接提取：火星上生命难以存在。
8	在探测器着陆的地区，火星表面没有生命存在。	1975、美国、"海盗号"探测器、未检测到有机分子、未发现微生物、火星的岩层之中	直接提取：在探测器着陆的地区，火星表面没有生命存在。
9	发现陨石上存在有机分子，说明太空可能存在生命。	尚未找到生命、相信存在生命	直接提取：陨石上的有机分子说明太空可能存在生命。

（4）根据提取的关键信息，能否解答任务一的疑问?

（5）回顾过程，总结方法：阅读这篇说明文，为完成任务一，筛选重点内容时用到了快速浏览的方法，锁定重点内容完成阅读任务时用到了梳理逻辑层次、提取关键信息、查找资料分析判断、综合分析得出结论等等方法，如图5-17所示。

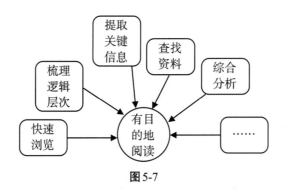

图5-7

【设计意图：有目的地阅读最终的落脚点在阅读方法。然而阅读方法的选择受制于不同的文体、不同的文章、不同的阅读任务，甚至是不同的读者。搭建表格支架完成任务，让学生亲自体验并整理阅读的方法，再对比批注与课后练习的提示，总结更多的方法，突出阅读说明文的重要方法：提取关键信息，并梳理如何提取关键信息，进一步练习提取关键信息解决任务一的问题。最后全面总结完成这一阅读任务要用到的多种阅读方法。要让学生明白阅读方法的灵活性，课文的练习只是例子，课文的学习只是方向方法的引路，个体还可以有独特的阅读方法，只要利于达成阅读任务，还应该在以后的阅读中长期训练】

三、自主阅读，练习方法

1. 完成任务，练习方法

请同学们继续阅读课文，完善表5-5中的任务二和任务三。

2. 交流总结，固化方法

（1）组内交流完成每个任务经历了怎样的阅读过程？用上了哪些阅读方法？如何解答任务中的问题？

（2）全班交流，互补互促。

（学生交流后呈现表格内容进行梳理）

表5-9

有目的地阅读"三步曲"		
明确阅读任务	选择内容(注明段落及选择内容用上的阅读方法)	完成任务(细读深思的方法)
任务二:科学家是怎么判断其他星球有没有生命的呢?	3～9(浏览快读)	圈画关键词句、抓中心句、提取关键信息、综合分析等方法
任务三:人类是否有可能移居火星?	5～8(浏览快读)	圈画关键词句、抓中心句、提取关键信息、综合分析、查证资料、推论判断等方法

【设计意图：上个环节阅读过程的体验、阅读方法的提炼在老师的引导下总结，而这个环节则是放手让学生自主完成自主交流，实现由扶到放的学习过程】

四、拓展迁移，固化方法

咱们再来快读《飞向蓝天的恐龙》，完成阅读任务：用简明的语言说一说恐龙是如何飞向蓝天的？解答这个问题后梳理你用到的阅读过程和阅读方法。

（学生交流后呈现表格内容进行梳理）

表5-10

明确阅读任务	选择内容(注明段落及选择内容用上的阅读方法)	完成任务(细读深思的方法)
任务:用简明的语言说一说恐龙是如何飞向蓝天的?	4(浏览快读)	圈画关键词句、提取关键信息、概括归纳等方法

【设计意图】：拓展迁移，内化阅读的过程与方法，巩固学习成果。利用以前学习的科普说明文，更好地对比与体验阅读目的不同，阅读的方法也不同。由于课文内容熟悉，阅读占用的时间也不多。在短时间内高密度地训练科普类说明文的阅读方法，有利于学生掌握这一类文章的阅读方法】

五、分组观察，识写字词

本课要求会写14个字。一部分字随文写，一部分字集中指导写。其中"谜、倾、御"是左右结构的字，右边的部件本身就是一个全体字，要注意穿插，留出足够的位置。"御"右边的"卸"字左边最后一笔是提。"斑"是左中右结构的字，中间的"文"捺笔变成点。

3.1 《故宫博物院》文本解读

《故宫博物院》这一课围绕同一主题选取了四则文本。从形式上看：材料一、二是连续性文本，材料三、四是非连续性文本。从文体看：材料一是一篇比较完整地、详细地绍故宫博物院建筑群的说明文；材料二是记叙为主的小片段，选自姜舜源的《故宫史话》，有改动；材料三是一幅故宫博物院有关开放与服务的网页截图，提供了参观方案；材料四是一幅故宫博物院的平面示意图（选自2016年12月的故宫博物院官方网站）。材料一全面清晰地介绍了故宫的布局、各重要建筑的特点及地位，后三则材料从不同的侧面对故宫作补充说明，可作为第一则材料的补充材料，加深对故宫的了解。

对本文的解读重点放在第一则材料上，这是一篇说明文，前面谈到过实用文（说明文是实用文的一种）阅读的重要策略是提取关键信息。提取关键信息可以从抓住关键词语、关键句子入手，然后通过概括归纳或者直接提取的方式把握主要内容。下面以表5-11的形式提取关键信息，并结合关键信息梳理文章结构层次。

表 5-11

段落	关键词句	提取信息	结构层次、写作特点		
1	在北京城的中心,有一座城中之城,这就是紫禁城。这是明清两代的皇宫,是我国现存的最大最完整的古代宫殿建筑群,有近六百年历史了。	介绍故宫的位置及历史地位。	总写:概括介绍故宫的位置、历史、在古建筑中的地位、总体布局和艺术风格。		总→分→总　空间顺序　详略结合
2	故宫建筑群规模宏大,建筑精美,布局统一,集中体现了我国古代建筑艺术的独特风格。	总体介绍故宫的特点:规模宏大、建筑精美、布局统一。			
3	"从……往里走,沿着……穿过……就到……走进"	参观起点是天安门,重点介绍午门及其周围的环境。	分写:前朝主要介绍前三殿,内廷主要介绍"后三宫"和御花园。	主要介绍前三殿,重点介绍太和殿。	
4	进了太和门,就来到紫禁城的中心——三大殿:太和殿、中和殿、保和殿。三大殿矗立在七米多高的白石台基上。	写三大殿成为统一整体的台基。			
5	太和殿俗称金銮殿……是故宫最大的殿堂。格外辉煌、色彩鲜明,雄伟壮丽	介绍太和殿的外观色彩鲜艳、壮丽。			
6	正中、上面、背后、两旁、中央　金漆雕龙宝座、雕龙屏、蟠龙金柱、矫健的金龙……	介绍太和殿的内部构成,突出庄严富丽的特点。			
7	三大殿建在紫禁城的中轴线上。	概括介绍三大殿的重要位置。			
8	太和殿是举行重大典礼的地方。	概括介绍太和殿的功用:举行重大典礼。			
9	太和殿后面是中和殿。	略写中和殿的位置、结构和作用			
10	中和殿后面是保和殿。	略写中和殿的位置和作用			
11	广场西起隆宗门,东到景运门。它把紫禁城分为前后两大部分。"前朝""内廷"	从保和殿的介绍引向对"内廷"的介绍。(承上启下)	略写后三宫。		
12	乾清宫是皇帝处理日常政务,批阅各种奏章的地方,后来还在这里接见外国使节。	介绍乾宫的功用。			
13	乾清宫后面是交泰殿,交泰殿后面是坤宁宫。	介绍交泰殿后坤宁宫的功用。			
14	乾清宫、交泰殿、坤宁宫全称"后三宫"。彩画图案、龙凤呈祥	总结介绍后三宫的彩画图案。			
15	后三宫往北是御花园。这里的建筑布局、环境气氛,和前几部分迥然不同。	概括介绍御花园。	概括介绍御花园。		
16	站在景山的高处回望故宫,重重殿宇,层层楼阁,道道宫墙,错综相连而又井然有序。这样宏伟的建筑群,这样和谐统一的布局,不能不令人惊叹。	补充景山及借登临景山对故宫做总说,再次强调故宫的艺术特点。	总结:再次强调故宫的艺术特点。		

用表格提取关键信息，文章的写作内容与表达特点一目了然，也可以在表格的基础上进一步简化归纳如图5-18所示。

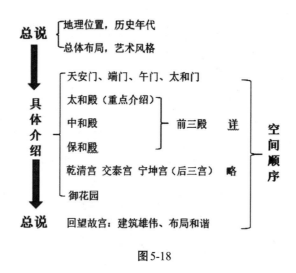

图5-18

3.2 《故宫博物院》学情及教学辅助系统解读

【学情解析】

本课是连续性文本与非连续性文本的组合，加大了阅读的难度，同时也是有目的地阅读单元的最后一课，是一篇略读课文。略读课文要围绕单元学习目标和前面学到的阅读方法，进行自主阅读达成任务，对学生有一定的挑战，特别是材料一中出现的各建筑名称、各景点方位，顺序多而杂，如果没有适当方法的介入，学生会读得糊里糊涂。前面的文本解读，以表格的形式提取关键信息，有利于加强方法的运用，理清思路。后面三则材料可以说是对材料一的补充，因此三则材料的适时运用非常重要。笔者以为在基本理清思路的基础上，将材料一与材料四对比读，能达成图文的相互阐释，利于阅读理解。

学生在前面两课的阅读中学习了有目的地阅读的步骤与方法，本课的阅读目的指向更生活化，详见阅读提示。充分体现了语文是一门实践性和综合性很强的学科，贴近生活，沟通课堂内外，加强书本和实践的联系，拓宽学习的空间。

【阅读提示】

本课作为此单元的略读课文，课文辅助系统只设计了阅读提示，如下。

下面提供了两个任务，和同学交流：你会怎样根据不同的任务阅读以下材料。

> 为家人计划故宫一日游，画一张故宫参观路线图。
>
> 选择一两个景点，游故宫的时候为家人作讲解。

达成本课的学习任务，首先要明确读什么，再落实用什么方法阅读。

无论是画参观路线还是选择景点讲解，材料一，都是必须阅读的，其中有具体景点的介绍，可直接作为任务二的选择；至于任务一的参观路线安排，其实也是基于对故宫景点的了解，才能有选择的安排，所以材料一也是必需的。

对于任务一而言，显然材料三和材料四比较重要，前者明确了参观的出入口，后者提供了故宫的平面图，可依据此来形成具体的参观路线。因此，完成任务一有必要把材料一、材料三、材料四作为重点阅读内容。

对于任务二而言，材料二有必要读，可作为太和殿相关历史事件的介绍。因此，完成任务二有必要把材料一、材料二作为重点阅读内容。

明确了为完成每个任务读什么，然后就要落实怎么读利于快速有效地完成任务。其实"怎么读"从明确任务筛选内容时，就已经开始了阅读方法的选择。浏览了阅读任务后，马上要快速浏览四则材料，决定完成每个任务要重点锁定的材料。锁定了重点的材料后，就要运用各种方法为完成任务而读。比如提取关键信息、图表法、复述法、对比法、图像化、角色扮演法等等。

再如用对比法阅读来设计线路图，可以一边读材料一一边对照材料四，同时可以自己在草纸上画一遍线路（如图5-19的简笔线路），此线路不必如材料四的翔实，边画边用自己的语言介绍。

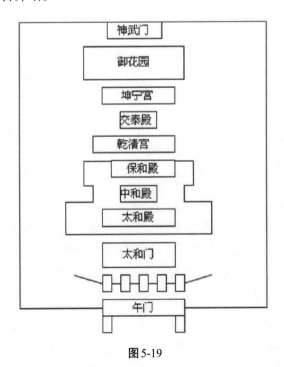

图5-19

课文提示完成的两个任务也给读者一些启示：像故宫这样的世界文化遗产的景点，不仅应该通过书本去了解，更应该去实地参观、考察、探访、欣赏、研究。将书本与生活勾连，最终起到培养学生民族感情，文化认同感的重要目的。

3.3 《故宫博物院》教学设计

【教学目标】

1. 练习根据不同任务选择合适的阅读材料与阅读方法。

2. 体会不同的表达意旨调用不同的策略运用不同的表达方法的价值——导游线路图体现非连续性文本简洁的文字与图案如何有机结合；导游讲解体现听众意识、讲解的条理性与吸引力。

【教学准备】

学生准备：课余查询有关故宫的资料，选取一则自己喜欢的材料。

教师准备：空白地图

【教学过程】

一、谈话导入，了解学情

同学们，通过课余查资料和预习课文，我们在文字中了解故宫博物院，有没有同学去过故宫博物院，亲历现场对故宫博物院还有什么样的了解？（大屏出示故宫博物院的整体图景）

【设计意图：既是对学情的了解，也是对查阅资料和预习课文的回应，让学习的每一步落到实处**】**

二、了解文本，明确任务

1. 预习时，你发现课文和以前学过的课文有什么不同？

学生交流后明确：像这样由文字、图表等多种信息的文本组合，我们叫它"非连续性文本"。

2. 今天我们通过这则非连续性文本进一步练习如何有目的地阅读。请同学们快速浏览课文，你能确定我们阅读这篇文章的任务有哪些吗？

学生交流后明确：①任务一：为家人计划故宫一日游，画一张故宫参观路线图。

②任务二：选择一两个景点，游故宫的时候为家人做讲解。

3. 快速浏览四则材料，为完成每个不同的任务，你认为哪些材料是最有用的。

学生交流后明确：完成任务一需要调用的材料有：材料一（明确行踪、方位）；材料三（明确进出口）；材料四（平面图直观展现景点方位）。

完成任务二需要调用的材料有：材料一（建筑特点）；材料二（历史故事）。

4. 至此，有目的地阅读我们已经完成了几步？（出示有目的地阅读"三步曲"图

5-20）接下来发挥我们的阅读智慧，你们会用上怎样的阅读方法完成任务。

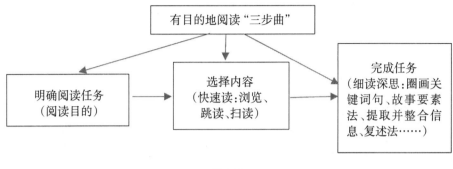

图 5-20

【设计意图：在比较中发现课文的特点后，单刀直入了解学习目标，直奔学习任务，开启有目的地阅读活动】

三、小组合作，完成任务

任务一：计划一日游，绘制线路图

1. 组员合作，阅读思考，绘制线路图

请组长组织组员拿出桌子下面的平面图和美术纸，阅读相关材料，根据阅读捕获到的信息，为家人计划一日游路线图。可以直接在平面图上填写标画，也可以在白纸上创意设计路线图。

2. 成果展示，评议交流

请每个小组分别把你们的作品放投影仪上，一个组员主讲路线设计，其他组员补充并谈一谈你们用了什么样的阅读方法完成任务。每个同学都认真倾听，提出疑问、建议或赞赏。

学生交流后明确：一日游的时间较长，路线图的景点设计要全面。设计路线图要清楚标记关键景点，将材料一和材料四对比联结阅读就能清楚地明晰景点方位，根据材料三快速提取关键信息明确起点和终点。用到的阅读方法有：标注圈点、图文结合、对比联结、提取关键信息等。

（二）**任务二：选择景点，组材讲解当导游**

1. 了解导游词的特点，组材讲解

（1）设计了线路图，对景区有了全方位的了解，咱们还要深入景点，作细致的浏览。人人当导游，为家人作讲解。你认为好的导游词有什么特点？受人欢迎的导游具备什么特点？

师针对学生的交流点拨总结"星级导游"评价表，如表5-12所示。

表 5-12   星级导游评价表

评价要点	评价内容	星级量化
组材得当	景点特征鲜明、有层次有条理、故事性	★★★
表达清楚	表达流畅、通俗易懂	★
姿态得体	表情大方、文明友好	★

（2）选点组稿，练习讲解

选择自己喜欢的一两处景点，可以运用书中的材料，也可以调用自己查阅的材料，参照星级导游评价表，选择标注重点内容，组稿介绍，自主练习讲解。

2. 全班展示交流，分享创作的思考历程，总结组材的方法

（学生交流后总结方法。抓住重点内容、提取关键信息、补充资料、整合材料、概括内容、图文结合、生动表达等等方法）

【设计意图：通过单元前两篇课文的学习，学生初步尝试并领悟了为完成不同的目的，灵活运用恰当的方法。本环节放手让学生通过合作完成任务和独立完成任务两种方式，体会如何灵活地运用多种阅读方法达成不同的阅读目的】

四、课堂小结，布置新的任务

今天，我们根据不同的阅读任务，选择了恰当的材料运用适当的方法进行阅读，对故宫有了一定的了解。2020年是紫禁城建成600年，又是故宫博物院成立95周年，这是全社会的一件文化盛事。故宫博物院传承弘扬着中华优秀传统文化，故宫的博大与神秘，值得我们去探寻。请登录故宫博物院（官网、官方公众号）浏览信息和阅读有关故宫博物院的书籍，进一步探访故宫，选择一个侧面，运用恰当的方法，整理一段文字诠释故宫文化。以"放眼看故宫"为主题，向世界各国友人介绍故宫文化。一周后在全班汇报交流，推荐评选"故宫文化小使者"。

（文化视角提示——色彩文化、轴对称文化、龙文化、凤文化、"和"文化……）

【设计意图：教材设置的两个阅读任务其目的主要是把课文当作例子学习如何有目的地阅读。故宫蕴含着丰富的建筑文化与人文精神，阅读文章还可以对其文化作一定的了解。仅靠老师的讲解传授不能深入学生心中，而且课堂教学的目标任务决定了不可能对故宫文化作深入了解。因此，布置新的阅读任务——查阅、整理资料选择自己喜欢的文化侧重点诠释故宫文化，这样的阅读活动驱使学生继续练习有目的地阅读，在查阅资料、整理整合资料、读写结合中深入认识故宫文化。在此活动中建构与积累语言，发展提升思维，传承弘扬中华文化，落实语文学科核心素养】

第三节　有目的地阅读实践拓展

　　统编教材六年级上册设置有目的地阅读单元，较以前的教材是一大改进。有目的地阅读可以有意识地提前渗透到学生的阅读中去。小学低年级因为识字量大，阅读处于字音字形解码阶段，加之树立目标意识与培养自我反思能力的身心条件都还不具备。到中年级时，有了识字量的积累，有了初步的语感积累，学生身心与学习能力都得到进一步发展，就可以给予阅读目的的初步引导。但现实的阅读实情常常是师长要求读书就读书，有口无心为阅读而阅读，长此下去，阅读就成为别人设置的任务，成为机械枯燥的应付。没目标引导，读得怎样？达到目标没有？缺乏对阅读目的的思考，缺乏阅读目的的指引，阅读是低效的，当然这是低效的原因之一。

　　有目的地阅读不仅在课内阅读有重要的作用，在课外阅读中也起到关键性作用。课内阅读的目的引导视学情而异，但统编教材通用的教学目标引导是清晰的。如何引导学生明白阅读的目的很清晰：教材单元页的语文要素、学习园地的交流平台，课文的阅读提示、旁批、课后练习等都在为阅读目的引路。作为学生不可能深入了解阅读目的，需要老师引导，比如单元学习之初，结合单元页与交流平台，了解单元要达到的整体目标，结合课文了解预习达到怎样的目标，课堂学习要达到怎样的学习目标，阅读的目的就是要实现这些目标。还可以进一步引导学有余力学有兴趣的学生对文本感兴趣的方面作拓展阅读研究。比如阅读《将相和》一文，对廉颇的形象感兴趣，可进一步引导学生读《廉颇·蔺相如列传》，认识人物立体丰满的性格特点。利用课前三分钟讲述廉颇的事迹，谈对廉颇的认识，既实现了有目的地阅读，也培养了学生多方面的能力。

　　课内阅读的目的性是很强的，也是很显性的，但只有教师明白而不引导学生明白阅读的目的性，阅读效率不会高。统编教材阅读教学的导向是精读、略读、课外阅读三位一体，实现课外阅读课程化。课程化就意味着有明确的目的，而教材根本就没有阅读目的导向，"快乐读书吧"简单地提一提阅读方法，还有资料袋、阅读链接等课外阅读，都需要有目标导引。课外阅读时空宽泛又无目标导向，对于无阅读兴趣与习惯的学生而言往往是空头口号。如何将课外阅读落到实处呢？学生还不具备设定课外阅读目的的能力，老师要成为课外阅读目标的设定者，特别是共读书籍的目标导向。首先，老师要研读课外书籍，只有了解书籍特点，结合班级学情，才可能制定合宜的阅读目的。才能引导学生带着目的阅读。

阅读前要问一问：

我为什么要阅读这本书？这本书对我来说重要吗？

如何回应这些问题呢？当然是读，不读就不了解，但要有方法地读，现在就可以用上以前学到的提高阅读速度的方法了。

阅读前和学生首先看封面到封底，了解作者或者书籍的总体信息，有序言的书最好先读序言，从序言可以判断一本书的类别，比如实用性书籍或者文学类的书籍，两类书籍的阅读方法有所不同。当然学生不一定懂，但老师心里要有谱，便于引导。对于小学阶段的学生来说，阅读的课外书中文学类作品居多，如童话、小说、散文等等，当然也包括百科全书或十万个为什么这些实用类书籍，但整个小学阶段基本处于基础阅读阶段，一般学生还达不到阅读专业类书籍、获取专业知识的水平。

接着读一读目录，了解书籍的梗概内容，一本书的目录就像书籍的地图，弄清地图轮廓，对作者的写作思路就有了清晰的了解。现行快乐读书吧要求阅读的整本书有两种情况：整本书是由一篇篇文章独立组成的还是一本完整的书讲述一个集中的主题。这两种书的阅读方法也是不同的。

总体来说，看封面、封底、序言及目录是对书作全面的了解，对书作全面的了解还可更进一步，用上学到速度的方法，以浏览、刷页、扫读或跳读等方式，快速浏览一遍整本书的内容，这个过程对于阅读高手来说一般十分钟就可以定位书籍的重要内容。对书的难易度、写作风格有初步的了解，这是对成熟的读者而言，小学生还不具备这种能力。教师可以以此方式让他们对书的整体面貌、内容多少作了解，当然对阅读能力强的学生，能抓住一本书的大略方向最好不过。在此基础上，跟学生交流阅读这本书的导向思路。制订阅读计划，节奏进度。

紧接着要解决的阅读目的是按照进度，怎样来读？这个过程学生还是不明白的，需要老师引导。当然和课内阅读的方法不同，阅读的自主权交给学生，但阅读结果的反馈一定要老师安排。比如间周一次或一月一次的读书交流，交流以什么形式围绕什么主题等等。以活动分享式来促进阅读过程的落实是很好的方式。言说始终是空的，下面以笔者设计的三年级下册快乐读书吧"小故事，大道理"的阅读指导课为例，来看一看如何把阅读目的渗透在活动中，实现有目的地阅读课外书籍。课外书籍的阅读方式方法因书而异，因人不同，但都离不开目的指引。确定阅读目的是为了在阅读过程中快速把握重点，而不是漫无目的。这就像你拿着工具去捕猎，但如果你自己都不知道你的猎物是什么，最后很可能就是一无所获、败兴而归。

课外阅读并不都要有目的性，在老师的引导下有目的地共读的书籍需要目标指引，阅读其他课外书籍，如学生本来视读书为快乐，已经是阅读的高境界了，那就抛开目的，想怎么读就怎么读，纵享快乐的阅读之旅好了，因为小学处于基础阅读阶段，学会基本的阅读方法，具备课标要求的阅读速度，为以后成为成熟的读者作好准备就可以了。要成为一个成熟的读者，那就先从广泛的阅读坚持不断地阅读开始吧。

三年级上册快乐读书吧"小故事 大道理"导读课教学设计

【教学目标】

1.学习阅读寓言故事的基本方法：读故事、讲故事、悟道理、导成长。通过阅读活动的实施，激发阅读寓言故事的兴趣。

2.通过导读课的学习，明确后续阅读的方向与目标，方法与途径，为有效地完成推进课与交流课作铺设。

3.热爱优秀的中华传统文化，传承弘扬中华文化，在思辨中获得真善美的润泽与启迪，做中华阳光少年。

教学重点：激发阅读的兴趣，学会阅读寓言故事的基本方法。

教学难点：持续阅读世界寓言故事，在思辨中获得真善美的润泽与启迪，做中华阳光少年。

课前准备：熟读长竿入城的故事，读准字音，读通句读，理解大意，能背则背。

【教学过程】

一、文白对读知古今

长竿入城

魏晋：邯郸淳 选自【笑林（三国魏）】

鲁有执长竿入城门者，初竖执之，不可入；横执之，亦不可入，计无所出。俄有老父至，曰："吾非圣人，但见事多矣！何不以锯中截而入？"遂依而截之。

1.**一读**：关注读音的准确和停顿的恰当。

孩子们，前面我们对这则文言寓言故事进行了断句朗读，结合注释梳理了意思，谁愿意来读一读？

针对朗读，点评交流后全班齐读。

2.**二背**：鼓励能够背诵的孩子。

有没有熟读成诵的孩子？

你是怎么背诵的？（方法引导：熟读精思，在理解中背诵）

3. **三背**：老师背，树立学习的榜样。

4. **齐读**：再次熟悉文言寓言。

5. **浏览对比**：领悟文白语言表达特点。

出示文言与白话：你更喜欢读文言还是白话文？

明确中国古代寓言故事最早的模样是文言文，感受传统文化的精粹，继承弘扬优秀的传统文化。

二、方法运用读讲悟

1. **一讲故事**：同桌互讲，熟习故事内容。

前面我们练好了读的本领，读故事就要会讲故事，先试着互相给同桌讲一讲。

2. **二讲故事**：设置情境，讲给最喜欢的人听。

除了同桌，你还想给谁讲？那个人一定是乐意听你说话的人。可以这样开场：爸爸（妈妈、爷爷、奶奶、哥哥、姐姐、同学某某……），我给你讲个故事吧：你们讲故事，老师和同学都来当听故事的人。听故事的人要点评他讲得怎样。站到讲台前来面对大家模拟给最喜欢的人讲故事。

3. **评一评**：语言是否流畅，动作表情是否自然。

4. **悟道理**：

这个故事的主要人物是谁？你想对文中的主人说：

读寓言不仅要了解故事，更重要的是要懂得它包含的道理。

5. **导成长**

读了这个故事，请你想一想：生活中你见过类似的人与事吗？或者这样的事曾经就发生在自己身上？怎样的事呢，比如不懂得变通，做出可笑的傻气的事。如果发生在你的身上，你想对那个时候的自己说什么？

总结阅读寓言的基本方法：读故事、讲故事、悟道理、导成长。

三、成语故事弘文化

1. **成语——图片对对碰**

从这个寓言诞生了一个成语是？（明确：长竿入城）我国古代寓言故事催生了许多成语，为灿若星汉的中华文化抒写了浓墨重彩的一笔。

请孩子们把书翻到语文园地的交流平台，齐读九个成语。看大屏的图片，抢答相应的成语。

2. **成语——书籍面对面**

请孩子们拿出《中国古代寓言故事》，翻到目录，试一试两分钟内你能找到交流平台中几个成语对应的寓言故事。讲一讲自己熟悉的喜欢的一个故事。

用上阅读寓言的基本方法，相机引导学生讲故事、悟道理、导成长。

四、整书群书活动丰

1.引出四本书的阅读任务。

介绍三大发祥地和四大寓言家。

中华文明源远流长，享誉世界，寓言是文化星空闪亮的一颗，中国是寓言文化的三大发祥地之一，发祥地还有印度、古希腊。寓言不仅有三大发祥地，还有著名的四大寓言家：德国的诗人莱辛、俄国的克雷洛夫、古希腊的伊索、法国的拉·封丹，我们买了三大寓言家的书籍和《中国古代寓言故事》。班级共读的四本寓言故事书已经发到手，当自己的小老师，规划怎样读这些书获得最大的收获？

2. 规划阅读目标与方法。

为了协助大家读得有方向有头绪有收获，老师规划了世界寓言故事阅读活动千分项目。除了必须完成的活动，你还想参加哪些活动？

世界寓言故事阅读活动千分项目

1. 寓言故事达人秀

给一年级的弟弟妹妹们讲寓言故事。

2. 寓言故事编创王

续编、改编、创编寓言故事。

3. 寓言故事表演星

同伴合作，用相声、小品、课本剧等形式表演故事。

4. 文白对读知古今

自主读不少于10篇文言寓言故事。（教师选择简短易懂的文言故事印发成册或自由选择阅读）

5. 我的阅读我作主

自主阅读：除班级共读的书目外，自由阅读。

6. 寓言故事成语汇★

寓言故事	成语	出处	道理

7. 寓言故事形象榜★

手抄报：挑选最喜欢、最讨厌或最复杂的形象，为形象作画，为形象写解说词。

8. **寓言故事天天讲**：语文课前五分钟讲故事、闲暇给伙伴、家长、老师讲故事。★

9. **寓言故事擂台赛** ★

（1）看图猜成语（10分抢答）

（2）看图讲故事（20分）

（3）看动物讲寓言（20分）

（4）看动物编寓言（30分）

（5）寓言故事解码师：根据生活情境故事找相似的寓言故事对接；根据寓言故事，联系生活举例子。（20分）

全班分组比赛，此项目将评优秀集体、比赛擂主、最佳解码师、最佳讲述者、幽默大师。

10. **寓言图书排行榜** ★

书目	评分（10分）	最高分值推荐语
《中国古代寓言故事》		
《克雷洛夫寓言》		
《伊索寓言》		
《拉·封丹寓言》		

（此项目将选出班级的个性化"寓言图书榜单"，制作寓言图书宣传报）

说明：

1. 阅读时间：两个月，四本书可交叉阅读，以每两周读完一本书的速度推进。

2. 每个项目100分。加★号的为每个孩子必须参与的活动，其余自选。第1～8个项目边读边做，第9、10两个项目结束时完成。

3. 评奖：完成星号的五个活动，即获阅读星的称号；擂台赛项目将评优秀集体、寓言擂主、最佳解码师、最佳讲述者、幽默大师等奖项。

五、回顾方法明任务

孩子们，通过这节课的学习，你有什么样的收获？

我们进一步明白了阅读寓言的基本方法：读故事、讲故事、悟道理、导成长，我们还知道了有丰富的寓言故事书等着我们去大饱眼福，还明白了后期的阅读方向与任务，让我们在阅读中享受成长！

第六章　阅读策略的综合运用

前面的章节简述了阅读策略运用的概貌、详解了小语统编教科书四个阅读策略单元，为了更多语文教育研究者对阅读策略的运用有深入的认识，本章从阅读策略综合运用的环境与课例作进一步阐释。

第一节　阅读策略综合运用的环境

好的阅读策略运用者的阅读技能与水平都是很高的，会根据阅读目的、阅读材料、阅读环境等因素灵活选择阅读方法并适时调控阅读方法与阅读步骤。阅读策略的综合运用、灵活运用需要经历有意识的长期的训练，有意识的训练始于课堂教学。

一、阅读策略在义务教育阶段的教学目标要求

（一）课程标准对阅读策略的目标定位

《语文课程标准》（2011年版）并未出现"阅读策略"的术语，可以说"阅读策略"是义务教育阶段语文学科领域的新兴术语。《语文课程标准》没有直接出现"阅读策略"这一术语，并不表示阅读教学可以忽视阅读策略，统编小学语文教科书把阅读策略单元作为独立的重要的单元分别编排在三、四、五、六年级上册，已经突显小语教育对阅读策略的关注和重视。

根据本书第一章关于阅读策略的内涵理解来审视，《语文课程标准》虽无直接关于"阅读策略"的目标定位，却有其下位目标"阅读方法"的定位导向。《语文课程标准》总体目标与内容的第七条规定：具有独立阅读的能力，学会运用多种阅读方法。《语文课程标准》在各学段提出了具体的阅读方法指向：第一学段提出"结合上下文和生活实际了解课文中词句的意思，在阅读中积累词语。借助读物中的图画阅读。诵读儿歌、儿童诗和浅近的古诗，展开想象，获得初步的情感体验，感受语言的优美。"第二学段提出"能联系上下文，理解词句的意思，体会课文中关键词句表达情意的作用。能借助字典、词典和生活积累，理解生词的意义。能对诗文中不理解的地方提出疑问。能复述叙事性作品的大意，初步感受作品中生动的形象和优美

的语言，关心作品中人物的命运和喜怒哀乐，与他人交流自己的阅读感受。诵读优秀诗文，注意在诵读过程中体验情感，展开想象，领悟诗文大意。"第三学段提出"能联系上下文和自己的积累，推想课文中有关词句的意思，辨别词语的感情色彩，体会其表达效果。在交流和讨论中，敢于提出看法，作出自己的判断。阅读简单的非连续性文本，能从图文等组合材料中找出有价值的信息。"《语文课程标准》在实施建议中，针对阅读教学提出了"应加强对阅读方法的指导，让学生逐步学会精读、略读和浏览"的教学建议，提出了"阅读评价，要综合考查学生阅读过程中的感受、体验和理解，要关注其阅读兴趣、阅读方法与习惯，也要关注其阅读面和阅读量，以及选择阅读材料的能力。重视对学生多角度、有创意阅读的评价"。

（二）义务教育统编语文教科书对阅读策略的编排设置

义务教育统编语文教科书将阅读策略作为重要的教材内容作了编排，小学与初中阶段有其不同的体现。

1. 阅读策略在小学语文教科书的编排体现

（1）显性阅读策略单元在小学阶段的编排设置

统编小学语文教科书首次将阅读策略作为明确的教材内容纳入教材体系。目前设置了四个阅读策略单元，具体分布如表6-1所示。

表6-1

分布册次单元	单元命名
三上三单元	预测策略单元
四上二第元	提问策略单元
五上二单元	提高阅读速度单元
六上三单元	有目的地阅读 策略单元

就笔者研读的资料和调研的情况来看，很多语文教育工作者对这四个策略单元的认识存在偏差。主要表现在对策略单元要运用的策略没有正确明确的认识。部分语文教育工作者将阅读策略单元的命名等同于阅读策略的类别，经深入研读，笔者认为阅读策略单元的命名并不代表是其阅读策略的名称，其中预测策略单元、提问策略单元明确指向预测与提问两种阅读策略的训练；而教科书和教师用书并没有明确指出提速单元和有目的地阅读策略单元用到的阅读策略类别就是速读策略和带目的读策略。笔者结合教学实践研读相关资料，认为并无速读策略和带目的读策略的类别名称，这两个策略单元要用到的阅读策略需要老师去提炼。讨论这个问题，需要回顾本书第一章关于阅读策略的分类（见第一章表1-4）以及综合运用示意图（见第一章图1-5，方框代表阅读元认知策略，椭圆代表阅读认知策略）。

表1-4 阅读策略的建设性分类

阅读策略的分类	
阅读认知策略	预测策略、确定重点策略、推理策略、提问解问策略、联结策略、图像化策略、作笔记策略、提取信息策略、概括策略、分析综合策略……
阅读元认知策略	计划策略、监控调整策略、自我评价策略

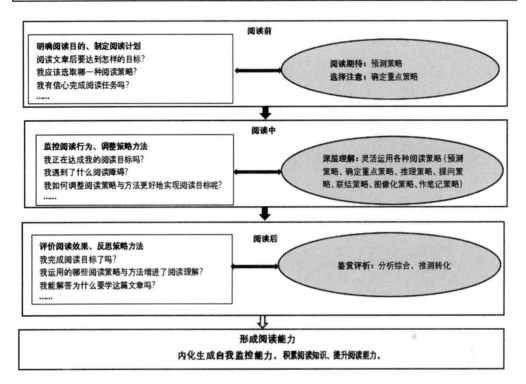

图1-5 阅读元认知与阅读认知策略的综合运用

如此探析，五、六年级的策略单元会用到哪些阅读策略呢？笔者认为不同的读者面对不同的文本实现不同的阅读目的会用到不同的策略。以五、六年级策略单元为例，排除阅读者这个主体因素，基于文本特点和阅读目的，以表格列举单元课文会运用到的阅读策略（表6-2、6-3），为了读者清楚地明白阅读策略如何在课堂教学中落地，同时列举相应的阅读策略需要调用的阅读规则、方法与习惯。

表6-2 五上提高阅读速度策略单元

篇目	阅读目的	阅读策略	阅读规则、方法与习惯
《搭石》	①提高速度 ②理解内容：体会画面感、体会情感	阅读元认知策略：计划、监控调整、自我评价	集中注意力、默读、不回读、笔尖辅助、了解速度并调整速度
		阅读认知策略：图像化策略、提取信息策略、联结策略	边读边想象画面、思维导图'；摘取关键词、勾画关键句、合并信息；联结文句与自我感受

篇目	阅读目的	阅读策略	阅读规则、方法与习惯
《将相和》	①提高速度 ②理解内容:复述故事	阅读元认知策略:计划、监控调整、自我评价	集中注意力、默读、不回读、扩展视域、连词成句地读、笔尖辅助、了解速度并调整速度
		阅读认知策略:提取信息策略	复述:提取故事的起因、经过、结果(故事要素法)
《什么比猎豹的速度快》	①提高速度 ②理解内容:了解事物特点	阅读元认知策略:计划、监控调整、自我评价	集中注意力、默读、不回读、扩展视域、连词成句地读、笔尖辅助、了解速度并调整速度
		阅读认知策略:提取信息策略、提问解问	发现表达的特点:关键词、关键句、质疑解疑、交流探讨
《冀中的地道战》	①提高速度 ②理解内容:了解信息、概括信息	阅读元认知策略:计划、监控调整、自我评价	集中注意力、默读、不回读、扩展视域、连词成句地读、笔尖辅助、了解速度并调整速度
		阅读认知策略:提取信息、概括信息	抓关键词句阅读 边读边圈点勾画 边读边想象图景 边读边归纳内容

表6-3　六上有目的地阅读策略单元

篇目	阅读目的	阅读策略	阅读规则、习惯与方法
《竹节人》	目的一:写玩具制作指南,并教别人玩这种玩具。	阅读元认知策略:计划策略、监控调整策略、自我评价策略	明确任务、浏览、速读、跳读、扫读、圈画关键词句、自我提示、调控阅读方法、反思任务完成效果……
		阅读认知策略:确定重点策略、作笔记策略	
	目的二:体会传统玩具给众带来的乐趣。	阅读元认知策略:计划策略、监控调整策略、自我评价策略	明确任务、浏览、速读、反复读相关段落、勾画关键词句、作批注、感情朗读、想象画面、联系生活、演一演、讲一讲、写一写……调控阅读方法、反思任务完成效果……
		阅读认知策略:确定重点策略、作笔记策略、联结策略	
	目的三:讲一个有关老师的故事。	阅读元认知策略:计划策略、监控调整策略、自我评价策略	明确任务、浏览、速读、故事要素法、提取并整合信息、复述法、调控阅读方法、反思任务完成效果……
		阅读认知策略:确定重点策略、作笔记策略	
《宇宙生命之谜》	目的一:解疑"宇宙中,除了地球外,其他星球是否也有生命存在?"	阅读元认知策略:计划策略、监控调整策略、自我评价策略	明确任务、浏览快读、圈画关键词句、抓中心句、提取关键信息、查阅资料:主题搜索、浏览、跳读、扫读、综合分析、调控阅读方法、反思任务完成效果……
		阅读认知策略:确定重点策略、联结策略	

篇目	阅读目的	阅读策略	阅读规则、习惯与方法
《宇宙生命之谜》	目的二：科学家是怎么判断其他行星有没有生命的呢？人类是否有可能移居火星？	阅读元认知策略：计划策略、监控调整策略、自我评价策略	明确任务、浏览快读、抓住关键语句、关键词语、概括归纳信息、提取信息、梳理文章的思路、调控阅读方法、反思任务完成效果……
		阅读认知策略：概括策略、提取信息策略、推理策略	
《故宫博物院》	目的一：为家人计划故宫一日游，画一张故宫参观路线图。	阅读元认知策略：计划策略、监控调整策略、自我评价策略	明确任务、浏览快读、抓关键词句、梳理文章的思路、图表法、对比法、调控阅读方法、反思任务完成效果……
		阅读认知策略：确定重点策略、提取信息策略、图像化策略	
	目的二：选择一两个景点，游故宫的时候为家人作讲解。	阅读元认知策略：计划策略、监控调整策略、自我评价策略	明确任务、浏览快读、抓住重点内容、提取关键信息、补充资料、整合材料、概括内容、图文结合、生动表达、提取关键信息、图表法、复述法、对比法、图像化、角色扮演法、调控阅读方法、反思任务完成效果……
		阅读认知策略：确定重点策略、提取信息策略、分析综合策略	

上表中将阅读策略的运用分成元认知和认知策略，其实元认知和认知策略的运用是综合一体的，不存在谁先谁后，不是孤立运用的。元认知体现在阅读者清醒地知道自己要完成什么任务、如何去完成任务、怎样完成得更好，根据阅读的情况灵活地对阅读过程与方法作出调整。阅读认知策略体现在实实在在的阅读方法、技巧之中。因此阅读策略的运用最终体现于阅读规则、方法与习惯的运用。

五、六年级的阅读策略单元更多呈现出阅读策略的综合运用，而三、四年级的预测策略单元和提问策略单元偏重于单项阅读策略训练。其实单项阅读策略训练并不意味着阅读时只会用到一种阅读策略。笔者以表6-4简析之。

表6-4

单元名目	教学目标：核心的策略学习	完成目标常用到的其他辅助阅读策略
预测策略单元	预测策略	提问策略、联结策略
提问策略单元	提问解问策略	预测策略、联结策略、推理策略、作笔记策略、综合分析策略等

如何理解辅助策略与核心的阅读策略在教学中的体现呢？比如作预测时，通常会用上提问法，对文中的图文细节作出猜测质疑，这就是在预测时用上了提问策略；预测时联系上下文、文本细节、故事情节等阅读经验作预测，联系自己的生活

经验作预测，这就是在预测时用上了联结策略。比如运用提问策略时，通常会用上预测策略对文本内容作推测猜想，阅读《一个豆荚里的五粒豆》，看到题目，可以提问：这五粒豆会经历怎样的奇遇呢？这是在提问。联系作者安徒生是童话作家进一步推想，作者可能会赋予五粒豆人的特征完成他们的奇遇。其实就用上了预测策略，同时，也联系了阅读童话的经验和自身的生活经验作出推测，也运用了联结策略。从一个标题出发，都可以用上三种阅读策略来阅读，但单元教学目标集中指向提问策略。

以上呈现了统编教科书在小学阶段集中安排的显性阅读策略单元的编排理解。隐性阅读策略几乎贯穿整个小学阶段，呈现梯级螺旋式安排。

（2）隐性阅读策略在小学教科书的梯度呈现

伍新春谈到"事实上，语文教材的大部分单元都会渗透阅读策略的意识。"渗透阅读策略的意识，就是把阅读策略作为隐性的目标编排在教科书中。如何理解这里的"隐性"？笔者认为可以从两方面理解：一是教科书、教师用书没有直接点明用到的阅读策略，二是阅读策略作为阅读的规则、方法、习惯等分布于各单元各册次。有的规则、方法、习惯在各年段呈现出梯级不同的目标要求，有其内在的逻辑发展与提升目标。

下面以表6-5列举几个重要的阅读方法例析其目标梯度。

表6-5

阅读方法	具体分布及梯度体现
提取信息	找出课文中明显的信息（一上）——根据课文的明显信息作简单判断（一下）——整合信息，作出推断（二上）——提取主要信息，了解课文内容（二下）——借助关键语句理解一段话的意思（三上）——了解课文是怎么围绕一个意思把一段话写清楚的；借助关键语句概括一段话的大意；了解课文是从哪几个方面把事物写清楚的；了解故事的主要内容，复述故事（三下）——了解故事的起因、经过、结果，学习把握文章的主要内容；关注主要人物和事件，学习把握文章的主要内容（四上）——抓住关键句，初步体会课文表达的思想感情；学习怎样把握长文章的主要内容（四下）——了解课文内容，创造性地复述故事；阅读时注意梳理信息，把握内容要点（五上）——体会课文表达的思想感情；通过动作、语言、神态的描写，体会人物的内心（五下）——了解文章怎样点面结合写场面的；抓关键句，体会文章的主要观点（六上）——了解梗概，把握名著的主要内容；体会文章是怎样表达情感的；关注神态、言行的描写，体会人物品质（六下）
复述	借助提示，复述课文（二上）——借助提示，讲故事（二下）——了解故事的主要内容，复述故事（三下）——了解故事主要情节，简要复述故事（四上）——了解课文内容，创造性地复述故事（五上）
想象	展开想象，获得初步的情感体验（二上）——读句子，想象画面；运用学到的词语把想象的内容写下来；根据课文内容，展开想象（二下）——感受童话丰富的想象（三上）——试着一边读一边想象画面，体会优美生动的语句；走进想象的世界，感受想象的神奇（三下）——边读边想象，感受自然之美（四上）——借助语言文字展开想象，体会艺术之美（六上）

阅读方法	具体分布及梯度体现
概括	三上:借助关键语句,理解一段话的意思。学习带着问题默读,理解课文的意思。 三下:读懂寓言,明白其中的道理;了解课文是怎样围绕一个意思把一段话写清楚的;借助关键句概括一段话的大意;了解课文是从哪几个方面把事情写清楚的;了解故事内容,复述故事。

2. 阅读策略在初中语文教科书的编排体现

统编小学语文教科书明确将阅读策略单元提上议程，是一大开创，统编初中语文教科书并没有将阅读策略明确提出来，较以前的教科书比，针对阅读文类与阅读方法作了创新编排，对学生阅读技能的培养具有极大的指导意义，这些阅读知识或多或少隐含了阅读策略。下面会谈到阅读策略在统编初中语文教材中的"编排体现"，而不是直接说"编排"，因为初中阶段没有明确地提出阅读策略的概念和相关知识。但编排了阅读的习惯、规则、方式、方法等内容，学生学习这些习惯、规则、方式、方法，其实也是阅读策略在阅读中的不完整体现。七年级重视小学初中的衔接过渡，重点编排了阅读的方式方法。八、九年级偏重文体分类阅读，提升阅读教学的质量必然关注阅读策略知识，即不同文体的阅读取向、价值、方法是不同的。最能体现阅读策略知识的内容编排在名著导读中。下面以表格重点呈现七年级各单元阅读策略知识的编排体现和初中阶段名著导读中阅读策略知识的编排体现。

（1）阅读策略在七年级教科书的编排体现如表6-6所示。

表6-6

年级	单元	阅读方式、方法	训练方法重点指向
七年级上册	第一单元	朗读	重音、停连
	第二单元	朗读	语气、节奏
	第三单元	默读	不出声、不动唇、不指读、不回看
	第四单元	默读	勾画关键语句、做标注
	第五单元	默读	勾画关键语句、段落,做摘录
	第六单元	快速阅读	扩大视野,寻找关键词语
七年级下册	第一单元	精读	通览,抓关键语句、段落,字斟句酌,揣摩品味
	第二单元	精读	涵泳品味、调动联想、想象,做批注
	第三单元	精读	熟读精思,注意从标题、详略安排、角度选择等角度把握文章重点,从开头、结尾、文中及特别之处发现关键句
	第四单元	略读	观其大略,粗知大意,抓阅读重点,其他文字快速阅读
	第五单元	比较阅读	分析作品间的相同或不同
	第六单元	浏览	一目十行扫视文段,提取主要信息

（2）阅读策略在名著导读中的编排体现如表6-7所示。

表6-7

册次	书目	体裁	阅读导向、习惯、方法
七上	《朝花夕拾》(鲁迅) 《白洋淀记事》(孙犁) 《湘行散记》(沈从文)	散文集 小说散文集 散文集	明白经典的意义 消除隔膜：查阅作者传记资料、相关评论、观看相关影视作品 细读精思、鉴赏阅读、跳读
	《西游记》(明 吴承恩) 《猎人笔记》(俄·屠格涅夫) 《镜花缘》(清 李汝珍)	神魔小说 小说集 神幻小说	精读与跳读
七下	《骆驼祥子》(老舍) 《红岩》(罗广斌、杨益言) 《创业史》(柳青)	小说	圈点批注：给自己设定一些批注符号，养成固定使用的习惯
	《海底两万里》(法 凡尔纳) 《基地》(美 阿西莫夫) 《哈利·波特与死亡圣器》(英J.K.罗琳)	科幻小说 科幻小说 魔幻小说	快速阅读：默读为主，抓主要线索和关键信息
八上	《红星照耀中国》(埃德加·斯诺) 《长征》(王树增) 《飞向太空港》(李鸣生)	纪实文学	清楚地把握作品所写的事实。 阅读序言、浏览目录、跳读正文
	《昆虫记》(法 法布尔) 《星星离我们有多远》(卞毓麟) 《寂静的春天》(美 蕾切尔 卡森)		借助前言、后记、附录、概念术语查找工具书拓展阅读；发挥想象力
八下	《傅雷家书》(傅雷) 《苏菲的世界》(挪威 乔斯坦·贾德) 《给青年的十二封信》(朱光潜)	书信集 小说 书信体	"冷读"与"热读" 理解、记忆性阅读：默读 评价、探究性阅读：评点、批注 消遣、娱乐性阅读：浏览、跳读
	《钢铁是怎样炼成的》(奥斯特诺夫斯基) 《平凡的世界》(路遥) 《名人传》(罗曼·罗兰)	小说 小说 传记文学	摘抄、做笔记、
九上	《艾青诗选》(艾青) 《泰戈尔诗选》(泰戈尔) 《唐诗三百首》(清 孙洙)	现代诗 古诗	形式、语言、意象、意境、情感、理性美
	《水浒传》(元 施耐庵) 《世说新语》(南朝 刘义庆) 《聊斋志异》(清 蒲松龄)	古典小说	体裁特点、艺术手法、人物形象、语言风格
九下	《儒林外史》(清 吴敬梓) 《围城》(钱钟书) 《格列佛游记》(英 乔纳森 斯威夫特)	讽刺小说	批评精神、讽刺笔法、联系现实
	《简·爱》(英 夏洛特 勃朗特) 《契诃夫短篇小说选》(俄 契诃夫) 《我是猫》(日 夏目漱石)	外国小说	创作背景、文化内涵、叙事角度、语言特点

（三）阅读策略的系统性与课程编排的矛盾冲突

从第一章关于阅读策略概貌的论述可以看出阅读策略的运用具有综合性、系统性，熟练掌握阅读策略会经历长期的训练。课标无明确的内容指向与目标定位，教科书的编排缺乏系统性，教科书并没有把阅读策略作为语文知识明确地呈现出来，具有隐含性，其下位内容——阅读方法在教科书中呈现得多。现阶段语文老师对其认知普遍模糊泛化，课堂教学没有连续性、针对性、科学性。阅读策略本身的系统性与课程编排的散点性存在矛盾冲突。

如何化解矛盾冲突，如何将阅读策略有序地落实在各年段的阅读教学中，需要一线老师探索经验，重组课堂教学，需要教科书编写专家付出努力，这是一个艰辛的过程。

二、小学生学习阅读策略的目标定位

目前关于阅读策略究竟有哪些共识性的类别，没有统一认识。小语教科书出现阅读策略单元，开启了阅读策略教学的新起点，但教科书、教师用书并没有梳理相应的阅读策略，即阅读策略教学并没有明朗化清晰化，教科书编排阅读策略单元，其教学指向重在阅读习惯、规则、方法等的运用。适于义务教育阶段学生的阅读策略究竟有哪些，究竟要掌握阅读策略的哪些知识，究竟要掌握到何种程度，急需专业人员研究确定。

莫提默·J·艾德勒在《如何阅读一本书》中介绍了阅读一本书的四个层次：基础阅读、检视阅读、分析阅读、主题阅读。[1]据该作者的研究，大多数学生即便升入大学也还处于基础阅读的层次。笔者认为导致这种现象的主要原因在于阅读学习的历程中缺乏方法策略的指导。

就笔者的观察与研究来看，我国学生的阅读能力也有共通的问题。这也解释了为什么在语文科目的学习中小学低中段获得感强，而越到高年级乃至高中，语文学习的成就感与效率越低，学与不学一个样，学多学少一个样。因为低中段处于识字解码的过程，这个过程需要识字累词积句，而字词句的扩容增多会有明显的获得感。一旦字词句的积累达到读通读懂文章大意的水平时阅读能力就很难提高。此时就特别需要阅读方法、阅读策略等知识的介入指导。

统编教材在小学三年级起步就编排阅读策略单元是科学的，一方面因为低段主要任务是识字解码，另一方面因为阅读策略的实质是阅读思维的发展。只有识字解码达到扫除基本阅读障碍时，谈阅读思维的发展才是适宜的。阅读策略特别强调"有声思维"的训练，什么是"有声思维"？即阅读时清楚地明白自己在怎么读怎么想，做积极的阅读者。好的阅读者不仅知道自己在怎么读怎么想，还知道自己为什么读，读得怎么样，还可以怎样读得更好。这就是阅读策略高于阅读方法的所在。

---

①【美】莫提默·J·艾德勒 查尔斯·范多伦.《如何阅读一本书》[M].郝明义，朱衣，译.北京：商务印书馆，2004.

阅读策略是阅读主体主动调控阅读方法的过程，有强烈的意识特征。

教科书在中段编排的预测策略单元和提问策略单元，教学目标指向单一的策略运用，而在高段编排的提速单元和有目的阅读单元则指向了各种阅读策略的综合运用，表现于阅读元认知策略和阅读认知策略的综合运用。目前面临的问题是：有策略单元而无具体的策略指向，策略单元究竟可以通过何种教学路径达到学习效果的优化。在此背景下，笔者认为小学阶段面向学生提不提明确的策略不是特别重要，即学生清楚明白地掌握阅读策略的知识不重要，但如何运用阅读策略提高阅读质量是重中之重。即学生在阅读时明白自己为什么读、可以用哪些方法读、用哪些方法读得更好，在阅读时关注自己的思考活动、关注自己"思考的声音"很重要；成为主动积极的阅读者很重要，主动与文本对话、与自己对话、与他人对话，从而建构文本意义。在本书第二至四章的文本解读与教学设计中，其实就体现了这种观点：阅读策略的运用最终体现在阅读方法与路径的选择与调控，阅读策略的运用重在阅读时思维活动积极投入，重在与文本对话交流。

三、阅读策略教学对教师的角色定位与素养要求

笔者认为小学生不必要系统掌握阅读策略的知识，但需要运用阅读策略解决阅读问题。如何学习运用？当然是语文老师的引导。语文老师如何引导学生学得阅读策略？有以下三个问题值得思考。

（一）教师是否应该成为阅读策略运用的熟手

于永正、钱梦龙老师的语文经典教育名句道出了阅读教学的奥秘：我怎么读书便教学生怎么读书。于永正老师说：实践使我知道了教语文其实并不那么复杂，就是教学生识字、写字、读书、作文。我就是这么教语文的，而且取得了较好的效果……教学生读书，老师要是喜欢读书，会读书，能读出课文奥妙之所在……那么，教语文就更不难。[1]于永正老师教学《我爱故乡的杨梅》把一个重要的读书方法——边读边想象情节，即把抽象的文字"还原"为生动的画面——通过的风趣语言讲出来，学生不但理解了，而且肯定终生不忘。课例中的"还原为生动的画面"即是运用了图像化策略。综观于永正老师阅读教学的成效源自教给学生阅读方法。

"语文导读法"的精髓"三主三式"集中体现钱梦龙老师的教育理念，"三主"即"学生为主体，老师为主导，训练为主线"，其体现于操作层面为"三式"，即"自读式、教读式、复读式"。根据阅读理解一篇文章的思维流程，他又创设了"自读式"的"自读五格"阅读步骤：认读感知-辨体解题-定向问答-深思质疑-复

① 于永正. 于永正：我怎样教语文[M]. 北京：教育科学出版社，2018:53.

述整理。① "自读五格"与英美流行的SQ3R阅读法有相通的内在机理。"自读五格"
用于阅读教学的起步阶段，达到"入格"的阶段，阅读还需要"破格"，如何"破
格"？教师的引导起重要作用。教师的引导在"教读"。"教读"的过程就是由"扶"
到"放"的过程，"自读"与"教读"通常结合进行。钱梦龙老师的"三主三式"教
学，就是阅读策略在阅读中的潜隐存在。其"自读五格"与国外的SQ3R阅读策略具
有一致性，其"自读式"就是学生运用阅读策略自学课文的集中体现，其"教读
式"就是教给学生阅读的方法策略。

这些语文教育界的前辈、名师没有把阅读策略提在口头上，没有明述自己如何
教学生的阅读策略，其实是阅读策略教学的高手。

教师是否应该成为阅读策略运用的熟手？答案是肯定的。语文前辈们的经验之
谈"我怎么读书便教学生怎么读书"暗含了教师成为阅读方法、策略的熟手高手的重
要性。语文老师教学生阅读也要像游泳教练和驾驶教练一样本身是专业的行家能手。

（二）教师如何成为阅读策略运用的熟手

在阅读策略的运用方面，我们的学习经历或多或少带着残缺的印记，比如阅读
方法的缺失、阅读策略的缺位。既然教材已经将阅读策略提上日程，那么训练自己
成为阅读策略运用的熟手是时代所需也是教学之要。如何训练自己成为阅读策略运
用的熟手？

一是掌握阅读策略的相关知识。了解阅读策略的知识，相当于了解其运用的原
理，只有对其运用原理有充分的理解，才可能通透清晰地指导其运用，才可能辨析
运用的效果。本书提供了一些阅读策略的知识，但限于笔者的理论水平和视野局
限，仅提供学习思路，进一步研读阅读策略的理论，读者还应将阅读的视角伸向更
远处，比如：学习策略理论，刘电芝教授的著作《高效学习策略指南》是不错的选
择；比如：元认知理论，《元认知：改变大脑的顽固思维》《无认知发展与教学：学
习中的自我监控与调节》是不错的选择；比如：阅读策略在教学中的运用，《小学生
适性阅读策略的学与教》《阅读力——知识读物的阅读策略》《阅读力——文学作品
的阅读策略》（阿德丽安·吉尔）《如何阅读一本书》（莫提默·J·艾德勒著）《如何
高效阅读》（彼得·孔普著）是不错的选择。此外，各教育类期刊登载的关于阅读策
略研究的文章都是很好的选择。

二是点面联动坚持阅读策略的运用训练。

阅读策略运用水平的高低直接表现为阅读技能的高低，技能是可以通过有意识
地训练熟练掌握的。

---

① 钱梦龙.《钱梦龙与导读艺术》[M]北京：北京师范大学出版社，2016:44-48.

笔者在本书第一章分析了阅读策略训练的历程如图6-1所示。

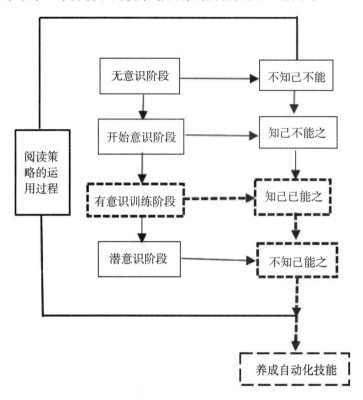

表6-1

阅读策略要达到运用自如、灵活有效，会经历长期的训练，最终表现为阅读元认知与多种阅读认知策略的综合运用。作为阅读策略运用的"生手"，可以从单一的阅读策略训练开始，比如前面章节中预测策略、提问策略的阅读训练，就是在进行单项的阅读训练，比如概括策略、作笔记策略、联结策略等等，都可以进行单项训练，但阅读策略的运用常常表现为综合性，因此，并不是单项训练就只有一种阅读策略的运用，其运用实质会调用到其他策略，只是将某项策略作为训练的重点。经过一段时间的单项训练，再去尝试有意识的综合运用训练，读者会感受到调用阅读策略带来阅读效率的飞速提升。

（三）阅读策略教学中教师的角色定位

经实践研究，笔者认为教师在阅读策略教学中的角色应该根据学情的发展不断地调整，一般会经历四种角色演变。即经历主导示范者——协助支持者——观察引导者——个别辅导者这四种角色的转变。如何理解这四种角色的转变呢？钱梦龙老师认为阅读教学就是由"扶"到"放"的过程。阅读策略教学中教师的角色就是要走实由"扶"到"放"的过程。如何走实步子？根据学情而定。钱梦龙老师为准确把握"扶"到"放"的度，他把学生的自主意识和自读能力划分为四个阶段，即四个"能级"。[①]教读的原则是能级相应与适度超前，即把准学生的最近发展区。下面以表格呈现钱梦龙老师关于学生"能级"内容。

表6-8

能级层次	内涵标准
第一能级（依赖阶段）	学生不具备独立阅读的能力和心理准备。
第二能级（半依赖阶段）	学生开始有摆脱依赖的倾向，并能独立完成一部分比较容易入手的自学课文。
第三能级（准自主阶段）	学生已具有较强的自主意识，基本上能独立阅读，但在遇到阅读难度较大的文本时还离不开教师的帮助。
第四能级（自主阶段）	学生完全摆脱对教师的依赖，进入了"自能读书，不等老师讲"（叶圣陶语）的境界，也就是达到了导读的终极目标——不需要教。

阅读策略教学也可以按照钱梦龙老师的"能级"分段，区分出师生在不同阶段中所处的角色定位，阅读策略教学存在师生角色不断演化相互对应的状态，以下面的列表予以说明。

表6-9

策略学习能级层次	内涵标准	学生角色定位	教师角色定位
第一能级（依赖阶段）	学生不会有意识地运用阅读策略完成阅读任务，需要老师的示范指导。	接受指导	主导示范
第二能级（半依赖阶段）	学生开始有意识地运用各种阅读方法，调控阅读过程，完成阅读任务，然而并不顺畅熟练，需要老师的协助点拨。	强化训练	协助支持
第三能级（准自主阶段）	学生已具有较强的自主运用阅读策略的意识与方法，并能运用阅读策略阅读，相互交流达成更好的理解，在此过程中老师作为倾听者观察者，对学生取得的进步予以鼓励，对学生存在的困惑予以解疑。	互助交流	观察引导
第四能级（自主阶段）	学生熟练运用阅读策略，进入了"自能读书，不等老师讲"（叶圣陶语）的境界，实现不需要教的目的，教师可促成学生进一步总结提炼方法，内化能力。教师可淡出学生的教学场域。	自主调控	总结提升

为直观地了解阅读策略教学中师生角色定位的变化，以图6-2予以展示。

[①] 钱梦龙.《钱梦龙与导读艺术》[M]. 北京：北京师范大学出版社，2016:47.

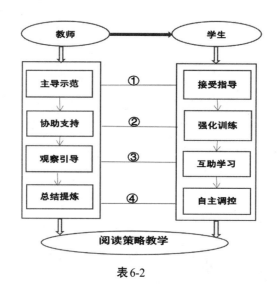

表6-2

　　阅读策略的运用具有综合性、灵活性、个体性，其教学也是复杂的。以上图表只是作普遍的推理提炼。在四个不同的阶段，教师与学生的角色定位呈现对应变化的状态，在每个阶段教师与学生的关系以图6-3直观呈现，其中椭圆代表教师，方框代表学生。

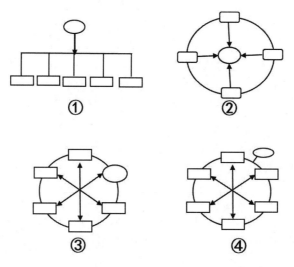

表6-3

　　阅读策略教学经历的四个阶段，其实也体现了教学的普遍规律：教是为了不教，课堂教学中师生之间一定存在对应的角色定位，不能盲目地说哪种角色定位好哪种不好，基于学情、基于教学目标，服务于学生学习需求的教学就是好的教学。当学生知能缺乏薄弱时，教师就要占据主导地位，传授知识讲解方法；当学生有了进一步发展能力的基础时，教师要提供各种方式渠道，让学生获得强化训练的机会，并关注学生的学情点拨指导；当学生具备一定的知能储备可以独立学习时，教师要学会放手，让学生相互交流，互助提升，教师则成为忠实的倾听者观察者，鼓励学生并有针对性地答疑解惑；当学生具备独立学习的能力时，老师则可以淡出教学场域，放手让学生互动交流、自主学习。

第二节　阅读策略综合运用课例

三年级下册《肥皂泡》教学实录

联结策略的运用

一、联系生活，激趣导入

师：今天我们将学习《肥皂泡》请同学们齐读课题，哪位同学来说一说肥皂泡给你带来怎样的感受？（师板书：肥皂泡）

生：非常开心。

师：还有不同的吗？

生：乐趣十足。

……

概括策略的运用

师：同学们的表达太棒了，今天我们就跟随冰心奶奶的文字再次体验吹肥皂泡带来的乐趣吧！

二、初读课文，了解大意

师：请同学们默读课文，边读边思考冰心奶奶围绕哪些方面来写肥皂泡的？

生：冰心奶奶围绕四个方面来写肥皂泡的，分别是做肥皂泡、吹肥皂泡、赏肥皂泡以及想象肥皂泡。

师：这位同学自学很认真！概括得很简练，是的，冰心奶奶围绕了这四方面来写。（师板书：做、吹、欣赏、想象）

三、深入研读，体会感悟

师：吹肥皂泡是冰心奶奶小时候最喜欢玩的游戏……（师手势引导学生齐读）（课件出示一、二自然段）

作笔记策略的运用

师：肥皂泡这么好玩是怎么制作的呢？请同学们自由阅读第三自然段，边读边用红笔圈出做、吹肥皂泡的动词。（课件出示要求）

生：我找到的动词有放、加、吹、和弄、提以及扇送。

师：你找到了这么多！还有纠正补充的吗？

生：我觉得用一支竹笔套管中的"用"也是吹肥皂泡的动作。

师：你们学得很仔细，请同学们对照大屏进一步纠正补充。

（课件出示：放、加、和弄、用、蘸、吹、提、扇）

师：冰心奶奶不仅用了这些动词，还用了"首先""然后""再"这些关键动词把吹肥皂泡的过程写了出来，你们有没有信心用上这些关键动词说出吹肥皂泡的过程？

生：有信心！

师：那就请同学们快速阅读本段，看在两分钟内你能读几遍？（师示范快速阅读）

生1：我读了四遍。

生2：我读了六遍。

师：你们的口齿真够伶俐！我们不仅要读得快，我们还要进一步来学习把制作肥皂泡的过程复述出来，请同学们拿出预习单，边填关键动词边结合课文内容用简洁的语言来说说制作肥皂泡的过程。

生：首先把碎肥皂放在一个小木碗里加上点水和弄和弄使它融化，然后用一支竹笔套管蘸上那黏稠的肥皂水，慢慢地吹起，再轻轻地一提，最后用扇子轻轻扇送就能飞得很高很高。

师：谁愿意来评价一下这位同学复述得怎么样？

生：我觉得他说的很好，把关键词用上了。

师：还有不同的评价吗？就过程是否清楚以及语言是否简洁这两方面评价。

生：我觉得他说的不够简洁，他可以把又细又长的竹笔套管中"又细又长"去掉。

师：你听得真认真！那谁愿意在之前那位孩子的基础上用简洁的语言说一说吹肥皂泡的过程？

生：首先把碎肥皂放在小木碗里加入一点水和弄和弄，然后用一支竹笔套管蘸上肥皂水慢慢地吹起，再轻轻地一提，最后用扇子在下面轻轻地扇送。

师：现在能用简洁的语言说吹肥皂泡过程的孩子请举手。（老师察看学情后表扬）孩子们真会学习！

师：小冰心就这样吹起了肥皂泡……（师手势引导学生齐读，课件出示制作方法）

师：孩子们读得好专注！肥皂泡不仅好玩，还非

常……（师体态语引导学生接着说）

生：非常有趣、漂亮。

师：是啊，冰心奶奶可会写肥皂泡了，她用了很多精美细腻的词语来写肥皂泡的美丽。请同学们自由读第四自然段，横线画出自己不懂的地方，在旁标注问号，不懂的一会分小组合作解决，仍有不懂的全班一起来解决。（小组讨论）

师：老师看到小组交流得很认真也非常有成效，还有什么问题不能解决呢？

生：我们不知道"五色的浮光"的意思，为什么不能用五光十色呢？

师：你们喜欢哪一个词？

生：五色的浮光。

师："五色的浮光"是陌生的表达写出来让人耳目一新，前面我们学习了"有新鲜感"的词语，这个词语就有新鲜感。

师：哪个小组来帮他们解释一下"五色的浮光"的意思？

生：五色的浮光写出了肥皂泡的颜色很多。

师：五色是指颜色很多，而浮光呢？谁来补充？

生：我觉得浮光指颜色的晃动。

师：他的解答你们赞同吗？

生：赞同。

师：现在你知道"五色的浮光"比五光十色好在哪？

生：是指各种各样的色彩在球上面晃悠悠的，不仅写出了颜色多还写出了肥皂泡的动感。

师：你理解得真细致与深入！这里我们用上了什么方法来理解难懂的词句？

生1：对比词语的意思。

生2：联系生活经验理解词句。

师：还有不懂的问题吗？

生：我们不懂"长圆的形式"是什么形式。

师：有没有能帮他解答的？

生：扇子风太大，会把肥皂泡扯得又长又圆。

师：你真会思考问题！我们一会看看视频你就明白了。这位同学手举得真高，来说说你的问题。

生：我不懂"光影零乱"的意思。

师：谁来帮助这位同学解答一下？

生：就是光固定在一个地方。

师：还有不同的吗？

生：我觉得是肥皂泡上的颜色在不停转动，没有一直停在一个地方。

师：生活中你们有没有见过"光影零乱"的情景？

生：过节时嘉陵江边的霓虹灯闪烁，就有光影零乱的现象。

师：肥皂泡的"光影零乱"与霓虹灯的有什么不同？谁观察过肥皂泡"光影零乱"的现象？

联结策略的运用

生：肥皂泡有"五色的浮光"，加之在空中飘动，所以有"光影零乱"的感觉。

师：你不仅联系了上文，还联系了生活中观察到的景象来理解词句的意思！开始提问那位同学明白了吗？

生：我明白了。

师：这位同学也想提问，说说你的问题吧。

生："悬着心"的"悬"我们不懂是什么意思。

师：哪位同学来帮忙？

生：就是忐忑不安。

师：那我要追问为什么忐忑不安？

生：因为他们担心肥皂泡破了，所以十分紧张。

师：是啊，因为孩子们玩得太投入了，所以才会悬着心。这里我们用上了什么方法解答疑难？

生：结合生活经验和上下文。

师：还有什么问题吗？

生：课文中写我们流出了眼泪是为什么呢？

师：谁来解答？

生：肥皂泡掉入眼里十分不舒服，所以就会流泪。

师：还有不同的解答吗？

生：肥皂泡中有碱，掉入眼睛里会对眼睛产生刺激。

师：你太爱读书了，还用了物理知识来解答，你真棒！这里我们用上了什么方法解答疑难？

生：联系生活经验和书本知识。

师：还有同学在举手提问，你来。

生：老师，为什么这句话不用"破裂"而用散裂呢？

师：这一句话中同学们有这么多问题，谁来帮帮他？

生：散裂描写出了很快很轻向四面散开而破裂没有写出来。

师：这个问题提得好回答得更好！肥皂泡是软悠悠的，用破裂太猛了所以不合适。那么谁愿意来读一读这句话，读出动感的美和紧张的心情。（一生读后再齐读）

师：还有一些句子也写得十分美，谁愿意来读一读？（课件出示句子，生读）

四、感情升华，拓展延伸

师：在合作解决问题的过程中，你得到了惊喜吗？（生纷纷举手）

生1：我解答了一个问题很有成就感。

生2：我提出了一个问题感觉很快乐。

……

师：是啊，这就是学习的奥妙与乐趣所在。以后遇到难懂的词句，可以用哪些方法来解决？

生1：可以和同学探讨交流。

生2：可以联系生活经验理解。

生3：可以查阅工具书或资料来理解。

生4：可以请教他人。

生5：可以联系上下文理解。

生6：可以对比词句理解。

生7：要仔细阅读多加思考。

……

师：孩子们真会读书，这样的阅读就是把文章读懂了，读透了，读活了。下面我们一边欣赏肥皂泡的视频一边用自己或文中的语言说一说看到了一个个怎样的小球？（观看视频）

图像化策略的运用

生1：我看见了一个个五颜六色的小球。

生2：我看见了一个个玲珑娇软的小球。

生3：我看见了一个个晶莹剔透的小球。

生4：我看见了一个个轻清脆丽的小球。

……

师：那一个个轻清脆丽的小球，像一串美丽的梦。（课件出示课文，生齐读）

师：好美的文字，好美的肥皂泡！请孩子们自由朗读最后一个自然段（配乐读）

图像化策略的运用

师：谁愿意用你的朗读来呈现你的梦？（配乐生读）跟着肥皂泡你们看到了什么？

生1：我看到了一个肥皂泡轻悠悠地飘过大海。

生2：我看到了一个肥皂泡随着明月。

生3：我看到了一个飞越山巅的泡泡。

生4：我看到了一个夕阳西去的泡泡。

师：这诗一般的语言，我们还可以用诗歌的节奏来朗读。（生齐读）诗歌的节奏我们可以每行多停顿一下，再请一位孩子来读。其他孩子想象你的肥皂泡会怎样飞？飞到哪里？

生1：飞到学校，听同学们的琅琅读书声。

生2：飞到树上，听见小鸟歌唱。

师：好美啊！

生3：飞到田野，看见农民伯伯辛勤劳动。

生4：飞到大草原，看见牛羊成群。

师：好壮阔的景象，还有没有发言的孩子？

生5：飞到小溪，飞到榕树爷爷的肩膀上。

师：你们的想象力太丰富了，那么课后把你们所想都用笔记录下来吧！

五、课堂总结，阅读期待

我们跟着冰心奶奶的文字去感受做肥皂泡、吹肥皂泡的乐

图像化策略的运用

趣，欣赏了美丽的肥皂泡，还想象了肥皂泡带来的快乐，这些给作者和我们带来了——（生梳理跟说）快乐、骄傲与希望，所以吹肥皂泡是冰心奶奶小时候——（生总结跟说）最爱玩的游戏（生圈画关键词）。（师板书：快乐骄傲与希望、最爱）

师：跟着冰心奶奶的文字我们体会到了童真、童趣，正如冰心奶奶的诗……（课件出示诗歌"童年呵，是梦中的真，是真中的梦"，生齐读）冰心奶奶还写过许多作品，有《繁星》《春水》《寄小读者》，课余读一读冰心奶奶的这些诗作，和同学、教师交流，做一个爱阅读的孩子，你的生命就有光！

后 记

深秋的下午，连续嘀嗒多天的雨还在绵延，比往日增了冷瑟的风。这样的时光，有灯的暖光相伴，偶有空中掠过的小鸟鸣叫，透过书房的窗户，望一望对面小青山的树木，我的世界和树一样翠绿。

我想，我应该为这本书画个句号了。虽然它不完美，但见证了这些年成长的一点点光，一片片绿。我的世界在这些光与绿的交辉中，有时沉寂无声，有时和风微波，有时激越亢进……生命不同的样态，创造着丰盈的我。在感性波涌的时光里，我以为感性是世界上最宝贵的东西；在理性沉思的日子里，我认为理性更难能可贵。我知道，我的生命少了浪漫遐思，渐趋理性，而这本书差不多是理性的产物。

两年前参加西华师大组织的培训者培训，在国培首席专家杜永红教授的引领下，我把统编教科书阅读策略单元教学作为了我区为期两年的小语"送教下乡"的研修主题。阅读策略单元的出现是全新的内容，大家对阅读策略都不甚了解。关于阅读策略内容的书籍并不多，关于如何进行阅读策略单元教学的研究亦刚起步。

培训团队打磨自己的课、落实送教任务是国培项目的重要内容，当然，我们也可以简单懒散一点，全部请外援，或者不按明确的主题，凭老师们的感受与爱好，随意拼凑几堂课，那样的轻松之余得到的结果是"原地踏步"，这不是我的生命态度与价值取向。

在参考资料有限的情况下，在毫无任何阅读策略教学经验的背景下，我区小语国培在阅读策略单元的沟壑藤蔓中探秘，而我也开启了上"下水课"的历程。课堂教学得到了老师们的欢迎，在此过程中我体验到了探索未知领域的意趣，很艰辛，但很充实很有收获感。

两年的国培，我们把每个阅读策略单元都走了一遍。在此过程中深入解读教材，涉猎相关阅读策略的书刊资料，它们无法直接指导课文教学，但给了我许多理性的思考。为把阅读策略单元教学进一步深化演进，我引领一线老师申报了阅读策略单元教学的市级课题研究，同时申报了系列的区级微型课题研究，把实践探索与理论研究紧密地结合起来。国培结束，我们也收获了一批成果：微型课题、市级课题获区、市级奖，课堂教学实录参加晒课，获省、市、区各等级奖。

成果是微不足道的，成长是最重要的。国培的实践与理论研究还非常粗糙稚嫩，只是敲开了阅读策略单元教学的一道窗，如何推开窗户，进入阅读策略广阔而隐秘的天地是我接着想做的事。

新冠肆虐的沉寂日子里，在屋子里"从门到窗子是七步，从窗子到门是七步"，我在阅读策略单元的丛林中攀行，抵制了恐惧、哀伤与无望，开始对阅读策略进一步的探秘。进行各策略单元的理性解读，进行每篇课文的文本解读与教学设计，探索阅读策略的实践拓展，花费了大量的精力。仅仅围绕单元教学研究是不够的，阅读策略几乎是国际阅读教学研究的重要内容，也是国外很多学科教学的重要内容，查阅大量资料，了解国际阅读策略研究的现状，认识我国阅读策略教学的状态，有利于推进对阅读策略教学的理性认识。

在对阅读策略的理性探索过程中，我遇到了瓶颈：我发现广大一线老师乃至教研员对阅读策略究竟是何物，阅读策略与阅读方法、阅读技能究竟有何联系与区别等等最基础的问题在认识上是模糊的。而高校的专家也关注并研究阅读策略，西南大学的魏小娜教授、华东师大的黄志军教授、上海师大的王荣生教授等都表达了自己的观点。广东中山市教研员郭跃辉老师读了高校专家们的文章，认为对阅读策略究竟是什么还是不清楚。我对阅读策略有了一点认识，但也觉得理不清头绪，就想等着专家传达观点。

看到各刊物关于阅读策略杂乱的信息，有一天，我拨通了李冲锋老师的电话，表达了目前阅读策略在理性认知上的混乱以及我的迷茫及研究现状。李老师强调了这么几个最本源的问题：必须清楚地界定什么是阅读策略，要有理据地自圆其说；阅读策略的分类不清，你在做这个研究，那就试着去弄清；阅读策略与阅读方法有什么联系区别，最好从内涵和外延中抽取要素进行列表区别。李老师的话如醍醐灌顶，既有研究方向的指引，也有研究方法的指导，而我改变了以前的观点：等专家来澄清这个论题。

于是，有段时间，满脑子都在思索阅读策略的命题，有障碍又请教李冲锋老师。李老师耐心地阐释，让我对阅读策略的认识明朗了许多。在此过程中我充实了本书第一章的内容。有一天在《初中语文教学通讯》读到华东师大黄志军和浙江师大黄晓诚两位教授的文章《叩问阅读策略：相关概念辨析》，我和他们的认识有不同，于是结合本书的内容，针对他们的观点，谈了我的认识《阅读策略的再叩问：相关概念辨析》，投稿到初中语文教学通讯杂志。没想到四五个月后，《初中语文教学通讯》征用了我的稿件，于我是莫大的鼓励：我的研究是有价值的。

本书由于个人的能力水平有限，存在缺憾和不足。比如，对阅读策略的理论认知，需要进一步深化演进；比如，重技巧主义者更追求课堂教学设计的巧妙，而我的教学设计紧紧围绕要达成的目标，在设计技巧方面的智慧有限，读者可以阅读批判、建构更巧的设计……我认为一本书的价值不仅仅是给予读者多少，更多在于引发读者思考了多少，在思考的过程中又建构了多少新的认知。

拙著的成型得益于众多良师益友的影响与鞭策，特别是李冲锋老师发起的"燃梦行动"深深地影响了我。2014年的初夏，听李老师的课，被李老师渊博的学识与人格魅力折服，向李老师请教学习。李冲锋老师真诚地期待我们：持续地阅读，持续地记录；教了一辈子的书，读了一辈子的书，要争取写一本自己的书。从此，我开启了不一样的教育生活。这期间，写过近两百万字的随笔，正是这样持续的阅读与记录，丰盈着我的思想，丰厚着我的能力素养，让我有了实践与研究的基座。在此，怀着虔敬之心向李冲锋老师致谢！

同时，我还要感谢西华师大杜永红教授。因国培的机缘巧合才有幸得到杜教授的引领，才选择了研究阅读策略这个主题。两年的国培，杜教授亲临指导，让每个学员获益匪浅，我是国培中笨笨地学习成长的学员。

感谢我的母亲。母亲以一位农村妇女坚韧不拔的意志力（读初二时，父亲意外亡故，尸首未知，母亲没有改嫁，没有依靠男人，用自己柔弱的肩膀无助地担负起了养育三个女儿的重任）默默影响并培育着我的毅力，我珍爱着充满百味的生活。

感谢我的先生。杨熙先生对我的执着学习从最开始的不理解到支持关心，让我的心灵得到了舒展与自由，是我最温暖的阳光。

感谢我的儿子。儿子极爱阅读，阅读给他带来智慧，一个智慧儿子的妈妈不能疏忽智慧，对于学习成长，我不敢怠慢。

感谢书里书外的诤友，感谢每一个不被辜负的日子……

陈沸溶